120945

D1103274

3|11

Christian Baylon
Université Paul Valéry – Montpellier ...

Àngels Campà
Université Autonome de Barcelone

Claude Mestreit
Université Autonome de Barcelone

...me de Barcelone
...onseil scientifique du CIPA
(Centre international de phonétique appliquée)

Manuel Tost
Université Autonome de Barcelone
Expert auprès du Conseil de l'Europe

FORUM
MÉTHODE DE FRANÇAIS 1

SPECIMEN

HACHETTE
Livre
Français langue étrangère
58, rue Jean-Bleuzen, 92170 VANVES
http://www.fle.hachette-livre.fr

CRÉDITS PHOTOGRAPHIQUES

Agence Top/H. Amiard : 155. **Altitudes**/Y. Arthus-Bertrand : 139g. **Amarante–Photo-Disc** : 17, 31. **Diaf**/P. Dannic : 18hm, 36C ; J. Sierpinski : 37A ; J.-P. Viéville : 37C ; M. Tiziou : 78 ; D. Thierry : 93F ; B. Morandi : 111B ; A. Le Bot : 111D ; E. Planchard : 111F ; T. Jullien : 114 ; J.-P. Langeland : 138g ; G. Gsell : 139d ; P. Dannic : 149C ; Lamontagne : 161 ; J.-D. Sudres : 164h ; J.-C. Gérard : 175bd ; J.-P. Garcin : 182. **Editing**/Huron : 101 ; Schuller : 167A ; M. Massi : 167F. **Explorer**/P. Roy : 93E. **Gamma** : 18B. **H.A. Segalen** : 24. **Hoa Qui**/E. Valentin : 18A ; M. Renaudeau : 40 ; B. Machet : 42 ; C. Vaisse : 63 ; B. Wojtek : 67 ; Zefa-Reinhard : 96h ; P. De Wilde : 96g ; P. Saharoff : 96d ; P. Roy : 111A ; Le Rak : 134 ; J.-L. Manaud : 152 ; C. Valentin : 164b ; C. Delu : 170 ; Morand-Grahame : 175hg ; I. Lechenet : 175hd ; J.-F. Lanzarone : 175bg ; J.-L. Dugast : 184C. **Jerrican**/J.-M. Labat : 36D ; Thomas : 44 ; Perlstein : 54B ; Gaillard : 58 ; Sebart : 58b ; J.-M. Labat : 73D ; Aurel : 73E ; J.-M. Labat : 92h, 92b ; Gaillard : 93D ; Wolff : 99 ; Laine : 110 ; Gable : 129D ; A. Perlstein : 184A, 184B. **Keystone** : 54A. **Lucas Schifres** : 129C, 129F, 185h, 185b. **Marc Enguerand** : 55b. **Marco Polo**/F. Bouillot : 11, 36A, 36B, 36E, 73A, 92md ; M. Coudert : 92mg ; F. Bouillot : 93C, 111E. **Michel Gounot** : 73B, 128, 167D. **Photo Esa**/D. Ducros : 37F. **Pix**/V.C.L. : 18hg ; Benelux Press : 27. **PROD**/*Un air de famille*, Cédric Klapisch : 83h, 83m, 83b. **Rapho**/C. Sappa : 82 ; J.-N. De Soye : 129A ; F. Huguier : 129B ; X. Desmier : 167E. **RMN**/R.G. Ojeda : 37D ; G. Blot : 138d ; *Impression, soleil levant*, Claude Monet, 1875 : 146 g ; E. Clémentel : 146 hd ; J.-G. Berizzi : 146d. **Roger Viollet** : 111C. **SNCF-CAV** : 55h. **Stills**/S. Anal et C. Geral : 24 ; Gizard : 185m. **Stone** : 34, 62. **Sygma**/F. Astier : 22. **The Bridgeman Art Library** © ADAGP, Paris 2000/*Hercules at Rest*, 1806 by Tolstoy, Fedor Petrovich (1783-1873), Ermitage, Saint-Pétersbourg, Russie, *Carnet de route*, fiche V5 ; *Marsan*, 1962 by Victor Vasarely (1908-1997), Museum of Fine Arts, Budapest, Hongrie, 123. **Urba Images**/M. Castro : 18C ; E. Joly : 37B ; G. Beauzée : 37E ; F. Achdou : 73C ; J.-C. Jaffre : 93A, 93B ; G. Danger : 129E ; M. Castro : 149A, 149F ; J.-C. Pattacini : 149B, 149D ; H. Langlois : 149E ; F. Vielcanet : 167B ; F. Achdou : 167C.

Photos de couverture et p. 17 : © Amarante–Photo-Disc.

Avec les remerciements de l'éditeur à :
Muriel Molinié : 37G.
Nokia : 54.
Agence Nouvelles Frontières : 96.
Cyrillus : 119, 126.
L'*Officiel des spectacles* : 154.

Pour parler de **FORUM**, découvrir nos nouveautés, consulter notre catalogue en ligne, contacter nos diffuseurs ou nous écrire, rendez-vous sur Internet :
www.fle.hachette-livre.fr et www.club-forum.com

Intervenants :
Couverture : Amarante
Création graphique : Amarante
Réalisation : O'Leary
Secrétariat d'édition : Claire Dupuis
Illustrations : Marine Loth (pages *Forum*), Emmanuel Cerisier (pages *Agir-réagir*), Jean-Pierre Joblin (autres pages)
Cartographie : Hachette Éducation
Recherche iconographique : Any-Claude Médioni
Photogravure : Nord Compo

ISBN : 2 01 15 5085-8

AVANT-PROPOS

Forum 1 est la première méthode de français qui intègre les éléments de réflexion mis en œuvre dans le « cadre européen commun de référence ». Sa méthodologie et sa démarche s'appuient sur quelques principes simples, aujourd'hui bien établis :

- Les langues sont d'abord des **sons**, des **musiques**, des **rythmes** qu'on perçoit et qu'on met en mémoire.
- Parler, c'est réaliser un **acte global** : la situation, la relation entre les personnages qui parlent, les comportements et les connaissances culturelles jouent un rôle aussi important que les mots. De plus, la parole est toujours associée au geste : c'est l'être tout entier qui agit.
- Communiquer, ce n'est pas seulement parler pour donner des informations ; c'est avant tout « être ensemble » et agir les uns sur les autres : **l'affectivité** joue un rôle capital.
- Développer l'**autonomie** de l'apprenant et prendre en compte les différents modes d'apprentissage sont les conditions indispensables pour que l'apprentissage d'une langue soit efficace.
- Connaître une langue, c'est être capable d'*agir et réagir* dans une situation de communication. Cette capacité s'acquiert par la pratique et ce n'est qu'à partir de cette pratique que l'on arrive à *connaître et reconnaître* les règles de prononciation ou de grammaire, les mots et les associations de mots possibles, qui vont permettre de *s'exprimer*.

Destinée à un public d'adultes et de grands adolescents, la méthode couvre trois niveaux.
Premier de ces trois niveaux, **Forum 1** s'adresse à des débutants et correspond à la charnière des phases « découverte » et « survie » du niveau élémentaire de l'échelle de compétence, soit une centaine d'heures environ. Il prépare, par ailleurs, au DELF premier degré.

Structure de Forum 1

- Trois modules, de trois unités chacun, correspondent à **trois univers de communication** ordinaire : la vie *au jour le jour* (module 1), les occupations quand on a du *temps libre* (module 2), et les relations de convivialité qui s'établissent lorsque des amis (français ou non) se retrouvent *tous ensemble* (module 3).
- Chaque unité est suivie et complétée d'une partie « pour aller plus loin » composée d'une *Pause-jeux*, d'un dossier d'*interculturel* et d'un *Point-DELF*.
- En fin d'ouvrage, se trouvent un *Portfolio*, qui permet à l'étudiant d'évaluer ses connaissances, les *Transcriptions* des enregistrements, un *Mémento grammatical* et des *Tableaux de conjugaison*.
- Enfin, en liaison avec les activités proposées sur le site Internet de FORUM (www.club-forum.com), un *Carnet de route* personnel détachable, glissé dans la couverture, permet à l'apprenant de constituer et de construire au fur et à mesure sa grammaire et son vocabulaire.

Organisation de l'apprentissage

Chaque unité propose trois volets : *Agir-réagir, Connaître et reconnaître, S'exprimer*.
- **Agir-réagir** s'ouvre sur un **forum**. À partir d'un espace réel représenté par une grande photo situationnelle, le forum sert de reprise des acquis précédents et de mise en train pour susciter les besoins langagiers auxquels les contenus linguistiques et culturels de l'unité vont répondre.
  Puis, l'apprenant est amené à *agir et réagir* à partir de documents – dialogues, textes, documents authentiques – qui contiennent, *en situation et en contexte*, des éléments de vocabulaire et de grammaire systématisés par la suite. Les activités proposées sont destinées principalement à la *compréhension globale* et amènent l'apprenant à réfléchir sur certains points particuliers, soit de langue, soit culturels.

- **Connaître et reconnaître** permet d'observer le système de fonctionnement de la langue française en s'appuyant sur des énoncés apparus dans *Agir-réagir* et présentant de nouveaux exemples. À partir d'observations et de tableaux explicatifs, l'apprenant est amené à compléter son **Carnet de route**, et à se constituer ainsi son propre fichier grammatical, puis à systématiser les acquis en réalisant les exercices d'application proposés.

  Le **Mémento grammatical** situé en fin d'ouvrage permet de vérifier à tout moment si on a donné une réponse correcte.

- **S'exprimer** – comme son nom l'indique – incite l'apprenant à parler « lui-même » et « de lui-même ». *S'exprimer* propose des outils pour réaliser des actes de parole, un élargissement du vocabulaire, un travail de phonétique et des tâches de production orale et de production écrite qui permettent de réaliser de véritables petits projets en français.

Pour aller plus loin, en complément de chaque unité, **Forum** propose un dossier d'interculturel et une évaluation en deux temps.

- L'**Interculturel** présente la particularité de rassembler une approche factuelle avec la rubrique *Cadres de vie* qui présente des aspects du patrimoine culturel français et une approche comportementale, avec la rubrique *Comportements* qui décrit les habitudes des Français sous forme de petit guide illustré du savoir-vivre en France. Cette double approche permet à l'apprenant de mieux comprendre l'autre, sans nécessairement tout accepter, et de communiquer avec lui tout en gardant sa personnalité.

- La **Pause-jeux** reprend, de manière ludique, certains points traités dans l'unité. Le **Point-DELF** permet de se familiariser avec les types d'activités du DELF et de préparer l'examen.

  Des examens blancs de DELF A1 proposent une évaluation plus globale des compétences.

La connaissance de la langue française, des comportements et du cadre de vie français devrait, au terme de ce manuel, être suffisante pour permettre la communication courante en français, et pour ajouter, aux classiques savoirs et savoir-faire, de vraies notions de **savoir-être** et de **savoir-apprendre**.

TABLEAU DES CONTENUS

	Objectifs communicatifs	Structures grammaticales	Lexique	Phonétique	Écrit	Interculturel
Unité 0 BONJOUR	• saluer • demander à quelqu'un comment il s'appelle • dire comment on s'appelle • faire comprendre à quelqu'un qu'on n'a pas compris • épeler	• le présent du verbe *s'appeler* • mise en place du *Carnet de route*	• les mots de la classe	• les sons du français	• l'alphabet	• *tu* ou *vous* ? • et pour vous, c'est quoi la France ? (les représentations de la France en photos)

Module 1   Au jour le jour

	Objectifs communicatifs	Structures grammaticales	Lexique	Phonétique	Écrit	Interculturel
Unité 1 PRÉSENTATIONS	• saluer, prendre congé • se présenter, présenter quelqu'un à quelqu'un • demander et donner l'identité de quelqu'un • affirmer, nier	• les articles définis (*le, la, l', les*) • les pronoms sujets • l'indicatif présent d'*être* et des verbes réguliers en *-er* • la négation avec *ne ... pas*	• les nombres de 0 à 69 • les nationalités • les professions	• affirmation ou question ? • les groupes de souffle	• faire sa carte de visite • écrire un message court	• pour se saluer et prendre congé (bises ? gestes ? ou poignée de main ?) • la France, un pays de contrastes (le patrimoine français)
Unité 2 RENCONTRES	• aborder quelqu'un • acheter un billet de train • situer, se situer dans l'espace • téléphoner	• le présent des verbes *avoir, aller, partir, venir, prendre* • l'article indéfini, l'article défini • l'adjectif interrogatif *quel* • le genre et le nombre du nom et de l'adjectif • l'interrogation : *est-ce que ? qu'est-ce que ? quel ? qui est-ce ? c'est qui ? où ? d'où ?* • des prépositions et des adverbes de lieu (1)	• les nombres de 70 à l'infini • les transports en commun	• l'opposition entre sons clairs [e], [ɛ] et sons bémolisés [ø], [œ], • les nombres	• lire et écrire une carte postale • rédiger un message électronique	• communiquer, pas si facile ! (le téléphone) • France, Europe, régions (Paris-province : les réseaux de transport)
Unité 3 AGENDA	• situer dans le temps (l'heure) • fixer un rendez-vous • raconter sa journée	• le pronom *on* • l'expression de la quantité avec l'article partitif (1) • l'adjectif possessif • les verbes réguliers en *-ir, -issons* • le verbe *faire* • les verbes pronominaux • les verbes en *-ever*	• l'heure • *aujourd'hui* ou *d'habitude* (des expressions de temps) • l'alimentation (1)	• les accents et les groupes de souffle • l'opposition entre sons bémolisés [ø], [œ] et sons graves [o], [ɔ]	• lire et décrire une BD (1) • donner son emploi du temps	• être à l'heure (la ponctualité) • les bons moments de la journée (l'heure des pauses conviviales, l'heure des sorties et des courses)

TABLEAU DES CONTENUS

Module 2	Temps libre				

	Objectifs communicatifs	Structures grammaticales	Lexique	Phonétique	Écrit	Interculturel
Unité 4 INVITATIONS	• inviter quelqu'un • accepter, refuser une invitation • situer dans le temps (la date, les saisons) • situer dans l'espace (sur une carte) • parler de la famille • décrire son logement	• le passé composé avec *avoir* et *être* • les verbes *savoir, vouloir* et *pouvoir* • le futur proche • les pronoms toniques	• la famille • le calendrier • le logement	• l'interrogation avec ou sans mot interrogatif • l'opposition entre sons bémolisés [ø], [œ] et sons aigus [e], [i]	• répondre à une invitation • écrire une lettre à un(e) ami(e) (1)	• inviter, fêter, souhaiter • vive la fête !
Unité 5 VACANCES	• raconter un événement (au passé) • exprimer la durée • réserver une chambre d'hôtel, une location • faire le portrait (physique et moral) d'une personne • donner son opinion (*je trouve/je pense/je crois que...*)	• les pronoms personnels COD • l'imparfait • les verbes en *-cer* ou *-ger* et les verbes en *-yer* • imparfait et passé composé • comment retrouver et apprendre la conjugaison d'un verbe • le verbe *croire* • des indicateurs temporels : *depuis, pendant, à partir de, jusqu'à...*	• le corps • le caractère	• l'opposition entre sons bémolisés [y], [ɥ] et sons graves [u], [w]	• lire et décrire une BD (2) • raconter une histoire (en utilisant le passé composé et l'imparfait) • lire et rédiger une petite annonce	• gestes et attitudes • en vacances
Unité 6 BOUTIQUES ET ACHATS	• faire un achat • choisir et payer quelque chose • essayer un vêtement, dire s'il va ou non • parler du temps qu'il fait • comprendre un bulletin météo	• l'adjectif et le pronom démonstratifs • l'interrogation avec *lequel* • le futur • les verbes *mettre, voir* et *devoir* • les pronoms personnels COI • la comparaison	• les couleurs • les vêtements • la météo	• les sons [ʃ], [ʒ], [s], [z]	• lire et remplir un bon de commande • écrire une lettre à un(e) ami(e) (2)	• l'argent ne fait pas le bonheur, mais... (les moyens de paiement, le pourboire) • les Français et la mode

TABLEAU DES CONTENUS

Module 3 — Tous ensemble

	Objectifs communicatifs	Structures grammaticales	Lexique	Phonétique	Écrit	Interculturel
Unité 7 ITINÉRAIRES	• demander son chemin à quelqu'un • indiquer le chemin à quelqu'un • donner un ordre, un conseil • interdire, déconseiller	• l'impératif • les nombres ordinaux • le verbe *découvrir* • les pronoms *y* et *en* remplaçant une expression de lieu	• la ville • l'itinéraire • des prépositions et des adverbes de lieu • des verbes de mouvement	• ordre ou conseil ? • l'opposition entre voyelles orales et voyelles nasales	• proposer un programme d'excursion • écrire un mél pour décrire et conseiller un itinéraire à des amis	• façons de parler (l'impératif : poli ou impoli ?) • déplacements en Île-de-France (les transports en commun) • visite des lieux célèbres de Paris
Unité 8 SORTIES	• réserver une table au restaurant, des places à un spectacle • commander quelque chose (au restaurant) • demander l'addition • exprimer la quantité • comparer et choisir • exprimer ce qu'on souhaiterait faire, proposer de faire quelque chose • comprendre, proposer une recette de cuisine • donner son avis	• le conditionnel présent • l'expression de la quantité (2) • le pronom *en* et l'expression de la quantité	• l'alimentation et les boissons (2) • l'expression de la quantité	• donner une explication • les oppositions de sons • les sons [z], [v], [ʒ], [ʀ]	• décrire un plat typique de son pays et en donner la recette • écrire un mél pour demander et donner des conseils	• savoir-vivre : au restaurant, chez des amis • gastronomie et restauration populaire • activités agricoles et industrielles françaises
Unité 9 WEEK-END	• suggérer de faire quelque chose, proposer quelque chose • dire qu'on est d'accord, pas d'accord • donner des arguments • porter un jugement sur quelqu'un ou quelque chose • définir, donner des précisions	• le subjonctif présent (formes) • le subjonctif après les déclencheurs *il faut que* et *pour que* • les relatifs *qui, que, où, dont* • les pronoms *y* et *en* remplaçant un complément indirect	• les loisirs • les noms de pays	• la phrase segmentée • les oppositions de sons	• présenter une curiosité touristique de sa région • lire et écrire une circulaire pour présenter le programme d'une excursion	• partir en week-end (les résidences secondaires) • perspectives francophones (le français dans le monde et le plurilinguisme) • Honfleur et sa région

LA FRANCE GÉOGRAPHIQUE

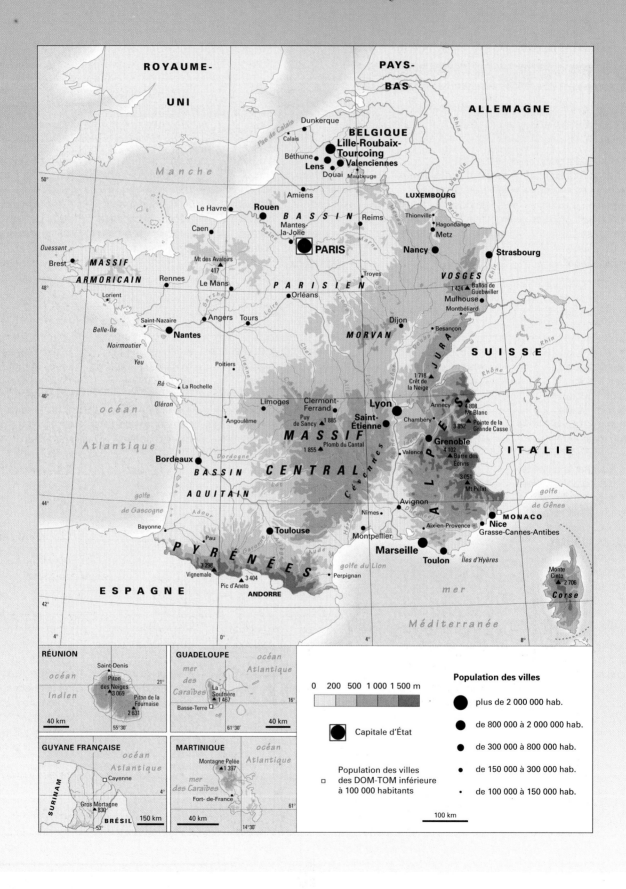

ROYAUME-UNI

PAYS-BAS

ALLEMAGNE

Manche

Dunkerque
Calais
BELGIQUE
Lille-Roubaix-Tourcoing
Béthune
Lens
Douai
Valenciennes
Maubeuge

Amiens
Le Havre
Rouen
Caen
Mantes-la-Jolie
PARIS
Reims
LUXEMBOURG
Thionville
Hagondange
Metz
Nancy
Strasbourg

Ouessant
Brest
MASSIF ARMORICAIN
Rennes
Le Mans
Mt des Avaloirs 417
B A S S I N
P A R I S I E N
Troyes
VOSGES
1 424 Ballon de Guebwiller
Mulhouse
Montbéliard

Lorient
Saint-Nazaire
Belle-Île
Angers
Tours
Orléans
Dijon
MORVAN
Besançon
JURA
SUISSE

Noirmoutier
Nantes
Yeu

Poitiers
1 718 Crêt de la Neige
Rhône

Ré
La Rochelle
océan
Oléron
Limoges
Clermont-Ferrand
Puy de Sancy 1 885
Lyon
Saint-Étienne
Annecy
4 808 Mt Blanc
3 852 Pointe de la Grande Casse

Atlantique
Angoulême
MASSIF
1 855 Plomb du Cantal
Chambéry
Grenoble
4 102 Barre des Écrins
ITALIE

Bordeaux
BASSIN
C E N T R A L
Valence
Dordogne
Cévennes
3 051
Mt Pelat

golfe de Gascogne
AQUITAIN
Lot
Avignon
MONACO
Nice
Grasse-Cannes-Antibes

Bayonne
Pau
Toulouse
Nîmes
Aix-en-Provence
golfe de Gênes

P Y R É N É E S
3 298
Vignemale
3 404 Pic d'Aneto
ANDORRE
Montpellier
Marseille
Toulon
Îles d'Hyères
Monte Cinto 2 706

ESPAGNE
Perpignan
golfe du Lion
mer
Corse

Méditerranée

50°
48°
46°
44°
42°
4°
0°
4°
8°

0 200 500 1 000 1 500 m

Capitale d'État

Population des villes des DOM-TOM inférieure à 100 000 habitants

100 km

Population des villes

● plus de 2 000 000 hab.

● de 800 000 à 2 000 000 hab.

• de 300 000 à 800 000 hab.

• de 150 000 à 300 000 hab.

· de 100 000 à 150 000 hab.

BONJOUR

Contrat d'apprentissage

■ communicatif

– saluer

– demander à quelqu'un comment il s'appelle

– dire comment on s'appelle

– faire comprendre qu'on n'a pas compris quelque chose

– demander d'épeler, épeler

■ linguistique

– *je m'appelle, tu t'appelles, vous vous appelez*

– mise en place du *Carnet de route*

– les sons du français

■ interculturel

– *tu* ou *vous* ?

– Et pour vous, c'est quoi la France ?

Forum

❶ **Regardez** le dessin et **écoutez.**

■ *Présentez-vous, s'il vous plaît.*

● *Bonjour, je m'appelle Béatrice Leloup.*

Ⓐ   Ⓑ   Ⓒ   Ⓓ

❷ **Écoutez** les quatre phrases. **Dites** qui parle.

Unité 0 *(left margin)*
AGIR - RÉAGIR *(left margin)*

Vous vous appelez comment ?

① Regardez la scène.

② Écoutez les trois dialogues. ....

③ Lisez les dialogues.

④ Observez le dessin. Associez les textes des dialogues et les personnages.

⑤ Présentez-vous. ....

Sur le plateau.

1

JEAN : Bonjour. Tu t'appelles comment ?
CYRIL : Cyril... Cyril Bonnefis.

2

ALAIN : Bonjour, Sophie.
SOPHIE : Salut, Alain.

3

LUC : Et vous, vous vous appelez comment ?
ANNE : Anne Lanoukian.
LUC : Excusez-moi, vous vous appelez comment ?
ANNE : Je m'appelle Anne LA – NOU – KIAN.

Grammaire

Le verbe *s'appeler*

① **Retrouvez le verbe *s'appeler* dans la partie *Agir-réagir*.**

② **Complétez les phrases suivantes.**
   1 Je m'appelle…
   2 Tu t'… Cyril.
   3 Vous vous … Anne Lanoukian.

③ **Prenez la fiche** `G12` **dans votre *Carnet de route*.**

④ **Complétez, dans la fiche** `G12` **, la partie sur le présent.**

S'appeler   `G12`

indicatif présent

je m'…

tu t'…

il/elle s'*appelle*

nous nous *appellons*

vous vous …

ils/elles s'*appellent*

Les voyelles

Le système

① **Observez.**

	Timbre clair	Timbre bémolisé	Timbre sombre	Intensité sonore	Degré d'ouverture
Voyelles fermées	[i]	[y]	[u]	faible	
Voyelles semi-fermées	[e]	[ø]	[o]		
Voyelles semi-ouvertes	[ɛ] [ɛ̃]	[œ] [œ̃] [ə]	[ɔ] [ɔ̃]		
Voyelles ouvertes		[a] [ã]		forte	

La prononciation et l'orthographe

② **Observez et écoutez. Répétez les mots diapasons.**

Les voyelles orales

	Son	Graphie	Mot diapason		Exemple
fermées	[i]	i, y	midi [midi]		Il est midi. Rémy est à Nancy.
	[y]	u œu	bus [bys]		Ah ! voilà le bus ! Tu as vu le menu ?
	[u]	ou	cou [ku]		Raoul a mal au cou. Vous allez où ?
semi-fermées	[e]	é, er ez, ed	nez [ne]		J'ai le nez bouché. Roger a mal au pied.
	[ø]	eu, œ œu	nœud [nø]		Fais un nœud ! Deux euros, c'est peu !
	[o]	o, au, eau	auto [oto]		Il y a beaucoup d'autos. C'est très beau !
semi-ouvertes	[ɛ]	e, è, ê ai, ei	sel [sɛl]		Hélène, passe-moi le sel. Je rêve : il neige en mai !
	[œ]	eu, œ œu	œuf [œf]		Je mange un œuf. Claire finit à une heure.
	[ɔ]	o, au	bol [bɔl]		C'est le bol de Paul. C'est à la mode.
ouvertes	[a]	a	patte [pat]		« Bas les pattes ! » Anne habite au Canada.

Les voyelles nasales

Son	Graphie	Mot diapason		Exemple
[ɛ̃]	in, ain, ein	main [mɛ̃]		Ils se serrent la main. Le bassin est plein.
[œ̃]	un, um	un [œ̃]	1	Un, rue Lebrun. Quel parfum !
[ɔ̃]	on	pont [pɔ̃]		Allons sous le pont. Où est-ce qu'ils sont ?
[ã]	en, an	cent [sã]	100	J'ai le numéro cent. Il a trente ans.

Les semi-voyelles

Son	Graphie	Mot diapason		Exemple
[j]	i	pied [pje]		Il a mal au pied. Le soleil brille.
[ɥ]	u	huit [ɥit]	8	Il a huit enfants ! C'est lui !
[w]	ou, oi	toit [twa]		Le chat est sur le toit. Oui, c'est Louis !

FRANÇAIS
Les consonnes

Le système

① **Observez.**

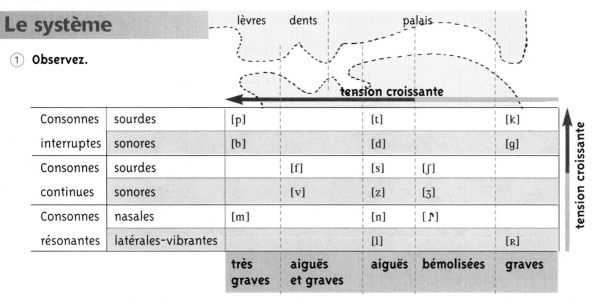

lèvres   dents   palais

tension croissante

Consonnes	sourdes	[p]		[t]		[k]
interruptes	sonores	[b]		[d]		[g]
Consonnes	sourdes		[f]	[s]	[ʃ]	
continues	sonores		[v]	[z]	[ʒ]	
Consonnes	nasales	[m]		[n]	[ɲ]	
résonantes	latérales-vibrantes			[l]		[ʀ]

très graves	aiguës et graves	aiguës	bémolisées	graves

tension croissante

La prononciation et l'orthographe

② **Observez et écoutez. Répétez les mots diapasons.**

Les consonnes interruptes (occlusives)

Son	Graphie	Mot diapason		Exemple
[p]	p, pp	pipe [pip]		Philippe fume la pipe.
[t]	t, tt	tête [tɛt]		Thomas tourne la tête. Le chat a mal à la patte.
[k]	qu, k, c, ca, co, cu	sac [sak]		Elle a un beau sac. Line est devant le kiosque.
[b]	b	bébé [bebe]		Quel beau bébé ! C'est bien.
[d]	d	midi [midi]		Il est midi. Nous déjeunons à deux heures.
[g]	ga, go, gu	gâteau [gato]		Elle adore les gâteaux. Georges est fatigué.

Les consonnes résonantes (nasales, liquides)

Son	Graphie	Mot diapason		Exemple
[m]	m, mm	mille [mil]	1000	Il a tapé dans le mille. Donne-moi ta gomme.
[n]	n, nn	bonnet [bɔnɛ]		Mets ton bonnet. Anne regarde le menu.
[ɲ]	gn	poignet [pwaɲɛ]		Il a une montre au poignet. J'ai gagné.
[l]	l, ll	livre [livʀ]		Dans sa bibliothèque il a plus de dix mille livres.
[ʀ]	r, rr	rose [ʀoːz]		Il offre une rose rouge. Il arrive tard.

Les consonnes continues (fricatives)

Son	Graphie	Mot diapason		Exemple
[f]	f, ff, ph	café [kafe]		Il prend un café au buffet. Elle téléphone.
[s]	s, ç, ss, ce, ci, ti, x	poisson [pwasɔ̃]		François regarde les poissons. C'est à la station de taxi.
[ʃ]	ch	chat [ʃa]		Minet, c'est notre chat.

Son	Graphie	Mot diapason		Exemple
[v]	v	vélo [velo]		Voici le vélo. Il va en ville.
[z]	s, z, x	douze [duːz]	12	Douze maisons. Il a un examen
[ʒ]	j, ge, gi	cage [kaːʒ]		Un oiseau jaune s'agite dans la cage.

S'EXPRIMER

Production

① Regardez les dessins.

② Écoutez et lisez le texte des bulles, puis répétez. ....

L'alphabet

A, a B, b C, c D, d E, e F, f G, g H, h I, i

J, j K, k L, l M, m N, n O, o P, p Q, q

R, r S, s T, t U, u V, v W, w X, x Y, y Z, z

③ Écoutez et lisez l'alphabet en même temps. ....

④ Lisez les *Outils pour épeler*. Écoutez et répétez. ....

⑤ Écoutez et écrivez les noms de ville suivants. ....
Paris ▶ *P majuscule, A, R, I, S.*

⑥ À deux : dictez des noms de ville à votre voisin(e). Choisissez sur la carte de France page 209.

épeler

OUTILS POUR...

– accent aigu : **é**
– accent grave : **è**
– accent circonflexe : **ê**
– cédille : **ç**
– trait d'union : excusez ▬moi

– tréma : **ï**
– majuscule : **A, B**
– minuscule : **a, b**
– apostrophe : **l'**

le vocabulaire de la classe

▲ **la professeur**

Ouvrez vos livres à la page 20.

Fermez vos livres.

Prenez vos cahiers.

Travaillez à deux.

Faites des groupes de quatre.

C'est clair ?

Vous avez compris ?

Vous avez fini ?

▲ **le professeur**

Regardez.

Écoutez.

Répondez.

Lisez.

Écrivez.

Faites une fiche.

Faites l'exercice 3.

Prenez des notes.

◀ **les étudiants** ▶

Qu'est-ce que c'est ?

Vous pouvez répéter, s'il vous plaît ?

Je ne comprends pas.

Est-ce que vous pouvez traduire, s'il vous plaît ?

Ça se dit comment en français ?

Ça s'écrit comment ?

Comment est-ce qu'on prononce …?

C'est à quelle page ?

Comportements

Tu ou vous ?

1 Regardez les deux photos et lisez les textes.

– Bonjour, madame. Vous vous appelez comment, s'il vous plaît ?
– Joséphine Delamotte.
– Excusez-moi, ça s'écrit comment ?
– D. E. L. A. M. O. T. T. E.
– Merci. Et vous, monsieur ?

– Salut.
– Salut. Tu t'appelles comment ?
– Jules. Et toi ?
– Rachida.

2 Regardez les deux dessins.

1 Qui dit *tu* ?
   Qui dit *vous* ?
2 Imaginez les dialogues.

(A)
(B)
(C)

(D)
(E)

Quel est l'équivalent de *tu* ou *vous* dans votre langue ?

Cadres de vie

Et pour vous, c'est quoi la France ?

(A) ▲ Un barrage dans le Massif central.
(B) ◄ La pyramide du Louvre.
(C) La Coupe du monde de football à Paris, en 1998 : l'équipe de France. ►

1 Pour vous, quelle photographie représente le mieux la France ? Pourquoi ?

Choisissez une photographie pour représenter votre pays. Montrez-la à vos camarades. Justifiez votre choix.

Module 1

Au jour le jour

Unité 1
PRÉSENTATIONS

p. 21

Pause-jeux
INTERCULTUREL
Point-DELF

Unité 2
RENCONTRES

p. 39

Pause-jeux
INTERCULTUREL
Point-DELF

Unité 3
AGENDA

p. 57

Pause-jeux
INTERCULTUREL
Point-DELF

📼 Au jour le jour

Marine Bouayed
28 ans. Elle est française.
Elle est photographe.
Elle habite à Champs,
près de Marne-la-Vallée.

Sophie Lecornec
C'est la secrétaire de M. Thomas.
Elle a 20 ans. Elle est française.

M. Thomas
directeur de F.C. mod'.
Il a 43 ans. Il est français.

Véronique Monod
26 ans. Elle est française.
Elle habite à Paris. Elle est
documentaliste à F.C. mod'.

Christophe Weiss
directeur de l'école Promode.
Il a 56 ans. Il est français.
Il habite à Strasbourg.

Vincent Leroux
32 ans. Il est suisse.
Il habite à Paris.
Il travaille à F.C. mod'.

Les situations

Les personnages travaillent pour une société de création de vêtements, F.C. mod' (France Création mode).
Nous les voyons *agir et réagir* au jour le jour, dans des situations courantes d'une journée en France.
Ils sont au bureau, à la gare, à l'hôtel. Ils vont au salon du prêt-à-porter ou à un rendez-vous d'affaires.
Ils voyagent pour le travail. Ils ont des relations professionnelles mais aussi des relations amicales.

Unité 1
PRÉSENTATIONS

Contrat d'apprentissage

▨ communicatif

– saluer, prendre congé

– se présenter, présenter quelqu'un à quelqu'un

– demander et donner l'identité de quelqu'un

– affirmer, nier

▨ linguistique

– les articles définis *(le, la, l', les)*

– les pronoms sujets

– l'indicatif présent d'*être* et des verbes réguliers en *-er*

– la négation avec *ne... pas*

– les nombres de 0 à 69

– les nationalités

– les professions

▨ interculturel

– pour se saluer et prendre congé : bises, gestes
 ou poignée de main ?

– la France, un pays de contrastes

Nous sommes au stand de F.C. mod' au salon du prêt-à-porter. Vincent,
le responsable de l'organisation, attend Véronique pour regarder les photos
pour le catalogue. Il lui téléphone. Elle arrive avec Marine, la photographe.
Des journalistes se présentent sur le stand pour la présentation de la nouvelle
collection. Après le salon, dans les bureaux de F.C. mod', Vincent envoie
un message électronique à Véronique.

PRÉSENTATIONS

Regardez la photo. C'est le salon du prêt-à-porter.
Faites parler les personnes.
Aidez-vous des expressions suivantes.

– *Bonjour madame/monsieur.*
– *Salut.*
– *Vous vous appelez comment ?*
– *Tu t'appelles comment ?*
– *Je m'appelle…*

Forum

1

■ *Qui est-ce ?*
● *C'est Albert Duval, le directeur de la publicité.*

2

- Bonjour, mademoiselle. M. Tomasini est là ?
- Non, je suis désolée. Il n'est pas là.
  Vous êtes monsieur… ?
- Je suis René Jouve.

3

- Bonjour, madame.
- Bonjour, monsieur.
  Comment allez-vous ?
- Très bien, merci. Et vous ?
- Ça va, merci.

4

- Bonjour, Marc.
- Salut, Élisa ! Ça va ?
- Oui. Et toi ?
- Merci. Ça va.

5

- Merci pour les documents.
- De rien. Au revoir.
- Au revoir et
  bonne journée.

6

- Madame Leloup, c'est M. Auriol. Monsieur Auriol,
  Mme Leloup.
- Heureux de faire votre connaissance.
- Enchantée.

**① Regardez les illustrations,
écoutez et lisez les dialogues.**

② Relevez les expressions :
1 pour saluer,
2 pour prendre congé,
3 pour demander le nom de quelqu'un.

**③ Retrouvez les deux situations de
présentation.**

**④ À deux ou à trois, prenez chacun
le nom et le prénom d'un
personnage et jouez une scène.**

**⑤ À trois : présentez-vous à votre
voisin(e) de gauche et à votre
voisin(e) de droite.
Présentez votre voisin(e) de
gauche à votre voisin(e) de droite.**

**⑥ Écoutez l'enregistrement, puis
répondez.**
1 Combien de personnes parlent ?
2 Ce sont des femmes ?
   Ce sont des hommes ?
3 Qui n'est pas là ?

A « Allô ! »

1 Écoutez le dialogue entre Vincent et Véronique. ...

☐	: **Allô, Véronique ?**
☐	: **Oui... Ah, bonjour, Vincent.**
☐	: **J'appelle pour les photos. Tu arrives quand ?**
☐	: **Je suis avec Marine, la photographe. Nous sommes à la gare du Nord. Nous arrivons tout de suite.**

2 Repérez les questions. Qui les pose ?

B Présentations

1 Lisez les affirmations suivantes.

1 Véronique Monod dit *tu* à Marine Bouayed.
2 Véronique Monod dit *vous* à Vincent Leroux.
3 Vincent Leroux dit *vous* à Marine Bouayed.
4 Vincent Leroux est photographe.
5 Véronique regarde les photos avec Vincent.
6 Marine Bouayed aime la Côte d'Azur.

2 Écoutez le dialogue. Est-ce que les affirmations ci-dessus sont vraies ou fausses ? ......

3 Réécoutez le dialogue et vérifiez vos réponses. ....

Véronique et Marine arrivent au stand.

VÉRONIQUE MONOD :	**Ah ! Tu es là ! Salut, Vincent ! Marine, je te présente Vincent Leroux, le responsable de l'organisation.**
VINCENT LEROUX :	**Bonjour !**
MARINE BOUAYED :	**Enchantée. Les photos, c'est pour le catalogue ?**
VINCENT LEROUX :	**Oui, c'est ça. Elles sont magnifiques !**
MARINE BOUAYED :	**Merci...**
VINCENT LEROUX :	**La photo, c'est Nice ?**
MARINE BOUAYED :	**Oui... Vous aimez la Côte d'Azur ?**
VINCENT LEROUX :	**Oh oui, la Côte, j'adore !**
VÉRONIQUE MONOD :	**Bon, ben, Marine et Vincent, vous regardez les photos ensemble... Je vous laisse... Aujourd'hui, je suis à la documentation.**
MARINE BOUAYED :	**Au revoir.**
VINCENT LEROUX :	**Salut, Véronique. Merci encore !**

4 Réfléchissez. *Photo* est un nom masculin ou féminin ? Comment est-ce qu'on peut le savoir ?

C Philippe Bineau, journaliste

1 Lisez **les répliques de l'hôtesse.**

PHILIPPE BINEAU :	Bonjour, madame, c'est pour la présentation de la nouvelle collection.
UNE HÔTESSE :	Vous êtes inscrit ?
PHILIPPE BINEAU :	☐
L'HÔTESSE :	Vous êtes monsieur... ?
PHILIPPE BINEAU :	☐
L'HÔTESSE :	Comment ?
PHILIPPE BINEAU :	☐
L'HÔTESSE :	Votre prénom, s'il vous plaît ?
PHILIPPE BINEAU :	☐
L'HÔTESSE :	Attendez, je regarde sur la liste. Bineau, Bineau... oui, oui, Philippe Bineau, vous habitez 4, rue de Meaux, à Paris.
PHILIPPE BINEAU :	☐
L'HÔTESSE :	Vous êtes journaliste ?
PHILIPPE BINEAU :	☐
L'HÔTESSE :	Vous êtes français ?
PHILIPPE BINEAU :	☐
L'HÔTESSE :	Vous remplissez la fiche, s'il vous plaît.
PHILIPPE BINEAU :	☐

2 Imaginez **les réponses de Philippe Bineau, puis** écoutez **le dialogue.**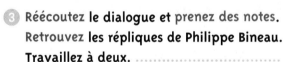

3 Réécoutez **le dialogue et** prenez des notes. Retrouvez **les répliques de Philippe Bineau.** Travaillez à deux. ....

4 Complétez **à deux la fiche de Philippe Bineau.**

SALON DU PRÊT-À-PORTER

nom : ....
prénom : ....
profession : ....
nationalité : *Suisse* ....

adresse privée :
n° : .... rue ....
code postal : .... ville : ....

adresse professionnelle :
entreprise : *Mode Magazine* ....
n° : *40*.... rue *de la Lune* ....
code postal : *75001*. ville : *Paris* ....

5 Jouez la scène à deux. ....

D Rendez-vous

1 Regardez les illustrations et écoutez
le dialogue. ....

Bernard Lebel
journaliste

tél. : 01 39 54 12 70
télécopie : 01 39 54 12 12   12, rue d'Alsace
mél : blebel@communication.fr   78000 Versailles

(a)

(b)

(c)

(d)

2 Lisez le texte. Associez les illustrations et
les répliques.

1 LA SECRÉTAIRE : *(Elle regarde l'agenda.)* Ah oui…
M. Lebel. Bonjour, monsieur.

2 LA SECRÉTAIRE : *(Elle passe la tête par la porte de
la cabine du stand.)* Monsieur Thomas, M. Lebel
est là.

3 M. THOMAS : Oui, oui… une minute, j'arrive.

4 BERNARD LEBEL : Bonjour, mademoiselle. Je suis
M. Lebel, Bernard Lebel. *(Il montre sa carte de
visite.)*

5 LA SECRÉTAIRE : *(Elle parle à M. Lebel.)* Asseyez-
vous… M. Thomas arrive tout de suite.

(e)

3 Retouvez le bon ordre des répliques.

4 Formez des groupes de six. Mimez (en silence)
la scène à trois. Les trois autres disent
les répliques (sans faire de gestes).
Puis vous inversez les rôles. ....

Unité 1

AGIR - RÉAGIR - AGIR - RÉAGIR

E Message électronique

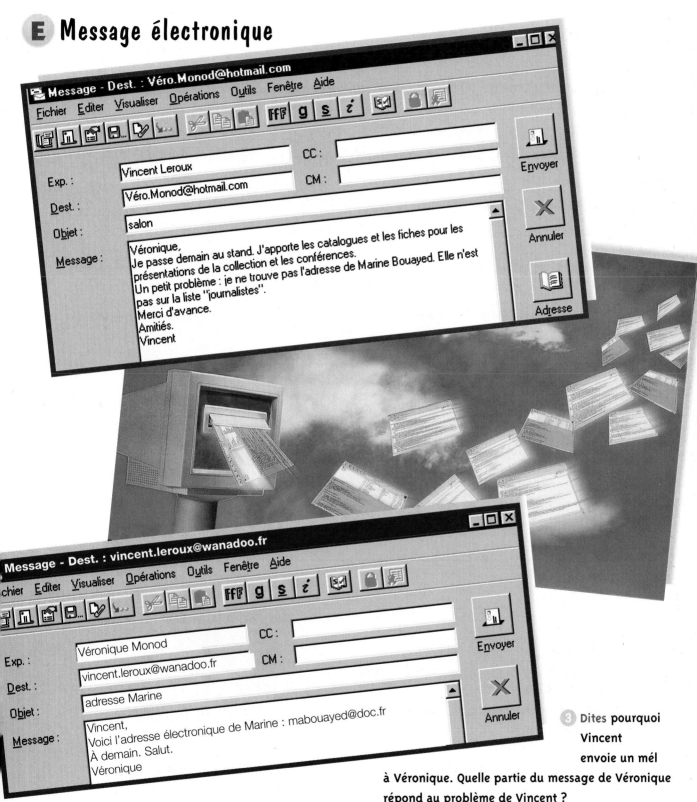

Message - Dest. : Véro.Monod@hotmail.com

Fichier   Editer   Visualiser   Opérations   Outils   Fenêtre   Aide

Exp. : Vincent Leroux
CC :
CM :

Dest. : Véro.Monod@hotmail.com

Objet : salon

Message :
Véronique,
Je passe demain au stand. J'apporte les catalogues et les fiches pour les
présentations de la collection et les conférences.
Un petit problème : je ne trouve pas l'adresse de Marine Bouayed. Elle n'est
pas sur la liste "journalistes".
Merci d'avance.
Amitiés.
Vincent

Envoyer

Annuler

Adresse

Message - Dest. : vincent.leroux@wanadoo.fr

chier   Editer   Visualiser   Opérations   Outils   Fenêtre   Aide

Exp. : Véronique Monod
CC :
CM :

Dest. : vincent.leroux@wanadoo.fr

Objet : adresse Marine

Message :
Vincent,
Voici l'adresse électronique de Marine : mabouayed@doc.fr
À demain. Salut.
Véronique

Envoyer

Annuler

1️⃣ Lisez les deux messages électroniques (mél).

2️⃣ Relevez les formules pour conclure.
Qu'est-ce que vous dites dans votre langue ?

3️⃣ Dites **pourquoi** **Vincent** envoie un mél à Véronique. Quelle partie du message de Véronique répond au problème de Vincent ?

4️⃣ Réfléchissez. Repérez les deux phrases négatives dans le message de Vincent. Mettez-les à la forme affirmative.

Grammaire

Les articles définis

1 Relevez et classez les noms dans les documents A, B et E de la partie *Agir-réagir* dans le tableau suivant.

Singulier			Pluriel
masculin	féminin	masculin/féminin	masculin/féminin
le	la	l'	les
le catalogue	*la gare*	*l'adresse*	*les photos*
…	…	…	…

2 Quand est-ce qu'on emploie *l'* au lieu de *la* ou *le* ?

3 L'article défini a combien de formes au pluriel ?

4 Prenez la fiche **G17** . Complétez la partie sur l'article défini. Aidez-vous de l'exercice 1.
Regardez, si besoin, le *Mémento* § D1.

G17

• Il n'y a pas de neutre en français. Tous les noms sont donc masculins ou féminins :
la photo, le document, le catalogue, la documentation.
• Au pluriel, on ajoute souvent s au nom :
les documents, les conférences.

L'article défini

Singulier	Pluriel
masculin	**masculin**
… salon du prêt-à-porter	… étudiants de français
… agenda de la secrétaire	
féminin	**féminin**
… gare du Nord	… photos de Nice
… adresse de Marine	

Mémento : § D1

---

5 Complétez les énoncés suivants.

▶ *Je te présente Sophie et Aline, **les** secrétaires de M. Thomas.*

Je te présente…

1 Alain, Bernard et Béatrice, … étudiants du professeur Picard.

2 Pierre, … photographe de *Femme Magazine*.

3 Élisa, … hôtesse du stand.

4 Monsieur Bineau, … journaliste de *Mode Magazine*.

5 Véronique, … responsable de la documentation.

6 Monsieur Debal, … directeur de la publicité.

7 Vincent, … responsable de l'organisation.

C'est la photo pour le catalogue.

6 *Le, la, l'* ? Consultez un dictionnaire ou le *Lexique*. Quel article convient pour les noms suivants ?

1 Exposition. **2** Repas. **3** Salade. **4** Endroit.
5 Ami. **6** Rue. **7** Lettre. **8** Carte. **9** Radio.

Unité 1 CONNAÎTRE ET RECONNAÎTRE

Les pronoms sujets

7 Relisez les documents A et B d'*Agir-réagir*. Complétez le tableau suivant avec les mots qui manquent.

	Singulier	Pluriel
1re personne	*j'*appelle, … suis, … te présente … adore, … vous laisse	… sommes, … arrivons
2e personne	… arrives, … es	… aimez, … regardez
3e personne	… est, *il* appelle, *elle* arrive	… sont, *ils* regardent

8 Quand est-ce qu'on emploie *j'* au lieu de *je* ?

9 Complétez avec les pronoms sujets qui conviennent. Attention, donnez toutes les solutions possibles.

1 … regardes.
2 … habite.
3 … sont.
4 … présentons.
5 … étudiez.
6 … suis.
7 … salue.
8 … es.
9 … arrivent.
10 … est.
11 … êtes.
12 … montrent.
13 … sommes.
14 … aimons.

10 Dites si le pronom sujet *vous* correspond à un pluriel (pour parler à plusieurs personnes) ou à une forme de politesse (pour parler à une seule personne ou à plusieurs personnes).

1 Vincent, vous habitez à Nice ?
2 Les amis, qu'est-ce que vous regardez ?
3 Vous êtes inscrit, monsieur Bineau ?
4 Messieurs les journalistes, vous êtes là pour la présentation de la nouvelle collection ?
5 Marine, tu regardes les photos avec Vincent et vous arrivez pour la conférence.

Le verbe *être*

11 Retrouvez la conjugaison du verbe *être* avec les formes suivantes :
sommes – es – suis – êtes – sont – est.

12 Complétez, dans la fiche **G1**, la partie sur le présent du verbe *être*.

G1

Être
indicatif présent

je *suis*	nous …
tu …	vous …
il/elle …	ils/elles …

Mémento : § H1

> Vous êtes où ?

> Nous sommes au bureau.

> Nous regardons les photos.

Grammaire

Les verbes réguliers en -er

⑬ **Relisez les dialogues. Relevez les formes des verbes** *arriver, regarder, montrer* **et** *habiter.* **Regroupez-les par pronom :** *je, tu, il/elle, nous, vous, ils/elles.*

⑭ **Complétez, dans la fiche G4, la partie sur le présent des verbes réguliers en** *-er.*

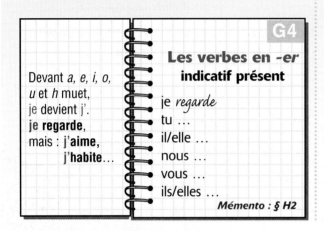

G4

Devant *a, e, i, o, u* et *h* muet, je devient j'.
je regarde,
mais : **j'aime, j'habite…**

Les verbes en *-er* **indicatif présent**

je *regarde*
tu …
il/elle …
nous …
vous …
ils/elles …

Mémento : § H2

⑮ **Réfléchissez. Quatre formes se prononcent de la même manière. Lesquelles ?**

⑯ **Mettez les verbes entre parenthèses à la forme qui convient.**
1 M. Bineau (être) suisse. Il (habiter) à Paris. Il (être) journaliste. Vincent et Marine (être) au salon du prêt-à-porter, à Paris. Ils (regarder) les photos. Véronique (aimer) la Côte d'Azur. Elle (adorer) Nice. Aujourd'hui, elle (être) à la documentation.
2 – Bonjour, monsieur. Vous (être) bien le photographe de mode, vous (habiter) à Paris et vous (apporter) les photos de la nouvelle collection ?
– Non ! Je (être) désolé : je (être) journaliste et je (habiter) à Versailles.
3 – Allô, Vincent ! Tu (être) au salon ?
– Oui. Et je (présenter) la nouvelle collection.
– Nous (arriver). Nous (être) à la gare.

Affirmation / négation

– *M. Thomas est là ? – Oui, il est là.*
– *M. Leclerc est là ? – Non.*
Vincent ne trouve pas l'adresse de Marine.
M. Bineau n'est pas photographe. Il est journaliste.
Il n'est pas français, il est suisse.

Mémento : § A3

Oui
Non
ne … pas /
n'… pas

Ce n'est pas le bon numéro.

Je ne connais pas le numéro.

⑰ **Quand est-ce qu'on emploie** *n'* **au lieu de** *ne* **?**

⑱ **Dites le contraire.**
Il n'est pas photographe.
▶ *Il **est** photographe.*
1 Le responsable de l'organisation n'est pas là.
2 Allô ? Non, je ne suis pas Mme Legendre.
3 Ils sont à la gare du Nord.
4 Marine regarde les photos de la nouvelle collection avec Véronique.
5 Vincent n'aime pas la Côte d'Azur.

⑲ **Observez l'exemple et complétez les phrases.**
▶ – *Vous **êtes** français ?*
– *Non, je **ne suis pas** français, je **suis** suisse.*
1 – Vous … étudiant ? – Non, je … professeur.
2 Non, Monique Audry … pas journaliste, elle … secrétaire.
3 – Mme Audry et M. Queneau … à Nice ?
– Non, ils … à Paris.
4 – Paul … pas suisse ? – Non, il … français.
5 M. Levet et Mme Vidal … pas secrétaires, ils … journalistes.

S'EXPRIMER

Vocabulaire

Les nombres de 0 à 69

① **Écoutez et lisez les nombres suivants.**

0	1	2	3	4	5	6	7	8	9
zéro	un	deux	trois	quatre	cinq	six	sept	huit	neuf

10	11	12	13	14	15	16	17	18	19
dix	onze	douze	treize	quatorze	quinze	seize	dix-sept	dix-huit	dix-neuf

20	21	22	23	24	25	26	27	28	29
vingt	vingt et un	vingt-deux	vingt-trois	vingt-quatre	vingt-cinq	vingt-six	vingt-sept	vingt-huit	vingt-neuf

30	31	32		40
trente	trente et un	trente-deux		quarante
50		60		69
cinquante		soixante		soixante-neuf

② **Regardez votre livre : l'unité o est à la page 11.**
Posez des questions à votre voisin(e).
▶ *À quelle page est le module 1 ? le titre de l'unité 3 ?...*

La nationalité

③ **Quelle est votre nationalité ?**
▶ *Je suis...*

④ **Quels adjectifs de nationalité se prononcent de la même manière au masculin et au féminin ?**

⑤ **Complétez la partie 1 dans la fiche V1 .**

Je suis français.

Je suis française.

V1

Les adjectifs de nationalité

-l/-e	-ais/-aise	-ain/-aine-	ien/-ienne	autres
espagnol	*...*	*...*	*tunisien*	*...*
espagnole	*...*	*...*	*tunisienne*	*...*

Mémento: § C2

Masculin	Féminin	Masculin	Féminin
allemand	allemand**e**	américain	améric**aine**
espagnol	espagnol**e**	mexicain	mexic**aine**
anglais	angl**aise**	roumain	roum**aine**
irlandais	irland**aise**	autrichien	autrich**ienne**
polonais	polon**aise**	italien	ital**ienne**
japonais	japon**aise**	tunisien	tunis**ienne**
russe	russe	grec	grec**que**

La profession

Je suis acteur.

Je suis actrice.

traducteur	informaticien	directrice
vendeuse	actrice	photographe
acteur	interprète	infirmière
réalisatrice	serveuse	directeur
ingénieur	journaliste	médecin
informaticienne	traductrice	serveur
infirmier	documentaliste	hôtesse
professeur	musicienne	réalisateur
musicien	secrétaire	vendeur

⑥ **Classez les professions dans un tableau.**
Complétez-le avec les professions (actuelles ou futures) des étudiants de votre cours.

Masculin	Féminin	Masculin/féminin
traducteur	*traductrice*	*interprète*
...	*...*	*...*

31

trente et un

S'EXPRIMER

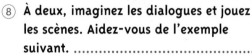

— Vous êtes musicienne ?

— Non, je suis infirmière.

⑦ **Qu'est-ce qu'ils font ? Associez les noms des personnes et les métiers suivants :**
médecin – chanteur – infirmière – informaticien – musicien – photographe.
▶ *Pierre Dupuis est musicien.*

Albert Givault

Pierre Dupuis

⑧ **À deux, imaginez les dialogues et jouez les scènes. Aidez-vous de l'exemple suivant.** ....
▶ — *Bonjour, madame. Vous êtes madame... ?*
— *Annick Frioux.*
— *Vous êtes musicienne ?*
— *Non, je ne suis pas musicienne, je suis infirmière. Excusez-moi.*

Marc Duroc

Jean-Paul Stirn

Annick Frioux

Philippe Verrier

Phonétique

Affirmation ou question ?

① **Écoutez l'enregistrement. Dites si les phrases suivantes sont des affirmations ou des questions. Indiquez la ponctuation.**

Question
▶ — *Marine Bouayed est à Nice* [?]

Affirmation
▶ — *Madame Canale est à Milan* [.]

I Monsieur Thomas est là ☐
2 Madame Canale habite à Versailles ☐
3 Vous aimez la Côte d'Azur ☐
4 Vincent dit *tu* à Véronique ☐
5 Véronique Monod est journaliste ☐
6 C'est pour la présentation de la collection ☐

Les groupes de souffle

② **Écoutez une première fois l'enregistrement. Suivez l'intonation. Indiquez si elle monte ou si elle descend avec un geste de la main.**

③ **Écoutez une deuxième fois l'enregistrement et répétez chaque modèle après le signal sonore.**
I Philippe Bineau est suisse ? ➔ [is], [ɥis], [ɛsɥis], [bino], [filipbino], [filipbino ɛsɥis].
2 Véronique est la documentaliste. ➔ [ist], [talist], [mãtalist], [nikɛ], [veʀonikɛ], [veʀonikɛ ladokumãtalist].

S'EXPRIMER

Production orale

① **Lisez les trois séries d'*Outils*.**

② **Regardez les deux scènes ci-dessous. Choisissez des phrases dans les *Outils*. Imaginez et jouez les dialogues.** ....

③ **Regardez le dessin du stage photo. Utilisez les expressions suivantes et les *Outils* pour jouer la scène.** ....

- Bonjour, c'est pour le cours de photographie.
- Le/La responsable du stage est là ?
- Vous êtes inscrit(e) ?
- Je me présente : je...
- Et vous ?/Et toi ?
- Moi, c'est... Je suis...
- Je vous/te présente...
- Enchanté(e).

④ **Choisissez votre rôle et jouez la scène à deux ou trois. Utilisez des expressions dans les trois séries d'*Outils*.** ....

Vous visitez un salon. Vous avez rendez-vous avec le directeur d'une entreprise. Vous vous présentez au stand de l'entreprise et vous donnez votre carte de visite à l'hôtesse. M. Roland, le directeur, n'est pas là/est là...

S'EXPRIMER

Production écrite

① **Regardez la carte de visite ci-contre. Repérez le prénom et le nom, l'adresse, la profession, le numéro de téléphone et de télécopie et le nom de l'entreprise.**

② **Observez les deux cartes de visite ci-dessous. Dites quelle carte est privée, quelle carte est professionnelle.**

Paul Latour
Photographe

63, rue Renaudot
86000 Poitiers

Tél : 05 49 49 50 81
Fax : 05 49 49 12 72

Aline Devaux

6, rue de Dinan - 35400 Saint-Malo
tél : 02 99 40 56 74
mél : Aline.D@wanadoo.fr

Chaussemod

Robert Deschamps
directeur des ventes

17, boulevard Saint-Germain – 75006 Paris – France
Tél. 01 46 67 78 89 – Télécopie : 01 46 67 78 88
mél : rdeschamps@chaussemod.fr

③ **Composez la carte de visite professionnelle de Mme Dumontet.**
Elle s'appelle Pauline. Elle est journaliste, elle est française. Elle habite 12, rue Gambetta, à Rennes (code postal : 35000).
Son numéro de téléphone est le 02 99 56 87 11.
Son numéro de télécopie est le 02 99 56 87 87.
Voici son mél : pdumontet@journal.fr
⍰ On n'indique pas toutes les informations sur une carte de visite.

④ **Composez votre carte de visite (privée ou professionnelle).**

⑤ **Écrivez un message à un(e) ami(e).**
Vous avez rendez-vous avec un(e) ami(e) dans son bureau/dans un café/à l'aéroport.
Il/Elle n'est pas là.
Vous laissez un message pour :
— dire bonjour à votre ami(e),
— dire que vous êtes désolé(e),
— souhaiter une bonne journée.

Pause-Jeux

❶ Récréation

➡ **Retrouvez les quatre verbes du puzzle.**
Donnez les infinitifs. Avec les 18 pièces, construisez 25 formes verbales *pronom + verbe conjugué*.

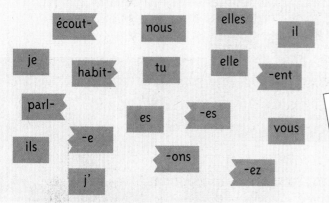

écout- nous elles il
je habit- tu elle -ent
parl- es -es
ils -e vous
j' -ons -ez

❷ Apprendre à apprendre

➡ **Mémorisez les conjugaisons.**

1 Pour construire les 25 formes verbales trouvées ci-dessus, quelles sont les pièces utilisées une fois, deux fois, trois fois, quatre fois, huit fois, neuf fois ?
2 Quelles sont les informations données par les terminaisons ?
3 Prononcez les 25 formes verbales trouvées. À l'oral, combien de formes différentes (sans compter le pronom sujet) est-ce qu'il y a ?
4 Pour les verbes *écouter* et *habiter*, comment est-ce qu'on sait, à l'oral, s'ils sont conjugués à la 3ᵉ personne du singulier ou du pluriel ?

> Dans la conjugaison, on indique toujours :
> le pronom sujet + le radical + la terminaison.
> Ajoutez chaque nouveau verbe dans le *Carnet de route*,
> sur la fiche de grammaire correspondante.

❸ En toute logique

➡ **À l'aide des informations suivantes, complétez les cartes de visite.**
Indiquez la profession et l'adresse des personnes.

Professions :
journaliste, professeur, médecin, actrice.

Adresses : 10, rue Danton ; 7, rue Saint-Martin ; 6, rue de la Gare ; 8, rue de la Paix.

Villes : Lille, Lyon, Marseille, Paris.

---

1 David habite à Paris. Il n'est pas médecin.
2 Paul n'habite pas à Lyon. Il habite 6, rue de la Gare.
3 Lucienne est actrice, elle n'habite pas à Lyon.
4 Joëlle n'est pas médecin.
5 Le professeur habite rue Saint-Martin à Paris.
6 La journaliste habite 8, rue de la Paix à Lyon.
7 Le médecin habite à Lille.

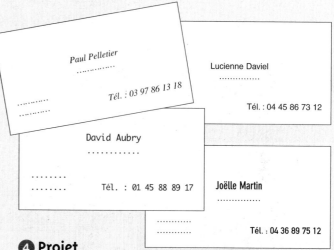

Paul Pelletier
....
Tél. : 03 97 86 13 18
....
....

Lucienne Daviel
....
Tél. : 04 45 86 73 12

David Aubry
....
....
.... Tél. : 01 45 88 89 17

Joëlle Martin
....
....
Tél. : 04 36 89 75 12

❹ Projet

➡ **Vous êtes un groupe de quatre ami(e)s. Vous préparez un séjour chez un(e) ami(e) français(e).**

1 Par groupes de cinq, choisissez :
   – l'identité de la personne française ;
   – l'identité des quatre ami(e)s ;
   – où vous allez et pour quoi faire.
2 Vous êtes en France. Vous vous présentez et vous présentez le groupe à l'ami(e) français(e) : vous dites votre nationalité, votre profession, où vous habitez, qui sont les autres membres du groupe, etc. La personne se présente. Jouez la scène.

❺ Noir sur blanc

➡ **Lisez les mots ci-dessous. Chassez les intrus.**

1 Le son [i] comme dans *midi* :
il – vrai – aussi – la liste – minute – vous aimez – au revoir – voilà – oui – qui est-ce ?
2 Le son [y] comme dans *bus* :
pour – nous – documents – vous – salut – une – bonjour – minute.
3 Le son [u] comme dans *roue* :
photo – aussi – vous – nous sommes – au revoir – téléphone – prénom – Meaux – aujourd'hui.
4 Le son [a] comme dans *patte* :
mais – adresse – au revoir – madame – vrai – Meaux – salut.

Comportements

Pour se saluer et prendre congé

bises ?
gestes ?
ou poignée de main ?

– Qui embrasse qui ?

Ce sont souvent les gens qui se disent *tu*, c'est-à-dire les amis et les connaissances : les femmes entre elles, les hommes et les femmes, presque jamais les hommes entre eux.

Combien de fois ?

Entre deux, trois ou quatre fois. Ça dépend des régions.

– Qui donne une poignée de main ?

Ce sont souvent les gens qui se disent *vous*, les gens qu'on ne connaît pas bien, les hommes entre eux, les personnes qu'on n'embrasse pas ou qu'on ne veut pas embrasser.

1 Regardez les photos. Les personnes parlent et font quelque chose. Associez les photos, les paroles et les gestes.

Les paroles :

    1 Ah ! Bonjour, monsieur Prau.
    2 Bonjour les enfants, je suis content de vous voir.
    3 Allez, on se fait la bise !
    4 Au revoir ; À bientôt ! ; Je t'appelle ; Salut !
    5 Je ne t'embrasse pas, je suis enrhumée !

Les gestes :

    a Ils se font la bise.
    b Ils font des gestes.
    c Ils se donnent une poignée de main.

2 Pour chaque photo, imaginez :

    1 quels sont les rapports entre les personnes : parents, amis ou relations de travail ;
    2 si elles se disent *tu* ou *vous* ;
    3 si elles sont distantes (–), proches (+) ou intimes (++).

🌐 Est-ce que les comportements des personnes sur les photos ressemblent à ceux de vos compatriotes ? Qu'est-ce qui est semblable ? Qu'est-ce qui est différent ?

🌐 Dans votre pays, comment est-ce que vous indiquez si vous êtes distant(e), proche ou intime, dans votre comportement ?

Cadres de vie
La France, un pays de contrastes

Un patrimoine contrasté

1. **Le patrimoine familial :** biens qui viennent des parents (fortunes, propriétés).
2. **Le patrimoine national :** richesses nationales (monuments, économie, littérature, art).
3. **Le patrimoine mondial :** richesses transmises à l'humanité (liste du patrimoine mondial de l'UNESCO).

Ⓐ Un champ de tournesols.

Ⓑ Le château de Chambord.

Ⓒ Des fromages.

Ⓓ La Joconde.

Ⓔ La baie du Mont-Saint-Michel.

Ⓕ La fusée Ariane.

Ⓗ La langue française.

DICTIONNAIRE
UNIVERSEL
FRANCOPHONE

Ⓖ Une ferme du Lot-et-Garonne.

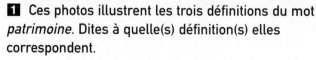

1 Ces photos illustrent les trois définitions du mot *patrimoine*. Dites à quelle(s) définition(s) elles correspondent.
Comparez avec le classement de vos voisin(e)s.

2 Classez les photos de 1 à 8 en donnant le numéro 1 à la photo qui représente le mieux le patrimoine français pour vous.
Expliquez votre classement à vos voisin(e)s.

🌍 Pensez au patrimoine de votre pays.
Trouvez des images pour les trois types de patrimoines (familial, national et mondial).
Comparez et justifiez vos choix.

Point·DELF

DELF unité A1 – Oral 1
Questionnaire de compréhension orale

Écoutez l'enregistrement et dites si vous entendez
la phrase a ou la phrase b. .... 📼

1 **a** Il habite à Paris.
  b Ils habitent à Paris.
2 **a** Ils appellent Marc.
  b Il s'appelle Marc.
3 **a** Tu as l'adresse de Marine ?
  b Tu n'as pas l'adresse de Marine ?
4 **a** Je suis belge.
  b Je suis belle.
5 **a** Vous montrez le catalogue.
  b Vous montrez les catalogues.
6 **a** Elle s'appelle Martine.
  b Elles appellent Martine.
7 **a** Il s'appelle Daniel.
  b Elle s'appelle Danièle.
8 **a** Bonjour, monsieur.
  b Bonjour, messieurs.

DELF unité A1 – Oral 2
Simulation de conversation

**Lisez la situation et imaginez le dialogue. Jouez la
scène à trois.**
Au salon de l'éducation, sur le stand :
• Mme X demande à parler au responsable
du stand.
• L'hôtesse demande à Mme X de
se présenter. La dame répond et donne
sa carte de visite à l'hôtesse.
• L'hôtesse montre M. Lambert.
Elle demande à la dame d'attendre
un moment.
• L'hôtesse présente la carte de visite
de Mme X à M. Lambert.
• M. Lambert se présente à Mme X.

Pour préparer l'épreuve
À trois, avant de jouer la scène :
1 Imaginez l'identité de Mme X.
2 Choisissez les expressions utiles :
  • pour saluer ;
  • pour se présenter ;
  • pour demander à parler à quelqu'un ;
3 Retrouvez les gestes pour saluer.

DELF unité A1 – Écrit
Rédaction d'une lettre amicale

Lisez l'annonce de journal et complétez le mél.

AGENCE ARTPHOTO

Vous êtes photographe. Vous travaillez pour un
journal. Pour vous, Artphoto organise un stage du
23 au 26 octobre à Versailles.
Pour vous inscrire, répondez par mél à Marc Barbot,
mbarbot@artphoto.com. Indiquez votre nom,
votre adresse personnelle et professionnelle, et les
langues parlées (anglais, espagnol...).

Pour préparer l'épreuve
Vous ne comprenez pas tout. C'est normal.
Avant de compléter le mél, lisez bien
la petite annonce et trouvez :
1 le nom de l'organisateur du stage ;
2 les dates du stage ;
3 à qui est-ce que le stage s'adresse ;
4 à qui est-ce que vous envoyez le mél ; à
  quelle adresse ;
5 les informations demandées.

🖳 **Message - Dest. :**

<u>F</u>ichier <u>E</u>diter <u>V</u>isualiser <u>O</u>pérations O<u>u</u>tils Fe<u>n</u>être <u>A</u>ide

Exp. :   ...   CC :
<u>D</u>est. :   ...   CM :
Ob<u>j</u>et :   stage Artphoto
<u>M</u>essage :   Monsieur,
Suite à l'annonce parue dans le journal *Le Monde*
le 2 octobre, je souhaiterais m'inscrire au stage
Artphoto du 23 au 26 octobre à Versailles.
Voici les informations demandées :
....
....
....
....
Salutations
....

Unité 2

RENCONTRES

Contrat d'apprentissage

▓ communicatif

– aborder quelqu'un

– téléphoner

– situer, se situer dans l'espace

– acheter un billet de train

▓ linguistique

– le présent des verbes *avoir, aller, partir, venir, prendre*

– l'article indéfini et l'article défini

– l'adjectif interrogatif *quel*

– le genre et le nombre du nom et de l'adjectif

– l'interrogation : *est-ce que ? qu'est-ce que ? quel ?*
  qui est-ce ? c'est qui ? où ? d'où ?

– des prépositions et des adverbes de lieu (1)

– les nombres 70 à l'infini

– les transports en commun

▓ interculturel

– communiquer : pas si facile !

– France, Europe, régions

Nous sommes dans une grande gare parisienne : il y a un point argent, des pictogrammes d'orientation, des guichets, des voyageurs qui achètent des billets, des personnes qui téléphonent.
À l'occasion d'un voyage pour le travail, Véronique et Marine rencontrent Vincent dans le hall de la gare. Au bureau, Sophie répond au téléphone.

RENCONTRES

**La photo montre la gare du Nord, à Paris.
Faites parler les personnes.
Aidez-vous des expressions suivantes.**

– *Salut. Ça va ?*

– *Bonjour, madame. Vous êtes… ?*

– *Bonjour. Alors, vous êtes… ?*

– *Non, je suis…*

– *Comment allez-vous ?*

– *Et voici …, le directeur.*

– *Au revoir !*

– *Vous arrivez quand ?*

– *À demain !*

Forum

1

■ *Pardon, monsieur,
le train pour Bruxelles,
s'il vous plaît ?*

● *Le train pour Bruxelles ?
Voie 9, madame.*

2

- ■ *Pardon, je vais à Lille,
  et je ne trouve pas
  le train sur le tableau.*
- ● *Pour Lille, c'est le train
  de Bruxelles. Regardez,
  c'est la voie 9.*

3

- ■ *Excusez-moi, où
  est le guichet
  des réservations,
  s'il vous plaît ?*
- ● *Là, devant vous.*

4

- ■ *Allô ?*
- ● *Allô, oui ?*
- ■ *Bonjour. C'est Patrick Fournel.
  Je suis à la gare du Nord.
  Je prends un taxi et j'arrive tout de suite.*
- ● *À tout de suite, alors.*

5

- ■ *Mon billet, mon billet, je ne trouve pas mon billet !
  Tu n'as pas mon billet, par hasard ?*
- ● *Il est peut-être dans une poche ?*
- ■ *Attends… Je regarde. J'ai des bonbons, des pièces,
  un ticket de métro. Ah… oui, le voilà, ouf !*

❶ **Regardez** les illustrations
et **lisez** les dialogues.

❷ **Écoutez** les enregistrements.
**À quel dialogue correspond
chaque enregistrement ?**

❸ **Relevez** dans les dialogues
les expressions pour aborder
quelqu'un.

❹ **Jouez** la scène à deux.
Vous êtes à Paris, à la gare du Nord.
Vous cherchez le train pour Londres.
Vous demandez à un(e) employé(e).

❺ **Jouez** la scène à deux. Vous êtes
dans le train, en direction de Londres.
Vous téléphonez à votre collègue
anglais(e).
– Vous saluez votre collègue et vous
vous présentez.
– Votre collègue vous salue, il/elle
vous demande où vous êtes…
– Vous annoncez votre arrivée.

❻ **Réfléchissez.** Relisez le dialogue 5
et répondez aux questions.
1 Quel est le genre (masculin ou
   féminin) des mots suivants : *poche –
   bonbons – pièces – ticket de métro.*
   Consultez le lexique.
2 Les formes *un, une, des*
   correspondent à quelles formes
   de l'article défini *(le, la, les)* ?

❼ **Regardez** le tableau des départs.
Écoutez les annonces.
1 Le train de la voie 4 va où ?
2 Le train de la voie 7 va où ?
3 Le train pour Lille, Calais, Londres
   part de quelle voie ?
4 Le train pour Douai, Valenciennes,
   Lille part de quelle voie ?

Départs

Heure	N°	Destination	Voie
7h42	324	Londres	☐
8h02	236	Lille	☐
8h27	905	☐☐☐☐☐☐☐☐☐☐☐	11
9h08	242	Lille, Bruxelles	9
9h16	845	☐☐☐☐☐☐☐☐☐☐☐	2

Paris → Douai → Valenciennes → Lille → Calais → Londres

quarante et un

AGIR – RÉAGIR – AGIR – RÉAGIR

A Au distributeur

1 **Regardez** la photo. Qu'est-ce que c'est ?

1 un distributeur pour prendre des billets de train ?

2 un distributeur pour prendre de l'argent ?

3 un distributeur pour faire des cartes de visite ?

2 **Lisez** les textes sur les écrans et retrouvez l'ordre logique des écrans.

> **Choisissez un montant.**
> ○ 10 €   ○ 50 €
> ○ 20 €   ○ autre somme

> **Bonjour.**
> **Insérez votre carte bancaire.**
> **Patientez.**

> **Choisissez une opération.**
> ○ relevé de compte
> ○ retrait
> ○ retrait + reçu
> ○ reprendre votre carte

> **Prenez votre argent.**
> ○ nouvelle opération
> ○ reprendre votre carte

> **N'oubliez pas votre carte.**

> **Composez votre code.**
> **Validez.**

3 **Vous avez besoin d'argent. Vous êtes devant un guichet automatique. Vous avez une carte bancaire. Décrivez ce que vous faites.**

▶ *J'insère la carte...*
Je choisis... je prends...

Complétez et continuez.

4 **Réfléchissez. Vous avez compris le fonctionnement du distributeur automatique :**

1 grâce aux écrans ?

2 grâce à votre expérience personnelle ?

3 grâce à autre chose ?

B Rencontre

1 **Lisez** les affirmations suivantes.

1 Marine montre Vincent à Véronique.

2 Vincent vient de Cannes.

3 Marine et Véronique vont à Milan.

4 Vincent est à Paris la semaine prochaine.

2 **Écoutez** le dialogue. Est-ce que les affirmations ci-dessus sont vraies ou fausses ? ......

3 Donnez **la bonne réponse.**

Véronique dit : *Qu'est-ce que tu racontes ?*

À votre avis, c'est :

1 pour demander à Marine de répéter ?

2 pour dire que ce n'est pas possible ?

3 pour demander une explication à Véronique ?

4 Lisez **le texte du dialogue et** relevez **les expressions de lieu.**

Marine et Véronique traversent la gare de Lyon...

MARINE : Regarde, Véronique !

VÉRONIQUE : Quoi ?

MARINE : Devant le kiosque, c'est Vincent, non ?

VÉRONIQUE : Qu'est-ce que tu racontes ? Vincent à la gare de Lyon !

MARINE : Mais si, regarde !

VÉRONIQUE : Mais oui ! Tu as raison, c'est Vincent.

VINCENT : Tiens ! Salut Véronique, bonjour Marine.

VÉRONIQUE : Salut, Vincent. Ça va ? Tu arrives ?

VINCENT : Oui, enfin non, je pars — c'est-à-dire, je viens du bureau et je vais à Cannes.

MARINE : Dommage...

VINCENT : Pourquoi, où est-ce que vous allez ?

VÉRONIQUE : Nous allons à Milan.

VINCENT : À Milan ?

VÉRONIQUE : Oui. Nous visitons une entreprise de prêt-à-porter italienne...

MARINE : Je prends des photos...

VÉRONIQUE : Eh oui ! Pour nous, les modèles italiens sont toujours intéressants.

VINCENT : Bon... eh bien, bon voyage !

MARINE : La semaine prochaine, nous sommes à Paris. Vous aussi ?

VINCENT : Bien sûr. Eh bien, à la semaine prochaine, alors ! Rendez-vous au bureau !

VÉRONIQUE : D'accord.

MARINE : À la semaine prochaine !

---

5 Répondez **aux questions suivantes.**

1 Où est Vincent ?

2 D'où est-ce qu'il vient ?

3 Où est-ce qu'il va ?

C **Pictogrammes**

1 Observez **les pictogrammes suivants. Qu'est-ce qu'ils signifient ?**

2 Jouez **la scène à deux.** ....

Vous êtes dans un aéroport ou une gare et vous cherchez le parking, le point rencontre, un point argent, etc. Vous demandez à quelqu'un...

▶ — *Excusez-moi, ... ?* — *(Je suis) désolé/e...*

— *Je cherche...* — *Regardez le pictogramme.*

— *S'il vous plaît, ... ?* — *Regardez, c'est là.*

D Un billet de train

SNCF **BILLET**
Valable 24 heures maximum après compostage

LYON PERRACHE	➡ PARIS GARE LYON
	LARUELLE/A
	01ADULTE

```
Dép 30/04 à 17H16 de LYON PERRACHE        Classe 2  VOIT 06: PLACE NO   98
Arr        à 19H35 à PARIS GARE LYON       01ASSIS NON FUM
PERIODE DE POINTE      TGV     666         DUPLEX : EN HAUT 01COULOIR
PLEIN TARIF

Dép       à       de ✱✱✱                   Classe ✱
Arr       à       à

Prix par voyageur :   388.00                      Prix FRF      ✱✱388.00
        KM0512            :                             EUR      ✱✱59.15
   388                    :           :DV 120849956
                                      :CC 1955053    PARIS MONT 1 ET 2   190499  19H59
BP NIV.4   8712084995560              :526DB8   Dossier  HZLDFB      Page 1/1
              08702658022006
```

1 **Regardez le billet de train.**
  i Le train part d'où ? (de quelle ville ? de quelle gare ?)
  2 Le train va où ?
  3 Quel est le numéro du train ?

4 Combien de personnes voyagent avec le billet ?
5 C'est un billet de première ou de deuxième classe ?
6 Quel est le prix du billet ?

E Un aller Grenoble, s'il vous plaît.

1 **Écoutez le dialogue.** .... 🔊
  i La scène se passe où ?
  2 Qui parle ?
  3 Qu'est-ce que le voyageur demande ?

2 **Réécoutez et lisez le dialogue en même temps. Repérez et classez les questions dans le tableau.** .... 🔊

Questions	avec intonation	avec un mot interrogatif
	...	...

LE VOYAGEUR :	Je voudrais deux billets pour Grenoble, s'il vous plaît.
L'EMPLOYÉE :	Pour deux adultes ?
LE VOYAGEUR :	Pour un adulte et un enfant.
L'EMPLOYÉE :	Il a quel âge ?
L'ENFANT :	J'ai 10 ans !
L'EMPLOYÉE :	Une place enfant, donc. Vous prenez le TGV ?
LE VOYAGEUR :	Oui, oui. Bien sûr.
L'EMPLOYÉE :	Vous partez quel jour ? À quelle heure ?
LE VOYAGEUR :	Nous partons lundi prochain, à 8 heures.
L'EMPLOYÉE :	Pour la réservation, qu'est-ce que vous désirez : fumeur ou non fumeur ?
LE VOYAGEUR :	Non fumeur.
L'EMPLOYÉE :	Une fenêtre et un couloir, côte à côte ?
LE VOYAGEUR :	Très bien, oui.

L'EMPLOYÉE :	Alors, voilà votre billet de TGV pour un adulte et un enfant avec 50 % de réduction, réservation pour lundi prochain, TGV de 8 heures, deux places, un coin fenêtre et un côté couloir, non fumeur, en deuxième classe.
LE VOYAGEUR :	Vous prenez la carte bleue ?
L'EMPLOYÉE :	Mais bien sûr, nous prenons les cartes bancaires.

3 Comparez les âges. L'enfant a quel âge ? Et vous, vous avez quel âge ?

F Au téléphone

1 Écoutez le dialogue. Qui parle ? À qui ? ...

2 Réfléchissez. Donnez une expression équivalente à *de la part de qui*.

3 Lisez le dialogue et relevez les expressions pour :
1 prendre contact ;
2 demander à parler à quelqu'un ;
3 demander l'identité ;
4 demander d'attendre ;
5 se présenter.

Le téléphone sonne chez F.C. mod'. On décroche.

SOPHIE LECORNEC :	F.C. mod', bonjour. Veuillez patienter quelques instants.
SOPHIE LECORNEC :	F.C. mod', j'écoute.
CHRISTOPHE WEISS :	Allô, bonjour, madame. Je voudrais parler à M. Thomas, s'il vous plaît.
SOPHIE LECORNEC :	C'est de la part de qui ?
CHRISTOPHE WEISS :	De Christophe Weiss.
SOPHIE LECORNEC :	Pardon ?
CHRISTOPHE WEISS :	Weiss, Christophe Weiss.
SOPHIE LECORNEC :	Je suis vraiment désolée, monsieur. Vous pouvez épeler, s'il vous plaît ?
CHRISTOPHE WEISS :	W E I S S, de l'école Promode...
SOPHIE LECORNEC :	Ah oui, de Strasbourg.
CHRISTOPHE WEISS :	C'est ça.
SOPHIE LECORNEC :	Attendez, je vous passe M. Thomas.
CHRISTOPHE WEISS :	Merci.

4 Jouez la scène à deux.

Vous téléphonez au consulat de France. Vous voulez parler à M. Duval du service des visas. Le/La secrétaire vous passe M. Duval. Changez de rôles et rejouez la scène.

Grammaire

Le présent de l'indicatif

1 Relevez les formes de l'indicatif présent des verbes *avoir* et *aller* dans les dialogues B et E d'*Agir-réagir*. Complétez, dans les fiches **G2** et **G3**, la partie sur le présent de l'indicatif.

3 Complétez, dans les fiches **G7** et **G8**, la partie sur le présent des verbes *partir*, *venir* et *prendre*, à partir des formes de l'exercice 2.

G2 Avoir
indicatif présent
j' …
tu …
il/elle …
nous *avons*
vous …
ils/elles *ont*

Mémento : § H1

G3 Aller
indicatif présent
je …
tu *vas*
il/elle …
nous …
vous …
ils/elles *vont*

Mémento : § H3

G7 Partir / Venir
indicatif présent
je *pars* — je *viens*
tu … — tu …
il/elle … — il/elle …
nous *partons* — nous *venons*
vous … — vous …
ils/elles *partent* — ils/elles *viennent*

Mémento : § H3

2 Relisez les dialogues B et E d'*Agir-réagir*.

1 Relevez les verbes et complétez le tableau des terminaisons du présent de l'indicatif.

Terminaisons des verbes réguliers en *-er*		Terminaisons de la plupart des autres verbes	
je	-…	je	-…
tu	-…	tu	-s
il/elle	-…	il/elle	-t/-d
nous	-…	nous	-…
vous	-…	vous	-…
ils/elles	-…	ils/elles	-ent

2 Vérifiez vos réponses dans le *Mémento*, § G4.

G8 Prendre
indicatif présent
je *prends*
tu …
il/elle …
nous *prenons*
vous …
ils/elles *prennent*

Mémento : § H3

• En français, tous les verbes, sans exception, prennent la terminaison -nt à la troisième personne du pluriel.
• Pour tous les verbes, les trois personnes du singulier du présent de l'indicatif (sauf *avoir*, *être* et *aller*) se prononcent de la même manière, MAIS l'orthographe est différente.

4 Mettez les verbes entre parenthèses à la forme qui convient.
1 – Tu (arriver) ou tu (partir) ?
– Je (partir). Je (aller) à Strasbourg.
2 – Vous (aller) où ?
– Nous (partir) à Cannes. Nous (prendre) le train de 15 heures.
3 – Est-ce que vous (venir) à l'exposition ?
– Bien sûr, je (venir) tout de suite.
4 – Est-ce que Bernard et Véronique (venir) ?
– Oui, ils (venir). Ils (prendre) le train et ils (arriver) à 8 heures.
5 – Vous (avoir) les billets ?
– Je (regarder). Où est-ce qu'ils (être) ?

RECONNAÎTRE

L'article indéfini, l'article défini et l'adjectif interrogatif *quel*

5 **Observez les dialogues suivants.**

1 – La photo de la page 22 montre **un** salon.
   – **Quel** salon ?
   – **Le** salon du prêt-à-porter.

2 – Il cherche **un** agenda.
   – **Quel** agenda ?
   – **L'**agenda de la secrétaire.

3 – C'est **une** gare.
   – **Quelle** gare ?
   – **La** gare du Nord.

4 – Marine et Vincent regardent **des** photos.
   – **Quelles** photos ?
   – **Les** photos de Nice.

6 **Complétez, dans la fiche** G17 **, la partie sur les articles indéfinis et l'interrogatif** *quel*.

7 **Complétez les dialogues suivants.**

1 ▶ – *Elles sont à Amsterdam pour* ***une*** *exposition.*
   – … exposition ?
   – Pour … exposition Van Gogh.

2 – … étudiantes attendent devant le bureau.
   – … étudiantes ?
   – … étudiantes de français.

3 – Il cherche … professeurs.
   – … professeurs ?
   – … professeurs de français.

4 – Il travaille pour … salon.
   – Pour … salon ?
   – Pour … salon du prêt-à-porter.

5 – Monsieur Weiss parle à … standardiste.
   – À … standardiste ?
   – À … standardiste de F.C. mod'.

Masculin-féminin, singulier-pluriel

• Le genre du nom

En français, les noms sont masculins ou féminins. Le genre est évident quand on peut faire la distinction entre sexe masculin et sexe féminin. Dans les autres cas, le genre est en général arbitraire.

	Masculin	Féminin
Distinction entre sexe masculin et sexe féminin	un étudiant un voyageur un lion	une étudiante une voyageuse une lionne
Distinction arbitraire	un catalogue un document	une entreprise une photo

• Le nombre du nom

Pour former le pluriel du nom, on ajoute généralement s à la forme du singulier.
Une photo de Nice. ▶ *Les photos du catalogue.*

Mémento : § B

quarante-sept

Grammaire

8 Complétez, dans les fiches **G20** et **G21**, la première partie sur le nom.

9 Écoutez une première fois les énoncés enregistrés. Quels énoncés sont au masculin ? Quels énoncés sont au féminin ?

10 Écoutez une deuxième fois les énoncés enregistrés. Quels énoncés sont au singulier ? Quels énoncés sont au pluriel ?

11 Lisez les énoncés pour vérifier vos réponses.
  1 L'entreprise de Milan est italienne.
  2 Les modèles italiens sont intéressants.
  3 Véronique et Marine sont françaises.
  4 F.C. mod' est une entreprise française.
  5 La ville n'est pas intéressante !
  6 Elle n'est pas allemande, elle est autrichienne.
  7 Le modèle allemand est intéressant.
  8 Ils sont français ou espagnols ?
  9 Il est français, elle est espagnole.
  10 – Philippe Bineau est suisse ?
     – Oui, il est suisse.
  11 – Marine Bouayed est suisse aussi ?
     – Non, elle est française.
  12 Nous ne sommes pas canadiennes.
  13 Mais nous, nous sommes canadiens.

12 Réfléchissez et répondez aux questions.
  1 À l'écoute, quels mots indiquent le genre ?
     a l'article ? **b** l'adjectif ? **c** le verbe ?
  2 À l'écoute, quels mots indiquent le nombre ?
     a l'article ? **b** l'adjectif ? **c** le verbe ?

L'accord de l'adjectif en genre et en nombre

L'adjectif s'accorde avec le nom ou le pronom auquel il se rapporte.
Vincent est français. Marine est française.
Les modèles italiens sont intéressants.

Mémento : § C2

13 **L'adjectif au masculin et au féminin.**
  1 Est-ce qu'on entend toujours une différence à l'écoute entre un adjectif au masculin et un adjectif au féminin ?
  2 Quelle est la différence à l'écrit ?
  3 Relevez, dans l'exercice 11 et la fiche **V1**, le féminin des adjectifs suivants :
     1 italien.   **5** belge.   **9** japonais.
     2 américain.   **6** intéressant. **10** allemand.
     3 espagnol.   **7** canadien.
     4 grec.   **8** français.
  4 Complétez ensuite, dans la fiche **G20**, la partie 2 sur l'adjectif.

14 **L'adjectif au singulier et au pluriel.**
  1 Est-ce qu'on entend une différence à l'écoute entre un adjectif au singulier et un adjectif au pluriel ?
  2 Quelle est la différence à l'écrit ?
  3 Relevez, dans l'exercice 11, tous les adjectifs au pluriel, puis retrouvez leur forme au singulier.
  4 Complétez ensuite, dans la fiche **G21**, la partie 2 sur l'adjectif.

15 **Mettez les noms et les adjectifs à la forme qui convient.**
  1 Les (photo) de Nice sont (magnifique).
  2 Nous avons des (collection) (anglais), (italien) et (américain).
  3 La collection (italien) est (intéressant).
  4 Les (salon) (français) sont (intéressant).
  5 J'ai des (pièce) (suisse).
  6 Vous êtes (américain), mais vous avez des (nom) (grec).
  7 Tu as des (bonbon) (suisse) ?

Vocabulaire

Les nombres de 70 à l'infini

① **Écoutez et lisez les nombres suivants.**

70 soixante-dix	71 soixante et onze	72 soixante-douze	73 soixante-treize	74 soixante-quatorze
75 soixante-quinze	76 soixante-seize	77 soixante-dix-sept	78 soixante-dix-huit	79 soixante-dix-neuf
80 quatre-vingts	81 quatre-vingt-un	82 quatre-vingt-deux		
90 quatre-vingt-dix	91 quatre-vingt-onze	92 quatre-vingt-douze		
100 cent	101 cent un	102 cent deux	200 deux cents	201 deux cent un
1 000 mille	2 000 deux mille	3 001 trois mille un		
1 000 000 un million	2 000 000 deux millions	1 000 000 000 un milliard	2 000 000 000 deux milliards	

② **Échangez vos numéros de téléphone.**

③ **Dictez cinq numéros de téléphone à votre voisin(e). Corrigez ensemble, puis inversez les rôles.**

Les transports en commun

④ **Observez le réseau lexical sur les transports en commun. Complétez-le avec les mots que vous connaissez.**

⑤ **Complétez, dans la fiche V2 , la partie 1 sur les transports en commun.**

⑥ **Quel moyen de transport est-ce que vous prenez pour aller au cours de français ?**

la voie — le départ — l'arrivée — ... — la gare — le guichet des réservations — le ticket — le train — **Les transports en commun** — le métro — le taxi — le bus — la carte orange

Au téléphone

⑦ **Lisez les expressions du tableau p. 50 pour appeler ou pour répondre au téléphone.**

⑧ **Relisez le dialogue 4 du *Forum* et le dialogue F d'*Agir-réagir*, puis complétez le tableau.**

⑨ **Complétez, dans la fiche V2 , la partie 2 sur le téléphone.**

S'EXPRIMER

• Vous appelez

– Est-ce que je peux parler à monsieur D..., s'il vous plaît ?

– Monsieur/Madame/Mademoiselle D... est là ?

– Monsieur D..., s'il vous plaît ?

– Allô ? *(votre prénom + votre nom)* à l'appareil.

– Ici *(votre prénom + votre nom)*.

• Vous répondez

– C'est moi.

– Oui, (attendez) un moment, s'il vous plaît.

– Non, monsieur D... n'est pas là.

– (Oui), ne quittez pas. Je vous le passe.

– Monsieur D... est en ligne. Vous patientez ?

– Je suis désolé(e). Madame D... est en réunion.

– Vous rappelez plus tard ?/Vous laissez un message ?

– Quel est votre numéro, s'il vous plaît ?

⑩ **Jouez la scène à deux.** ....

Vous êtes à la station de taxis et vous téléphonez à un(e) ami(e) au bureau. Un(e) collègue répond : votre ami(e) n'est pas là.

⑪ **Jouez la scène à trois : vous, un(e) standardiste, un(e) responsable du stage** ..

Vous téléphonez pour vous inscrire à un stage. Le/La standardiste demande le nom du stage (mode, musique, photo...). Vous répondez et il/elle vous passe le/la responsable du stage.

Phonétique

L'opposition entre sons clairs [e], [ɛ] et sons bémolisés [ø], [œ]

① **Écoutez et dites si vous entendez la phrase a ou la phrase b.**

   1 **a** Elle achète le billet à la gare.
      b Elle achète les billets à la gare.
   2 **a** M. Dupont achète des billets d'avion.
      b M. Dupont achète deux billets d'avion.
   3 **a** Il montre le billet au contrôleur.
      b Il montre les billets au contrôleur.
   4 **a** Vous avez des places non-fumeurs ?
      b Vous avez deux places non-fumeurs ?

② **Écoutez et répétez les mots diapasons puis lisez les phrases de l'exercice 1 à voix haute.**

   • Sons clairs :   [e] bébé   [ɛ] sel
   • Sons bémolisés :   [ø] nœud   [œ] œuf

③ **Écoutez et répétez après le signal sonore.**

   1 Veuillez patienter.➜ [vø], [je], [pasjãte], etc.
   2 Nous sommes deux. ➜ [do], [mø], [dø], [sɔm], [nusɔm], [nusɔmdø].
   3 Vous êtes Monsieur... ? [sje], [sjo], [sjø], etc.

Les nombres

④ **Écoutez une première fois sans lire le texte.**

⑤ **Écoutez une deuxième fois et lisez le texte en même temps. Puis jouez les quatre dialogues.**

   1 – Un enfant demande une carte postale.
      – Combien ?   – Une ! [yn]

   2 – Deux enfants demandent deux cartes postales.
      – Combien ?   – Deux ! [dø]
   3 – Six enfants demandent six cartes postales.
      – Combien ?   – Six ! [sis]
   4 – Douze enfants demandent douze cartes postales.
      – Combien ?   – Douze ! [duz]

Production orale

OUTILS POUR... — indiquer le lieu

Vous allez où ?	Vous êtes où ?	Vous venez d'où ?
Où est-ce que vous allez ?	Où est-ce que vous êtes ?	D'où est-ce que vous venez ?
– Je vais à Paris.	– Je suis à Paris.	– Je viens de Paris.
– Je vais à la gare.	– Je suis à la gare.	– Je viens de la gare.
– Je vais à l'hôtel.	– Je suis à l'hôtel.	– Je viens de l'hôtel.
– Je vais au bureau.	– Je suis au bureau.	– Je viens du bureau.
– Je vais aux Antilles.	– Je suis aux Antilles.	– Je viens des Antilles.

à + le = au   à + les = aux   de + le = du   de + les = des

OUTILS POUR... — se situer

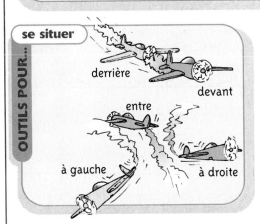

derrière
devant
entre
à gauche
à droite

OUTILS POUR... — poser des questions

Pour obtenir une information sur une personne

– Quelle est votre nationalité ?	– Je suis français.
– Quel est votre nom ?	– Je m'appelle Dupont.
– Vous avez quel âge ?	– J'ai 28 ans.

Pour obtenir une information sur une chose

– Qu'est-ce que c'est ?/C'est quoi ?	– C'est un catalogue.
– Je cherche la gare./Où est la gare ?	– Devant vous.

① **Regardez le dessin et jouez la scène.** ......
Pour préparer les réponses de l'employé(e),
lisez les *Outils* ci-dessus.

③ **Imaginez les situations. Jouez les scènes.**
1 Quelqu'un vous aborde dans un café. Vous
n'avez pas envie d'engager la conversation.
Qu'est-ce que vous dites ?
2 Vous voyagez en train. Votre voisin(e) est
sympathique. Vous engagez la conversation.
et vous discutez jusqu'à l'arrivée du train.

OUTILS POUR... — aborder quelqu'un

Vous abordez quelqu'un

– Pardon, mademoiselle, vous travaillez ici ?

– Excusez-moi, vous venez souvent ici ?

– Qu'est-ce que vous faites dans la vie ?

– Vous prenez quelque chose ?

– Vous prenez souvent le TGV ?

Quelqu'un vous aborde

– Désolé(e), je ne suis pas d'ici./ Je ne sais pas.

– Non, pas du tout./Oui, pourquoi ?

– Non, merci./C'est gentil, volontiers.

– Excusez-moi, j'attends quelqu'un.

② **Lisez les *Outils pour aborder quelqu'un*.**
Trouvez d'autres expressions pour aborder
quelqu'un et pour répondre.

120945.

Production écrite

① **Observez la carte postale suivante.**

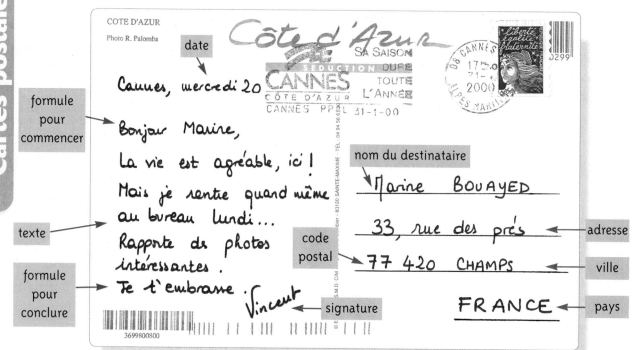

COTE D'AZUR
Photo R. Palomba

date

formule pour commencer

texte

formule pour conclure

Cannes, mercredi 20

Bonjour Marine,

La vie est agréable, ici !

Mais je rentre quand même au bureau lundi...

Rapporte de photos intéressantes.

Je t'embrasse. Vincent

signature

nom du destinataire
Marine BOUAYED

code postal

33, rue des prés — adresse

77 420 CHAMPS — ville

FRANCE — pays

3699800800

② **Recomposez la carte postale de Marine adressée à Vincent.**

1 75004 Paris
2 Marine
3 8, rue des Archives
4 Milan est une ville intéressante. La collection de printemps est magnifique. Aujourd'hui, nous allons à Turin.
5 Milano – Il Duomo
6 le 22 novembre
7 Cher Vincent,
8 À bientôt. Amitiés.
9 Vincent Leroux
10 France

Bienvenue sur la Côte d'Azur

③ **Vous êtes à Lyon pour une réunion de travail. Vous envoyez une carte postale à votre collègue de bureau, à Paris.**

④ **Vous travaillez avec M. Thomas. Il vous dit :**
Je vais à Strasbourg la semaine prochaine pour une réunion à l'école Promode. Je prends le train lundi, c'est-à-dire le 3 septembre. J'arrive à 14 heures à Strasbourg. Est-ce que vous pouvez envoyer un mél pour moi à Christophe Weiss pour annoncer mon arrivée, s'il vous plaît ?
Rédigez le message électronique.

écrire à quelqu'un

OUTILS POUR...

Formules pour commencer
Chère Danièle/Chère amie
Cher Philippe/Cher ami

Formules pour conclure
Grosses bises/Je t'embrasse/Je vous embrasse
Meilleures amitiés/Bien cordialement
À bientôt/À la semaine prochaine

Mél

Unité 2

Pause-Jeux

1 Récréation

➡ **Jouez avec les mots.**

1 Indiquez l'infinitif pour chaque forme verbale.
Ils vont – ils sont – elle va – je prends –
elles viennent – tu es – vous trouvez – nous
venons – j'ai – ils partent – vous allez – nous
sommes – elles prennent – tu viens – je pars –
je trouve.

2 Complétez avec l'infinitif des verbes ci-dessus.

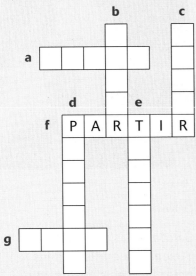

3 Qu'est-ce qu'on peut avoir dans une poche ?
Chassez les intrus et complétez la liste. Comparez
vos réponses avec vos voisin(e)s.
Des tickets – une carte de visite – une entreprise –
un téléphone – des photos – un billet – un hôtel –
un catalogue – des bonbons – une carte postale –
un stylo.

2 Apprendre à apprendre

➡ **Apprendre les différents sens d'un mot.**

1 Lisez les deux dialogues suivants.

a – Pardon monsieur, le train pour Marseille,
s'il vous plaît ?
– Pour Marseille ? Voie 4, madame.

b – C'est de la part de qui ?
– De Christophe Kowarski.
– Pardon ?
– Kowarski, Christophe Kowarski.

2 Remplacez le mot *pardon* par un autre mot
ou expression.

> Un mot a souvent plusieurs sens.
> Notez les différents sens dans vos fiches de vocabulaire.

3 En toute logique.

➡ **Qu'est-ce qu'ils disent ?**

1 Retrouvez les cinq mini dialogues.

a Allô, bonjour madame, M. Tomasini est là ?
b Pardon, monsieur. La sortie, s'il vous plaît ?
c Bonjour, mademoiselle. Je voudrais parler
à M. Thomas.
d Salut, Vincent. Ça va ?
e Bonjour, monsieur. Je voudrais deux billets
pour Toulouse.

f Là… à gauche.
g Oui, ça va. Et toi ?
h Vous êtes monsieur ?
i Pour quel jour ?
j Ne quittez pas. Je vous le passe.

2 Où est-ce que les dialogues se passent ?

a Au guichet des réservations.
b À la réception.
c Dans la rue.
d Au téléphone.
e Dans le hall d'une gare.

4 Projet

➡ **Vous organisez une exposition de photos.**

1 Constituez un groupe pour préparer l'exposition.
Négociez : où est-ce qu'elle a lieu, qui peut
participer, combien de photos est-ce qu'il y a,
sur quel(s) sujet(s) ?

2 Choisissez trois photos pour présenter l'exposition.

3 Composez un dépliant avec l'annonce de
l'exposition et la légende de chaque photo.

4 Vous montrez le dépliant à un(e) ami(e). Vous
commentez chaque document. Jouez la scène.

5 Noir sur blanc

➡ **La lettre *e* se prononce de différentes façons.**
Lisez et classez les mots suivants dans le tableau.
Festival – madame – il téléphone – nous sommes –
je regarde – la rue – c'est – merci – l'exposition –
votre billet – quel – elles prennent le métro – quelle –
il chante – une minute – vous prenez du café ? –
ils viennent – asseyez-vous – l'hôtel.

[ə]	[e] ou [ɛ]	ne se prononce pas
nous apprenons	*les*	*carte*
....	*merci*	*catalogues*
....		....

Comportements
Communiquer, pas si facile !

Quelques chiffres

- 1938   1 million de Français ont le téléphone à la maison.
- 1958   2 millions de Français ont le téléphone à la maison.
- 1993   31 millions de Français ont le téléphone à la maison. Le téléphone portable apparaît en France.
- 1998   34 millions de Français (98 % des foyers français) ont le téléphone à la maison.
  8,7 millions de Français (15 % des Français de plus de 18 ans) possèdent un téléphone portable.
- 2000   En deux ans, le nombre de portables a doublé.

▲ Ⓐ En 1930.

◀ Ⓑ Aujourd'hui.

1 Comparez les comportements des Français au téléphone, sur les photos A et B. Relevez et notez tous les changements.

Je n'ai pas deux vies,
une professionnelle et une personnelle,
je vis.

NOKIA
CONNECTING PEOPLE

www.nokia.fr

🌐 **Comparez la publicité pour le portable Nokia avec les publicités pour le portable dans votre pays.** Notez les ressemblances et les différences. Quelles règles est-ce que vous avez, dans votre pays, pour utiliser poliment un portable ?

2 Donnez le numéro de téléphone qui convient à chaque situation.

Numéro Vert 05 10 20 40
APPEL GRATUIT

      numéro vert

?   12   renseignements de France Télécom

✚   15   SAMU : Service d'aide médicale

     17   police secours

     18   pompiers

Téléphoner en France

- En France, les numéros de téléphone ont dix chiffres, par exemple : 05 53 65 02 30. Les deux premiers chiffres indiquent la région. Si vous appelez quelqu'un en France depuis votre pays, vous ne composez pas le premier zéro.
- Attention ! Les numéros de téléphone des portables commencent par 06 ou 07 et la communication coûte plus cher.
- Les numéros verts donnent des renseignements ; ils sont gratuits et commencent par 0800.

🌐 **Est-ce qu'il y a des numéros gratuits dans votre pays ? Quel est le numéro des pompiers ? et de la police ?**

Cadres de vie
France, Europe, régions

La décentralisation

• **En 1970 :** en France, tout passe par Paris ! Le voyageur belge ou allemand arrive à Paris, à la gare du Nord ou à la gare de l'Est.
Il prend un taxi ou le métro pour aller à la gare Saint-Lazare, à la gare de Lyon ou à la gare Montparnasse et continuer son voyage vers la province.

• **Aujourd'hui :** avec le développement des régions et l'accélération des échanges européens, les communications sont plus faciles.
On peut aller en train de Bruxelles à Lyon ou à Toulouse sans s'arrêter à Paris ! Grâce à l'autoroute la Francilienne, c'est la même chose quand on prend la voiture.

200 km

▲ **Les voies de communication en 1970.**

▼ **Les voies de communication en 2000.**

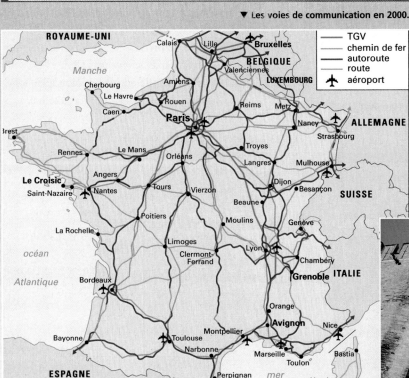

——	TGV
——	chemin de fer
——	autoroute
——	route
✈	aéroport

▲ **Le TGV Lille-Lyon. Il s'arrête à l'aéroport de Roissy et il ne passe pas par Paris.**

▲ **Le festival d'Avignon.**

1 Vous êtes à Bruxelles et vous allez au festival de théâtre d'Avignon. Regardez la carte. Proposez des itinéraires et des moyens de transport.
Par quelles villes est-ce que vous passez ?

2 Vous êtes au Croisic, sur la côte atlantique et vous allez en vacances à Grenoble, dans les Alpes. Proposez des itinéraires.
Par quelles villes est-ce que vous passez ?

🌍 Un(e) étudiant(e) français(e) veut découvrir votre pays en deux semaines.
Proposez un itinéraire et les moyens de transport possibles.

Point·DELF

DELF unité A1 – Oral 1
Questionnaire de compréhension orale

Écoutez les messages enregistrés dans
une gare SNCF. Répondez aux questions. ....

1 Mme Cohen se présente où ?
2 Où est-ce que le train de la voie 13 va ?
3 Relevez les trois informations données aux
voyageurs du TGV à destination de Bruxelles.
4 Le TGV en provenance de Marseille arrive où ?
5 Où est-ce que les voyageurs à destination de Rome
se présentent ?
6 D'où est-ce que le train Puerta del sol vient ?

DELF unité A1 – Oral 2
Simulation de conversation

**Lisez la situation et imaginez le dialogue. Jouez la
scène à deux.**

Vous êtes à la gare pour acheter un billet de train.
Vous allez à Strasbourg le 17 janvier. Vous partez
l'après-midi. Vous demandez les horaires de départ et
d'arrivée et le prix du billet. Vous réservez trois places
non-fumeur pour un adulte et deux enfants (une petite
fille de 4 ans et un garçon de 10 ans). Vous demandez
deux places fenêtre et une place couloir pour vous.

Horaires des trains
Ligne Paris-Strasbourg

Départ de Paris	13 h	14 h	15 h	16 h
Arrivée à Strasbourg	17 h	18 h	19 h	20 h

Plein tarif : 37 euros
Tarif réduit : 28 euros

Pour préparer l'épreuve
Avant de jouer la scène, réfléchissez.

1 Quelles questions est-ce que vous posez à
l'employé(e) de la SNCF ?
2 Quelles questions est-ce que l'employé(e) de
la SNCF pose ?
3 Quelles formules de salutation est-ce que vous
utilisez ? Et l'employé(e) ?

DELF unité A1 – Écrit
Rédaction d'une lettre amicale

Céline reçoit un mél de son amie Carole. Elle répond.
Écrivez le mél de Céline.

Exp. :	carolemoreau@wanadoo.fr
Dest. :	celinepin@voila.fr
Objet :	Nouvelles de Bruxelles
Message :	

Ma chère Céline,
Comment ça va ? Moi, je suis à Bruxelles,
en stage pour deux mois. J'ai beaucoup de
travail mais c'est intéressant et les collègues
sont très sympathiques. J'habite près de la
Grand-Place. Bruxelles est une ville
agréable. Et toi, tu aimes bien Strasbourg ?
Est-ce que tu as beaucoup de travail ?
J'ai envie de revoir Michèle et Éric, tes amis
bruxellois. Tu as leur adresse ?
Voici ma nouvelle adresse et mon téléphone :
192, rue de la Brasserie. 1050 Bruxelles.
Tél. (32) 2 450 33 21.
À bientôt. Grosses bise.
Carole

Pour préparer l'épreuve
1 Lisez le mél de Carole. Relevez les questions
de Carole.
2 Lisez la carte de visite de Michèle et Éric Lambert
pour répondre à Carole.

Michèle et Éric **Lambert**

30, rue des Roses   Tél. : (32) 2 324 57 89
1050 Bruxelles   mi.eric.lambert@rest.com

Exp. :	celinepin@voila.fr
Dest. :	carolemoreau@wanadoo.fr
Objet :	Nouvelles de Strasbourg
Message :	....
	....

AGENDA

Contrat d'apprentissage

■ **communicatif**
- situer dans le temps (l'heure)
- fixer un rendez-vous
- donner son emploi du temps

■ **linguistique**
- le pronom *on*
- l'expression de la quantité avec l'article partitif (1)
- l'adjectif possessif
- les verbes *finir* et *faire*
- les verbes pronominaux
- les verbes en *-eyer*
- l'heure
- l'alimentation (1)

■ **interculturel**
- être à l'heure
- les bons moments de la journée

M. Weiss, le directeur de l'école Promode de Strasbourg, vient passer une journée à Paris pour étudier un nouveau projet avec la société F.C. mod'. La veille, il arrive à l'hôtel.
Le lendemain matin, M. Thomas convoque Sophie, sa secrétaire, à 8 heures. À 9 heures, M. Weiss arrive. Tout est prêt et tout le monde est là pour la réunion. L'après-midi, nous retrouvons Vincent et Marine dans une agence de voyages : depuis leur rencontre au salon du prêt-à-porter, ils sont très amis et, maintenant, ils ont envie de faire un voyage ensemble.

AGENDA

Forum

Regardez la photo. Où est-ce que nous sommes ?
Il est quelle heure ? Faites parler les personnes.
Aidez-vous des expressions suivantes.

– Pardon, je cherche…
– À quelle heure est-ce que vous partez ?
– Vous allez où ?
– Je voudrais parler à…
– Pour aller au salon, est-ce que vous prenez un taxi
  ou le métro ?

1

■ Monsieur, votre taxi
  est là.
● Bonjour.
  Excusez-moi,
  ce sont vos
  bagages ?
▶ Oui, mes deux
  sacs de voyage
  et ma valise.

Unité 3

2

- *Du café, monsieur ?*
- *Oui, merci. Avec beaucoup de lait, s'il vous plaît.*
- *Quelle chambre ?*
- *Pardon ?*
- *Le numéro de votre chambre, s'il vous plaît.*
- *Ah ! ma chambre ? J'ai la 212.*

3

- *Excusez-moi, il n'y a pas de sucre ?*
- *Tout de suite, madame. Voilà, madame.*
- *Et de la confiture ?*
- *Vous avez le buffet, avec de la confiture, du miel, des céréales…*
- *Ah, oui ! Merci bien.*
- *Bonne journée, madame.*

HÔTEL JUPITER — Carte du petit déjeuner servi dans la chambre

Indiquez votre choix et accrochez la fiche à la porte de votre chambre avant 6 heures du matin.

café :   noir ❑   crème ❑
thé :   nature ❑   au lait ❑   au citron ❑
chocolat ❑   eau minérale ❑
jus de fruits : orange ❑
                pamplemousse ❑
croissant ❑   pain au chocolat ❑
baguette ❑   biscottes ❑
céréales ❑   yaourt ❑
charcuterie ❑   fromage ❑
beurre ❑   confiture ❑   miel ❑
fruits de saison ❑

Vous voulez le petit déjeuner à ………… heures
N° de chambre : …… Nom : ………………………………
Date : …………… Signature : …………………………

*Buffet dans la salle du restaurant (rez-de-chaussée)
de 7 heures 30 à 11 heures.*

---

① Écoutez et lisez le dialogue 1.
Est-ce que le monsieur arrive ou est-ce qu'il part ?

② Écoutez le dialogue 2 et répondez.
1 Le serveur pose deux questions pour demander le numéro de la chambre. Retrouvez-les.
2 Comment est-ce que le client demande au serveur de répéter ?
3 Quel est le numéro de la chambre du client ?

③ Lisez le dialogue et vérifiez vos réponses.

④ Écoutez et lisez le dialogue 3. Répondez.
1 Qu'est-ce que le serveur apporte ?
2 Comment est-ce que la dame demande du sucre au serveur ?
3 Le miel et la confiture sont où ?

⑤ Lisez la carte du petit déjeuner. Qu'est-ce que vous comprenez ?

⑥ Dites ce que vous prenez chez vous au petit déjeuner. Choisissez dans la carte.

⑦ Écoutez le dialogue au téléphone.
1 Quelle est la situation ?
2 Réécoutez le dialogue. Quelles boissons est-ce que le garçon propose à la cliente ?

cinquante-neuf

A À la réception de l'hôtel

1 **Lisez** **les deux textes suivants.**

1 L'employée de la réception réveille M. Weiss à 7 heures du matin. À l'hôtel, on sert le petit déjeuner entre 7 heures et 9 heures.

2 Pour se réveiller à 7 heures du matin, M. Weiss compose l'heure de réveil au téléphone. Pour le petit déjeuner, la salle de restaurant est ouverte de 7 heures à 9 heures.

2 **Écoutez** **le dialogue entre M. Weiss et l'employée de la réception. Quel texte correspond à l'enregistrement ?** ....

3 **Réécoutez** **le dialogue pour vérifier.** ....

B On déjeune ensemble ?

1 **Lisez** **les questions suivantes.**

1 Est-ce que Sophie et Sabine sont très amies ?

2 Est-ce que Sophie est contente de son voyage ?

3 Où et quand est-ce qu'elles déjeunent ensemble ?

2 **Écoutez** **le dialogue entre Sophie et Sabine. Répondez** **aux questions de l'exercice 1.**

3 **Réécoutez** **le dialogue. La scène a lieu quand : le matin, vers midi ou le soir ? Justifiez** **votre réponse.** ....

SABINE :	Salut, Sophie. Alors, ton voyage à Londres ?
SOPHIE :	Formidable ! Londres est une ville formidable ! Et les restaurants...
SABINE :	Regarde l'heure. Déjà moins le quart. Je me dépêche. Qu'est-ce que tu fais à midi ? On déjeune ensemble et tu me racontes tout ?
SOPHIE :	Aujourd'hui, non. On a la visite de Christophe Weiss, alors...
SABINE :	C'est dommage. Demain, peut-être ?
SOPHIE :	Demain, c'est parfait. On se retrouve à midi et demi, à la brasserie en face ? Ils ont du bon poisson...
SABINE :	Excellente idée ! J'adore ça ! Et en plus, ils font des desserts au chocolat extra.
SOPHIE :	Super. Allez, salut.
SABINE :	Bonne journée. À demain.

4 **Lisez** **le dialogue.**

5 **Réfléchissez.** **Dans la phrase** *Ils ont du bon poisson***, qui est** *ils* **?**

6 **Jouez** **la scène à deux.** ....

Invitez votre voisin(e) à déjeuner.
Fixez un rendez-vous.

C Nous commençons tout de suite.

1 Regardez l'illustration et écoutez la scène.
Combien de personnes sont citées ?
Qui est-ce qui parle ? ....

2 Réécoutez le dialogue et notez le programme
de M. Thomas le jour de la visite de
M. Weiss. ....
Quelques mots utiles :

dîner ▶ le dîner   déjeuner ▶ le déjeuner
étudier ▶ l'étude   visiter ▶ la visite.

3 Lisez le dialogue et complétez vos notes sur
la page de l'agenda de M. Thomas.

M. THOMAS :	Ah ! Bonjour, monsieur Weiss. Nous commençons tout de suite.
M. WEISS :	Bonjour, monsieur Thomas, bonjour... Vincent Leroux est là ?
M. THOMAS :	Oui, oui, il est dans mon bureau avec Véronique Monod et Marine Bouayed. Sophie, est-ce que vous avez un dossier pour M. Weiss ?
M. WEISS :	Nous allons à Versailles ce matin ?
M. THOMAS :	Non, ce matin nous étudions le dossier, à midi nous déjeunons ensemble à la cantine. Et après le déjeuner, nous allons à Versailles pour visiter notre atelier de création.
M. WEISS :	Nous finissons à quelle heure cet après-midi ?
M. THOMAS :	Oh... vers 18 heures, et ce soir nous dînons avec Mme Nora, notre directrice commerciale pour l'Europe.
M. WEISS :	Ah, très bien !
SOPHIE :	Tenez, monsieur Weiss, voilà votre dossier.
M. WEISS :	Merci, Sophie.

D La journée de M. Weiss

1 **Regardez** les photos prises par un détective.

ⓑ

8 : 10

ⓒ

8 : 47

ⓐ

7 : 20

ⓔ 21 : 40

2 **Lisez** les notes du détective.
Quelles photos et quelles
notes vont ensemble ?

ⓓ

16 : 15

ⓕ 23 : 50

— W se réveille.
— W se lève.
— W fait sa toilette, se rase, prend une
douche, s'habille.
— W prend son petit déjeuner à l'hôtel.
— W achète le journal.
— W prend un taxi pour aller à la réunion.
— W a une réunion de travail à F.C. mod'.
— W déjeune à la cantine.
— W visite l'atelier de Versailles.
— W dîne avec Mme Nora et M. Thomas.
— W rentre à l'hôtel.
— W regarde la télévision et se couche.

3 **Réfléchissez.** *Se et s' représentent qui dans les
expressions suivantes : M. Weiss se lève, il se
rase, il s'habille ?*

4 **Jouez la scène à deux.** ....
Le détective téléphone à son chef pour
raconter la journée de M. Weiss.
Imaginez leur conversation. .

▶ *— À quelle heure est-ce que Weiss se lève ?*
   — Il se lève vers 7 heures. Ensuite, il fait sa toilette…
   — Il prend son petit déjeuner à l'hôtel ?
   — Oui. Il est 7 heures 30…
   — …

E Vacances à la Martinique

1 Écoutez le dialogue. Quelle est la situation ?

2 Lisez le dialogue, puis répondez.

1 À quelle heure est-ce qu'on mange à la Martinique ? Est-ce que l'employée est sûre de sa réponse ? Qu'est-ce qu'elle dit ?

2 La question de Vincent *Est-ce qu'on parle français à la Martinique ?* étonne Marine. Pourquoi ?

MARINE :	Alors, qu'est-ce qu'on fait ? On choisit la Martinique ?
VINCENT :	Oui, d'accord pour la Martinique !
L'EMPLOYÉE :	Bien. Vous arrivez à Fort-de-France le 22 novembre à midi heure locale.
VINCENT :	Il y a un guide ?
L'EMPLOYÉE :	Oui, oui. On vous attend à l'aéroport. Vous déjeunez à l'hôtel.
MARINE :	Et l'après-midi ?
L'EMPLOYÉE :	Vous choisissez : à 3 heures, vous avez une visite de la ville, avec ses marchés, ses parcs... ou vous allez à la plage, vous faites du sport...
VINCENT :	On mange à quelle heure à la Martinique ?
L'EMPLOYÉE :	Comme ici, je suppose.
VINCENT :	Est-ce qu'on parle français là-bas ?
MARINE :	Quelle question ! Tu réfléchis un peu : c'est un département français !
VINCENT :	Mais bien sûr !

3 Réfléchissez. Relevez les cinq *on* du texte. Qui est-ce qu'ils désignent à chaque fois ?

F Tout un programme !

1 Lisez l'extrait du catalogue de l'agence de voyages.

MARTINIQUE
Résidence des Sables Blancs, à la Trinité

Bungalows et appartements dans une luxueuse résidence 280 à 750 € la semaine (par personne, pour 6 nuits).

Les départements d'outre-mer (DOM) de la Martinique et de la Guadeloupe constituent les Antilles françaises. Montagne, campagne, bord de mer, c'est un paradis pour les amoureux de la nature et les touristes. Le climat est très agréable de novembre à avril.

Passez des vacances de rêves.
Le matin, vous préparez le programme de votre journée.

Le matin
Vous faites du sport : du vélo, de la voile, de la plongée, du golf, du tennis, du cheval, de la randonnée.

Le soir
Vous dînez dans un grand restaurant de spécialités créoles. Le choix est immense.

L'après-midi
Vous choisissez la culture et visitez le musée Paul-Gauguin, le musée du Rhum, le musée des Arts et Traditions populaires ou le Jardin botanique.

La nuit
Vous finissez la soirée dans une discothèque ou vous faites comme les Martiniquais : vous vous couchez tôt et vous vous reposez. Vous êtes en vacances !

Nos animateurs jeunes et dynamiques s'occupent de tout.

2 Relisez la page du catalogue et retrouvez :

1 le nom de la ville ;

2 le nom de deux départements d'outre-mer ;

3 la durée du séjour proposé ;

4 les activités proposées.

3 Sur le modèle de la fiche **V2**, regroupez le vocabulaire des loisirs dans un réseau : activités sportives, activités culturelles, restaurant, etc.

4 Marine et Vincent écrivent une carte de la Martinique à Sophie Lecornec. Rédigez-la.

Grammaire

Le pronom *on*

Le pronom on est très fréquent en français. Il est toujours pronom sujet de la troisième personne du singulier.
• En français courant, *on* signifie souvent nous :
Qu'est-ce qu'on fait ce soir ? On va au cinéma ?
• Dans un sens plus général *on* signifie les gens :
En France, on mange beaucoup de pain.

Mémento : § E1b

1 **Lisez les phrases suivantes et dites si *on* signifie *nous* ou *les gens*.**
1 Ouvre la porte ! On frappe !
2 On n'est jamais trop prudent.
3 Dimanche, on déjeune ensemble.
4 Dans le nord de la France, on boit beaucoup de café.
5 Cet après-midi, on va à Versailles.
6 Quand est-ce qu'on fête ton anniversaire ?

L'expression de la quantité (1)

2 **Lisez la phrase ci-contre et l'encadré, puis complétez le tableau avec les noms de la carte du petit déjeuner, p. 59.**

Au petit déjeuner, la cliente prend **du** café avec beaucoup **de** lait. Il n'y a pas **de** sucre sur la table. Il y a **de** la confiture, **du** miel, **des** céréales, **de** l'eau.

Pour une **quantité indéterminée** de choses qui ne se comptent pas, on emploie l'article partitif (il signifie : *une certaine quantité de*).		Pour une **quantité déterminée**, précisée ou nulle, on emploie simplement de après l'indication de la quantité.
Masculin singulier	Je prends du lait,	beaucoup de lait, mais pas de sucre.
Féminin singulier	Je prends de la confiture, Je prends de l'eau,	un peu de confiture, mais pas de charcuterie. un peu d'eau minérale, mais pas d'alcool.
Pluriel	Je prends des céréales,	beaucoup de céréales, mais pas de pain.

• Pour une quantité qu'on peut compter, on emploie l'article indéfini ou un nombre.
Je prends un fruit, une tartine, des biscottes et deux croissants.

• Après les verbes *aimer, adorer, détester,* etc., on ne met pas l'article partitif.
Je prends du lait. ➡ *J'aime le lait.*
Je prends des croissants. ➡ *J'adore les croissants.*
Je prends de la confiture. ➡ *Je ne déteste pas la confiture.*

Ne confondez pas : *C'est du poisson.*   *C'est un poisson.*

Mémento : § D1c

3 **Les énoncés suivants sont grammaticalement corrects, mais ils sont faux. Corrigez-les.**
1 Le matin, M. Weiss ne prend pas de café.
2 En Italie, on ne mange pas de pâtes.
3 Les Chinois ne mangent pas de riz.
4 Les Anglais boivent peu de thé.
5 Pour bien dormir, Sophie boit beaucoup de café.
6 Pour ne pas grossir, on mange des gâteaux.
7 En Suisse, on ne donne pas de lait aux enfants.
8 Les Allemands ne boivent pas de bière.

RECONNAÎTRE

L'adjectif possessif

4 Observez les phrases suivantes.
1 J'ai **mon** train à 7 h 10.
2 Alors, **ton** voyage à Londres ?
3 M. Weiss fait **sa** toilette.
4 La ville, avec **ses** marchés et **ses** parcs, est formidable.
5 Mme Nora est **notre** directrice commerciale.
6 Monsieur, **votre** taxi est là.
7 Excusez-moi, ce sont **vos** bagages ?
8 Oui, ce sont **mes** deux sacs de voyage et **ma** valise.
9 Marine et Vincent passent **leurs** vacances ensemble à la Martinique.

5 Complétez, dans la fiche **G17**, la partie 2 sur les adjectifs possessifs. Aidez-vous des phrases de l'exercice 4.

6 Complétez les questions et les réponses avec un adjectif possessif.
– Annie, c'est … carte bancaire ?
– Oui, c'est … carte bancaire.
▶ – Annie, c'est **ta** carte bancaire ?
– Oui, c'est **ma** carte bancaire.
1 – C'est l'agenda de M. Thomas ?
– Oui, c'est … agenda avec … rendez-vous.
2 – Marine, Vincent, ce sont les photos pour … catalogue ?
– Non, ce sont … photos de la Martinique.
3 – Monsieur, c'est l'appartement de … amis ?
– Oui, c'est … appartement.
4 – Hé, Bernard, c'est … fiche ?
– Oui, c'est … fiche.
5 – Vous faites … toilette à quelle heure ?
– Je fais … toilette à 7 heures.
6 – Sophie, … amie arrive quand ?
– … train arrive à 9 heures.

L'adjectif possessif — G17

Devant *a, e, i, o, u* et *h muet*, on a toujours mon, ton, son devant un nom au singulier, masculin ou féminin.
Un ami : mon ami, ton ami, son ami.
Une amie : mon amie, ton amie, son amie.

	Masc. sing.	Fém. sing.	Pluriel
je m'occupe de	*mon* voyage	… valise	… vacances
tu t'occupes de	… voyage	*ta* valise	*tes* vacances
il/elle s'occupe de	… voyage	…valise	… vacances
nous nous occupons de	… voyage	*notre* valise	*nos* vacances
vous vous occupez de	… voyage	… valise	… vacances
ils/elles s'occupent de	*leur* voyage	…valise	… vacances

Mémento : § D3

Les verbes réguliers en -ir, -issons

• Les verbes réguliers en *-ir* ont deux radicaux au présent de l'indicatif :

	Finir		**Réfléchir**	
– un radical au singulier :	fini-	*je finis*	réfléchi-	*je réfléchis*
– un radical au pluriel :	finiss-	*nous finissons*	réfléchiss-	*nous réfléchissons*

• Sur le même modèle, on conjugue : *agir, réagir, choisir, remplir…*

7 Relevez les formes des verbes *finir, choisir* et *réfléchir* dans les documents E et F d'*Agir-réagir*. Complétez, dans la fiche **G 6**, la partie sur le présent de l'indicatif.

Grammaire

Le verbe *faire*

> Faire est un verbe irrégulier.
> *Qu'est-ce que vous faites dans la vie ?*
> *Je fais du sport et mon ami fait de la musique.*
>
> ⓘ Attention à la prononciation :
> *nous faisons* [fəzɔ̃].
>
> **Mémento : § H3**

⑧ Relevez les formes du verbe *faire* dans les documents B, E et F d'*Agir-réagir*. Complétez la partie sur le présent du verbe *faire* dans la fiche G 9 .

Les verbes pronominaux

⑩ Regardez, dans la fiche G 7 (p. 65), la conjugaison du verbe *s'occuper* et complétez la partie sur le présent des verbes pronominaux dans la fiche G12 .

⑨ Entraînez-vous à deux !
À deux, faites la liste des verbes que vous connaissez. Donnez un verbe à l'infinitif, puis annoncez la personne. Votre voisin(e) écrit la forme demandée sur un papier. Vous changez de rôle tous les dix verbes.
Remplir, 2ᵉ personne du pluriel
▶ *vous remplissez.*

• Les verbes pronominaux se conjuguent avec deux pronoms de la même personne (un pronom sujet + un pronom réfléchi).
Se réveiller : je me réveille. Se raser : il se rase.
• Forme négative : ne se place immédiatement après le sujet.
Vincent ne se réveille pas.
Vous ne vous réveillez pas.

G12
Les verbes pronominaux
indicatif présent

je *me réveille*	nous … …
tu … …	vous … …
il/elle … …	ils/elles … …

Mémento : § F1d

---

⑪ Relevez les verbes pronominaux du document D d'*Agir-réagir*. Ajoutez ces verbes dans la fiche G 12 .

⑫ Dans la fiche G 5 , complétez la partie 1 sur le présent.

Au présent de l'indicatif, le e de *se lever* prend un accent grave quand la terminaison ne se prononce pas.

G5
Les verbes qui changent le e/é en è

je *me* **lève**	nous *nous* **levons**
tu … …	vous … …
il … …	ils … …

Mémento : § G1

---

⑬ Complétez les questions, puis répondez.
À quelle heure est-ce que vous (se lever) ?
▶ *À quelle heure est-ce que vous **vous levez** ?*
Je me lève à…

1 Est-ce que vous (se raser) ?
2 Est-ce que votre voisine (se maquiller) ?

3 À quelle heure est-ce que les employés de bureau (se lever) dans votre pays ?
4 Est-ce que vos amis et vous (se coucher) en semaine avant minuit ?
5 Tu (se coiffer) avant ou après le petit déjeuner ?

Unité 3

S'EXPRIMER

Vocabulaire

L'heure

① **Lisez le texte des bulles. Donnez les expressions équivalentes quand on dit *tu* à la personne.**

▶ *Pardon Vincent, tu peux me dire l'heure, s'il te plaît ?*

> *Pardon, mademoiselle, vous pouvez me dire l'heure, s'il vous plaît ?*

> *Il est quelle heure ?*

> *Excusez-moi, est-ce que vous avez l'heure ?*

> *S'il vous plaît, quelle heure est-il ?*

> *Vous pouvez me donner l'heure, s'il vous plaît ?*

Il est...	l'heure officielle	l'heure dans la conversation
6 h	six heures	six heures du matin
11 h 10	onze heures dix (minutes)	onze heures dix (du matin)
12 h	douze heures (ou midi)	midi
12 h 30	douze heures trente	midi et demi
16 h 15	seize heures quinze	quatre heures et quart
16 h 30	seize heures trente	quatre heures et demie
17 h 45	dix-sept heures quarante-cinq	six heures moins le quart
18 h 10	dix-huit heures dix	six heures dix (du soir)
19 h 50	dix-neuf heures cinquante	huit heures moins dix
20 h	vingt heures	huit heures du soir
23 h	vingt-trois heures	onze heures du soir
0 h	zéro heure	minuit
0 h 05	zéro heure cinq	minuit cinq

② **Quelle heure est-il maintenant ? À quelle heure commence votre cours de français ? Quand est-ce qu'il finit ?**

Aujourd'hui ou d'habitude

aujourd'hui...	ce matin...	cet après-midi...	ce soir...	cette nuit...	lundi...
d'habitude...	le matin...	l'après-midi...	le soir...	la nuit...	le lundi...

③ **Faites précéder les énoncés suivants d'une des expressions de l'encadré. Attention, plusieurs solutions sont possibles ! Expliquez votre choix.**

1 ... nous nous couchons à 11 heures.
2 ... je me réveille à 6 heures.
3 ... exceptionnellement, je vais au bureau en voiture.
4 ... je vais chez le dentiste.
5 ... Oscar arrive de Prague à 19 h 15.
6 ... comme tous les jours, je finis à 18 heures.
7 ... je fais ma toilette.
8 ... comme d'habitude, je mange chez ma mère.
9 ... je dîne chez Mme Nora.
10 ... je prends du thé.
11 ... je vais à la bibliothèque.
12 ... il ne dort pas et il écoute la radio.
13 ... comme tous les vendredis, je vais au restaurant.

L'alimentation (1)

④ **Lisez les statistiques suivantes. Qu'est-ce qui vous surprend ?**

Au petit déjeuner...
30 % des Français boivent du café noir,
23 % du café au lait,
14 % du thé,
11 % du jus de fruits,
46 % mangent des tartines de pain,
13 % des biscottes,
12 % des céréales,
6 % ne prennent pas de petit déjeuner.

Au déjeuner...
70 % des Français déjeunent chez eux en semaine,
66 % mangent de la viande,
38 % des légumes,

29 % des pommes de terre,
19 % du riz, des pâtes ou de la semoule,
9 % du poisson,
3 % un sandwich,
60 % une entrée (de la charcuterie ou des crudités),
50 % un dessert.

Au dîner...
27 % des Français mangent de la viande,
23 % de la soupe,
17 % des pommes de terre,
9 % du jambon,
9 % des œufs,
71 % prennent du fromage.

⑤ **Relevez les mots importants, pour vous, pour parler de la nourriture avec des Français.**

⑥ **Complétez, dans la fiche V3 , la 1ʳᵉ partie. Utilisez aussi la carte du petit déjeuner p. 59.**

⑦ **Comparez votre dîner avec un dîner français.**

Phonétique

Les accents et les groupes de souffle 🔊

① **Écoutez la phrase puis comparez les transcriptions a et b.**
   a On déjeune ensemble et tu me racontes tout.
      → 8 mots « écrits »
   b [ɔ̃deʒœnɑ̃sɑ̃bl   etymrakɔ̃ttu]
      → 2 groupes de souffle

② **Comptez les mots écrits et les groupes de souffle des énoncés suivants. Indiquez la dernière syllabe de chaque groupe de souffle : elle porte l'accent principal.**

   1 Après le déjeuner, nous allons à Versailles pour visiter les ateliers de création.
   2 Ce soir, nous dînons avec Mme Nora, notre directrice commerciale.
   3 Nous commençons tout de suite. M. Weiss est là ?
   4 Nous allons à Versailles ce matin ?
   5 Je te présente Vincent Leroux, le responsable de l'organisation.
   6 Je voudrais parler à M. Thomas, s'il vous plaît.

L'opposition entre sons bémolisés [ø], [œ] et sons graves [o], [ɔ] 🔊

③ **Écoutez et répétez les mots diapasons.**
   • Sons bémolisés :   [ø] nœud   [œ] œuf
   • Sons graves :   [o] auto   [ɔ] bol

④ **Écoutez et répétez. Respectez bien l'intonation.**
   1 On sort à deux heures. → [døzœʀ],[zɛʀ], etc.
   2 À l'hôtel, on déjeune à neuf heures. → [alotɛl], etc.
   3 Elle prend un œuf et deux biscottes beurrées. [...

Production orale

OUTILS POUR... **demander ou proposer un rendez-vous**

– Est-ce qu'on peut se voir cette semaine ?

– J'aimerais vous rencontrer cette semaine. C'est possible ?

– Je voudrais un rendez-vous avec le docteur Zède, s'il vous plaît.

– Est-ce qu'il est possible de prendre un rendez-vous avec le directeur ?

---

① **Lisez tous les *Outils* avant de faire les activités.**
Après avoir fait les activités, réfléchissez. Quelles expressions est-ce que vous voulez retenir ? Notez-les.

② **Imaginez et jouez la scène.** ....
Vous décidez de vous retrouver en dehors de la classe de français. Discutez pour choisir un endroit sympathique et fixez le jour et l'heure.

> On peut se retrouver au café/au restaurant/à la plage...

> Aujourd'hui, non, mais...

OUTILS POUR... **fixer la date et l'heure d'un rendez-vous**

– On peut se voir quand ?

– Quand est-ce que vous êtes libre ?

– Quand est-ce que vous pouvez ?

– Le docteur peut vous recevoir le jeudi 26 à 10 heures. Ça vous convient ?

– Jeudi, à 10 heures, ça vous va ?

– Est-ce que vous êtes libre le 26, à 10 heures ?

– Je suis libre le 26. Et vous ?

OUTILS POUR... **accepter un rendez-vous**

– C'est parfait./C'est très bien.

– Oui, le 26 à 10 heures, c'est tout à fait possible.

– Ça me convient tout à fait.

– Ça me va parfaitement.

– À 10 heures, jeudi, je suis libre aussi.

③ **Imaginez le dialogue à deux et jouez-le.** ..
Aujourd'hui, vous ne travaillez pas.
Un(e) ami(e) téléphone.

▶ – *Qu'est-ce que tu fais aujourd'hui ?*
– *Ce matin, je (fais du sport)... Cet après-midi... Ce soir...*
– *Est-ce qu'on peut se voir ?*
– *...*

④ **Imaginez la situation. Préparez et jouez la scène à deux.** ....
Vous passez trois jours (du 20 au 22 mai) à Lyon pour votre travail. Un(e) ami(e) français(e) habite Lyon. Vous téléphonez et proposez un rendez-vous : vers 8 heures du matin à votre hôtel (hôtel du Parc), pour le petit déjeuner. Vous proposez le 21, mais votre ami(e) a une réunion et propose de dîner un soir au restaurant. Vous discutez...

OUTILS POUR... **refuser ou changer un rendez-vous**

– Non, le 26, ce n'est pas possible, mais le 28 peut-être ?

– Non, jeudi 26, je ne peux pas. Le 27, à 11 heures, si vous voulez ?

– (Je suis) désolé(e), mais j'ai déjà un rendez-vous.

– Ce n'est pas possible avant le 26 ?/plus tôt ?/plus tard ?

S'EXPRIMER

Production écrite

① **Regardez la bande dessinée.**

La journée de Frédéric Thibault

NOM : THIBAULT
PRENOM : FREDERIC
AGE : 35 ANS
Marié. Sa femme
s'appelle Nathalie
2 enfants : Jules, 9 ans
et Amandine, 7 ans
Domicile : Poissy

ⓐ

ⓑ

ⓒ

ⓓ

ⓔ

ⓕ

ⓖ

ⓗ

② **Trouvez la légende qui convient pour chaque vignette.**

L'arrivée au bureau	Le train du soir
Séance de sport	Soirée télé
Bonne nuit !	La toilette
À la cantine	Fiche d'identité

③ **Écrivez une ou deux phrases par vignette. Précisez l'heure ou le moment de la journée.**

④ **Relisez et complétez votre texte.**

⑤ **Avec votre voisin(e), échangez vos textes. Puis discutez et corrigez vos textes ensemble.**

▶ *Il est six heures et demie. Frédéric se rase. Nathalie s'occupe du petit déjeuner...*

⑥ **Vous donnez l'emploi du temps de votre journée à un(e) ami(e) français(e).**

1 Répondez aux questions suivantes.
— À quelle heure est-ce que : vous vous levez ? vous prenez votre petit déjeuner ? vous partez de la maison ? vous commencez votre travail ?
— Quand est-ce que vous déjeunez ? Où ?
— Est-ce que vous faites du sport ?
— À quelle heure est-ce que vous arrivez à la maison, le soir ?
— Vous dînez à quelle heure ?
— Est-ce que : vous regardez la télévision ? vous lisez le journal ? vous allez souvent au cinéma ou au théâtre ? au restaurant ?
— Vous vous couchez à quelle heure ?

2 Écrivez un premier texte à partir de vos réponses.

3 Relisez votre texte et complétez-le. Corrigez-le.

Emploi du temps

Unité 3

1 Récréation

➡ Chassez les intrus. Comparez vos réponses avec vos voisin(e)s. Justifiez votre choix.

a Arriver – partir – regarder – aller – se lever.
b Manger – aimer – écouter – lire – regarder.
c Neuf – dix-huit – trois – sept – vingt-cinq.
d Ma – votre – leurs – sa – son – notre – leur – mon – ta.

2 Apprendre à apprendre

➡ Remplacez le verbe *schtroumpfer* par le bon verbe. Comparez vos réponses avec vos voisin(e)s.

À 7 heures, David se *schtroumpfe*, il *schtroumpfe* sa toilette, il *schtroumpfe* une tasse de café et il *schtroumpfe* au travail en autobus. Il *schtroumpfe* au bureau à 8 heures et demie. À midi, il *schtroumpfe* à la cantine avec ses collègues. L'après-midi, il *schtroumpfe* jusqu'à 5 heures, il *schtroumpfe* à la maison et il *schtroumpfe* la télévision. Il se *schtroumpfe*, en général, vers 11 heures. Le samedi soir, il *schtroumpfe* avec ses amis au restaurant et ils vont *schtroumpfer* à la discothèque.

N'oubliez pas d'ajouter chaque verbe sur la fiche de grammaire correspondante.
Consultez souvent les tableaux de conjugaison page 207.

3 En toute logique

➡ Un Italien, un Argentin, un Japonais et un Marocain déjeunent au restaurant. Lisez les indications suivantes et complétez le tableau.

Ils mangent :
de la paella, de la pizza, des sushis, du couscous.

Ils boivent :
de l'eau, du vin, du thé, de la bière.

Ils arrivent :
à midi, à midi et demie, à une heure, à une heure et demie.

1 Le Japonais ne mange pas de pizza.
2 Le Marocain n'arrive pas au restaurant à midi et il ne boit pas de vin.
3 L'Italien mange des sushis et boit du thé.

4 L'Argentin arrive au restaurant à une heure et demie et il mange une spécialité espagnole. Il ne boit pas d'eau.
5 Le Marocain ne mange pas de couscous et il n'arrive pas au restaurant à une heure.
6 Le Japonais n'arrive pas au restaurant à une heure et il boit de la bière.

	Il mange	*Il boit*	*Il arrive*
L'Argentin	....	....	....
L'Italien	....	....	....
Le Japonais	....	....	....
Le Marocain	....	....	....

4 Projet

➡ **Vous recevez dans votre ville une personne française.**

1 En groupe(s), négociez la situation :
– choisissez votre identité : étudiant, homme d'affaires, employé d'une agence de voyages, sportif, artiste...
– choisissez l'identité de la personne : client, journaliste, membre de l'UNESCO, ancien collègue, ami, parent...
– décidez d'où elle vient, où elle arrive, par quel moyen de transport, pour combien de temps elle reste et pour quoi faire : voyage d'affaires, études, tourisme, visite à un(e) ami(e) ou à un(e) parent(e).

2 Préparez le programme et les conditions du séjour : accueil, repas, activités... Notez sur une feuille d'agenda l'emploi du temps proposé pour la première journée.

3 La personne arrive. Jouez la scène de la rencontre : salutations, présentation du programme.

5 Noir sur blanc

➡ **Le son [s] peut s'écrire *s*, *ss*, *c*, *ç*, *t* ou *x*.**

1 Lisez puis recopiez les mots avec le son [s].
2 Soulignez les lettres qui correspondent au son [s].

▌ Il y a des intrus : des mots et expressions s'écrivent avec *s* mais ne se prononcent pas [s].

Monsieur – vous aussi – des céréales –
les entreprises – les billets – il y a six photos –
espagnol – cinéma – vous êtes là ? – la réception –
merci – il est français – ils ont des photos –
salut – asseyez-vous – taxi – je pars – Nice –
je vous le passe – ils sont six – patientez –
je me présente – tu es à Paris – le numéro dix.

Comportements
Être à l'heure

Avant l'heure, c'est pas l'heure ; après l'heure, c'est plus l'heure.

La ponctualité est la politesse des rois (Louis XIV).

La ponctualité

C'est le fait d'être à l'heure.

• **Dans la vie privée française,** il faut respecter deux grands principes contradictoires : d'un côté, il est impoli d'arriver en avance à un rendez-vous ou à une invitation, d'un autre côté, les autres ne doivent pas vous attendre :

– à un dîner ou à un déjeuner chez des amis, on arrive 10 ou 15 minutes après l'heure fixée ;

– à une soirée (pour danser, par exemple), on arrive une bonne demi-heure plus tard ;

– à un spectacle (concert, théâtre...), il faut arriver à l'heure : souvent, quand on arrive en retard, on ne peut pas entrer dans la salle avant l'entracte.

• **Dans la vie professionnelle,** on doit être à l'heure, ni en avance, ni en retard.

1 D'après vous, est-ce que les deux phrases ci-dessus donnent une valeur positive ou négative à la ponctualité ?

2 Des ami(e)s français(es) vous invitent à dîner un mardi soir.

    1 À votre avis, est-ce que la soirée commence :

      a à 18 heures ? **b** à 20 heures ?   **c** à 21 heures ?

    2 Quand est-ce que vos amis vous attendent :

      a à l'heure ?   **b** 10 minutes avant l'heure ?

      c 15 minutes après l'heure ?

3 Vous avez un rendez-vous professionnel à 9 heures. Vous vous réveillez à 8 h 30. Qu'est-ce que vous faites ?

    1 Vous allez au rendez-vous et vous arrivez à 9 h 15.

    2 Vous téléphonez pour informer que vous allez avoir un retard de 15 minutes.

    3 Vous téléphonez pour annuler le rendez-vous.

Problème.

Nous sommes dimanche. Carlos est en vacances en France. Il a rendez-vous dans un café avec Stéphane, un ami français, vers 14 heures pour voir une exposition de photos. Par hasard, le dimanche matin, il est dans le quartier de Stéphane. Carlos passe donc chez son ami vers 11 heures pour lui dire bonjour. Il n'est pas là. Sa voisine dit : « À mon avis, Stéphane est en week-end à la campagne. » Très triste, Carlos va au cinéma. Il rentre chez lui vers 16 heures et il trouve un message de son ami : « Salut Carlos, c'est Stéphane. Il est 14 h 20, je suis au café, je t'attends jusqu'à la demie. Mais qu'est-ce que tu fais ? »

1 Pourquoi Carlos ne va pas au rendez-vous à 14 heures ?

2 Vous vous trouvez dans la même situation que Carlos. Qu'est-ce que vous faites ?

Cadres de vie

Les bons moments de la journée

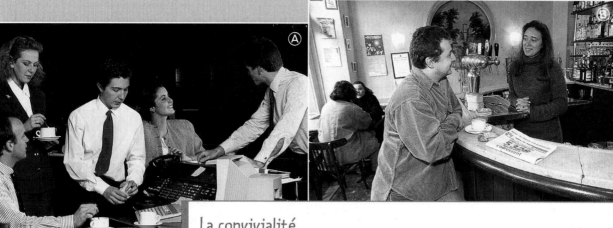

La convivialité

Les pauses conviviales sont des moments d'échanges positifs et sympathiques entre les personnes. Les gens se détendent, ils parlent facilement, ils mangent ensemble…

1 **L'heure des petites pauses conviviales.**

1 À votre avis, où et à quelle heure ont lieu ces différentes scènes ?

2 Pour chaque photo, trouvez trois mots pour décrire l'atmosphère de la pause.

🌍 **Comment est-ce que vous dites** *convivialité* **dans votre langue ?**

Expliquez à un Français vos moments de convivialité préférés en trois images et quelques adjectifs.

2 **L'heure des sorties.**

À quelle heure est-ce que vous pouvez faire les courses ? Regardez les panneaux et répondez.

a Est-ce que vous pouvez aller chez le boulanger le lundi ?

b Quand est-ce que vous pouvez aller au supermarché le soir ?

c Est-ce que la pharmacie est ouverte cette nuit ? et dimanche ?

d Il est 14 heures. Est-ce que vous pouvez acheter les places pour le concert de Bartok ?

e On peut aller chez le coiffeur le jeudi à midi ?

f Est-ce que la boucherie est ouverte le 24 février ?

🌍 **Est-ce que les heures d'ouverture des magasins sont les mêmes dans votre pays ?**

la boulangerie est fermée le lundi

KIOSQUE À BILLETS
sauf mardi et dimanche

COIFFEUR
du mardi au samedi

PHARMACIE 24h/24

la boucherie est fermée pour congés du 20 au 27 février

supermarché 8h-20h
nocturne le vendredi fermé le dimanche

Point·DELF

DELF unité A1 – Oral 1
Questionnaire de compréhension orale

Écoutez les messages déposés sur le répondeur téléphonique de Marie. Répondez aux questions.

1 a Quand est-ce qu'Éric va au cinéma ?
  b Qu'est-ce qu'Éric fait ce soir ?
2 a Où est-ce que Marie part en voyage ?
  b Quand est-ce que Marie passe à l'agence ?
3 a Quand est-ce que Marie rencontre sa mère ?
  b Où est-ce qu'elles ont rendez-vous ?
4 a Qui est-ce qui téléphone de la part de M. Jabert ?
  b Quand est-ce que M. Jabert reçoit Marie ?

DELF unité A1 – Oral 2
Simulation de conversation

Lisez la situation et imaginez le dialogue. Jouez la scène à deux.
Vous travaillez à l'office de tourisme de votre ville. Un(e) touriste vous pose des questions sur la ville, les commerces, les musées, les horaires et les jours d'ouverture, etc.

Pour préparer l'épreuve
Avant de jouer la scène répondez aux questions suivantes.

1 Est-ce que vous dites *tu* ou *vous* au/à la touriste ?
2 Qu'est-ce que le/
la touriste dit pour
commencer
la conversation ?
3 Qu'est-ce que vous
utilisez comme
formules de
salutation ?
Et comme formules
de politesse ?
4 Imaginez les questions
du/de la touriste
et préparez
vos réponses.

DELF unité A1 – Écrit
Rédaction d'une lettre amicale

Louis reçoit une lettre de son ami Paul. Louis répond. Rédigez sa lettre.

Mardi 3 février

Paul Durand
34, rue Cabanis
75014 Paris

  Cher Louis,
  Comment vas-tu ? Qu'est-ce que tu fais cette année ? Est-ce que tu sors un peu ou est-ce que tu travailles 24 heures sur 24 ?
  Moi, je vais très bien. Je suis en pleine forme. Je travaille beaucoup mais j'ai le temps d'aller au cinéma, de rencontrer les amis et, comme toujours, je joue du saxo tous les vendredis.
  Cette année, je prends mes vacances en juillet. Et toi ? Je pars en vacances dans ta région. Je propose de passer quelques jours avec toi. Quand est-ce que tu es libre ?
  J'attends ta réponse.
  Amitiés.
         PAUL

Pour préparer l'épreuve
Avant d'écrire la lettre :
1 Observez la première page d'agenda de Louis et faites une phrase pour chaque activité ;
2 Observez la deuxième page d'agenda de Louis. Quand est-ce qu'il est en vacances ? Pourquoi ?
3 Faites une liste des lieux à visiter dans votre région et des activités possibles.

Module **2**
Temps libre

Unité 4
INVITATIONS
p. 77

Pause-jeux
INTERCULTUREL
Point-DELF

Unité 5
VACANCES
p. 95

Pause-jeux
INTERCULTUREL
Point-DELF

Unité 6
BOUTIQUES ET ACHATS
p. 113

Pause-jeux
INTERCULTUREL
Point-DELF

Jacques Verdin

La quarantaine. Jacques est un ami d'Éric. Il habite aux Carroz et, chaque année, les deux amis se retrouvent à la station de ski. Jacques est moniteur de ski. Il est sympa et aime blaguer. Il est marié avec Lucie, la kinésithérapeute des Carroz. Ils ont deux garçons.

Éric Demarck

26 ans, Jeune journaliste, sportif et un peu bohème, Éric aime, comme Charlotte, être entouré d'amis mais il s'intéresse particulièrement à Marie. Tous les ans, il passe les vacances de Noël à la montagne, aux Carroz. Cette année, il a invité ses amis au chalet...

Charlotte Martin

27 ans, célibataire. Charlotte travaille dans une compagnie d'assurances. Elle aime recevoir ses amis à la maison, sortir le soir, danser et s'amuser... Mais elle a les pieds sur terre.

Marie Beauchamp

20 ans. C'est la plus jeune. Marie est encore étudiante et fait un stage dans l'entreprise de Carole. Elle a beaucoup d'imagination et d'humour. Elle cherche l'homme de sa vie. Elle est très amie avec Charlotte et elle lui fait ses confidences...

Carole et Guillaume Lanoux

Carole (28 ans) est plutôt coquette. Elle occupe déjà un poste important dans son entreprise et elle va avoir une promotion.

Guillaume (29 ans) travaille dans une agence de publicité. Pour lui aussi, la manière de s'habiller est importante. Mais il a surtout le sens pratique. Il adore le sport et les activités de plein air.

Les situations

Les personnages sont des amis. Ils ne se rencontrent pas au travail ni pour des raisons professionnelles. Ils ont des relations personnelles et se voient souvent. Nous les rencontrons quand ils ont du temps libre : à l'anniversaire de Charlotte, en vacances dans une station de ski et dans un grand magasin.

soixante-seize

Unité 4

INVITATIONS

Contrat d'apprentissage

communicatif

- inviter quelqu'un
- accepter, refuser une invitation
- situer dans le temps (la date, les saisons)
- situer dans l'espace (sur une carte)
- parler de la famille
- décrire son logement

linguistique

- le passé composé avec *avoir* et *être*
- les verbes *savoir*, *vouloir* et *pouvoir*
- le futur proche
- les pronoms toniques
- la famille
- le calendrier
- le logement

interculturel

- inviter, fêter, souhaiter
- vive la fête !

Pour fêter son anniversaire, Charlotte organise une soirée chez elle. Elle a invité ses amis : Carole et Guillaume, Éric, Marie, Arnaud...
Carole et Guillaume arrivent un peu en retard. Éric, lui, est arrivé à l'heure et il s'impatiente parce que Marie n'est pas encore là. Tout à coup, le téléphone sonne... Hélas ! Ce n'est pas Marie, c'est Arnaud qui appelle...
Pendant la soirée, Éric invite tout le monde à passer Noël dans le chalet de ses parents, dans les Alpes, aux Carroz.

INVITATIONS

Forum

Regardez la photo. Où est-ce que nous sommes ?
Qu'est-ce que les gens font ? Faites-les parler.
Aidez-vous des expressions suivantes.

– *Qu'est-ce que vous prenez ?*
– *Excusez-moi, il n'y a pas de sucre ?*
– *Les desserts sont excellents !*
– *Est-ce que vous aimez… ?*
– *La dame, à gauche, qui est-ce ?*
– *Où est-ce que vous allez en vacances ?*

Monsieur et Madame Martin
4, rue du Pont-Paris – 76000 Rouen

◆

Valentin Noury et **Louise Puy**
sont heureux
de vous faire part de leur mariage
à la mairie de Montpellier
le samedi 23 juin, à 11 heures.

◆

Lucie et Baptiste se marient

M. et Mme Arsène Noury
M. Gilbert Puy

ont le plaisir de vous annoncer
le mariage de leurs enfants
le samedi 23 juin à 11 heures
à la mairie de Montpellier
et de vous inviter à un cocktail après la cérémonie.

RSVP   17, rue Foch – 12, rue Turgot – 34000 Montpellier

Unité 4

1

- ■ J'adore
  les fêtes de famille.
- ● Moi aussi, surtout les mariages !
- ■ On retrouve tout le monde, les cousins,
  les oncles et les tantes, on parle, on s'amuse…
- ● Et le soir, quand on rentre à la maison, on est
  tranquilles pour des mois !
- ■ Est-ce qu'on danse
  après le repas ?

2

- ● Tu as quel âge, toi ?
- ● Je ne sais pas…
- ■ Tu ne sais pas ?
  Quel âge il a, ton petit frère ?
- ▶ Il a trois ans. C'est
  son anniversaire demain.

3

- ■ Vous partez en
  vacances cet été ?
- ● Bien sûr.
- ■ Où est-ce que vous allez ?
- ● Comme d'habitude, on passe un
  mois à La Baule, chez mes grands-parents.
- ■ C'est où, La Baule ?
- ● Au bord de la mer, en Bretagne. C'est le pays
  de ma mère.

Benoît,
J'organise une petite fête pour mon anniversaire
le 10 octobre à 8 heures, chez moi.
Je compte sur toi !
Bises
                                              Nathalie

Roland Kalmes

P-DG de la Société SICA

vous invite à l'apéritif-buffet
organisé à l'occasion du départ à la retraite
de madame Madeleine Vermeil

Vendredi 10 octobre, à 17 heures
salle du Conseil

---

❶ Lisez l'annonce et le faire-part
page 78. La photo montre les
gens avant ou après la cérémonie
du mariage ?

 ❷ Regardez l'illustration et **écoutez**
le dialogue 1.

  1 L'homme adore les fêtes de famille.
    Pourquoi ?
  2 Qu'est-ce qu'on fait après le repas ?

❸ Lisez le dialogue pour vérifier vos
réponses.

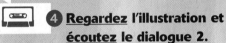 **❹ Regardez** l'illustration et
écoutez le dialogue 2.

  1 Quelle est la situation ?
    Qui parle à qui ?
  2 Et vous, votre anniversaire est
    à quelle date ?

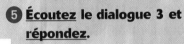 **❺ Écoutez** le dialogue 3 et
répondez.

  1 Quand est-ce que les jeunes filles
    partent en vacances ?
  2 Où est-ce qu'elles vont ?
  3 Où habitent les parents de la mère
    des jeunes filles ?

❻ Lisez les deux invitations
ci-contre.

  1 Qui sont les auteurs des
    invitations ?
  2 Qui sont les invités ?
  3 Quelles sont les raisons
    des invitations ?
  4 Où et quand est-ce que les gens
    se retrouvent ?

❼ Lisez les questions suivantes, puis
écoutez le répondeur de Benoît
et **répondez.**

  1 Qui parle sur le répondeur de Benoît ?
  2 Où et quand est-ce que Nathalie
    donne rendez-vous à Benoît ?
  3 Quelles sont les relations entre
    Benoît et Nathalie ?

soixante-dix-neuf

A Entrez vite !

1 Regardez l'illustration et écoutez la scène.
Quelle est la situation ? ....

2 Écoutez l'enregistrement une deuxième fois, puis complétez le texte suivant. ...
Carole et Guillaume (1) ... en retard. Ils <u>ont eu</u> la (2) ... du grand patron et ils <u>ont fini</u> à (3) ... . Charlotte <u>a téléphoné</u> (4) ... bureau. Elle <u>a eu</u> la (5) ... . Charlotte (6) ... les manteaux des invités. Ils ont un cadeau pour elle.

3 Retrouvez dans le texte de l'exercice 2 les réponses aux questions suivantes.
1 Pourquoi est-ce que Carole et Guillaume arrivent en retard ?
2 Est-ce que Charlotte le sait ? Pourquoi ?

4 Réfléchissez. Est-ce que les verbes soulignés dans l'exercice 2 expriment le présent ou le passé ?

B Marie est en retard à la fête...

1 Lisez les affirmations suivantes.
1 Marie ne vient pas à la fête de Charlotte.
2 Marie et Charlotte travaillent ensemble.
3 Marie arrive toujours à l'heure.
4 Éric commence son travail à minuit.
5 Éric veut absolument voir Marie.

2 Écoutez le dialogue entre Carole et Éric. Est-ce que les affirmations sont vraies ou fausses ? ....

3 Lisez le dialogue pour vérifier vos réponses.

4 Relevez dans le texte les verbes *sortir*, *passer*, *téléphoner* et *trouver*. Est-ce qu'ils expriment le présent, le passé ou le futur ?

5 Réfléchissez. Quelle est la différence entre *si* et *oui ?*

6 À deux, lisez le texte à haute voix. Mettez le ton : Éric est inquiet, Carole est gaie. Jouez ensuite la scène. ....

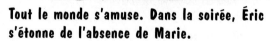

> **Tout le monde s'amuse. Dans la soirée, Éric s'étonne de l'absence de Marie.**
>
> ÉRIC : Marie ne vient pas ?
> CAROLE : Si, si. Nous sommes sorties ensemble du bureau et elle est passée chez elle pour chercher son cadeau.
> ÉRIC : Elle a téléphoné ?
> CAROLE : Non, pourquoi ?
> ÉRIC : Il est tard. Il est déjà 9 heures !
> CAROLE : Oui, et alors ? Elle n'a peut-être pas trouvé de place pour se garer. Et puis, tu connais Marie. Elle et l'heure !...
> ÉRIC : Je sais, mais moi, je travaille. Je commence à minuit au journal.
> CAROLE : D'ici minuit, tu as le temps. Tu veux prendre quelque chose ?
> ÉRIC : Ah ! C'est elle, enfin !

C Au téléphone

1 Écoutez la conversation téléphonique, puis répondez aux questions. ....

1 Qui parle ?

2 Quel est le problème d'Arnaud ?

3 Comment est-ce qu'il va venir ?

4 Est-ce qu'il connaît le numéro de code de la porte d'entrée ?

CHARLOTTE :	Allô, oui ?
ARNAUD :	Allô ? Charlotte ? C'est moi, Arnaud. Bon anniversaire, Charlotte !
CHARLOTTE :	Comment ça « bon anniversaire » ? Tu me souhaites mon anniversaire au téléphone ? Tu ne peux pas venir ? Où est-ce que tu es ?
ARNAUD :	Porte Maillot. Je suis désolé, ma voiture est tombée en panne. J'ai téléphoné et j'attends le dépanneur.
CHARLOTTE :	C'est peut-être une panne d'essence ?
ARNAUD :	Mais non, j'ai fait le plein ce matin. Ça vient du moteur. Je me suis arrêté pour acheter des fleurs...
CHARLOTTE :	... Pour moi, j'espère.
ARNAUD :	Bien sûr, pour toi.
CHARLOTTE :	Tu es sympa, merci.
ARNAUD :	Donc, je me suis arrêté, mais, quand j'ai voulu repartir, la voiture n'a pas démarré.
CHARLOTTE :	Écoute, ce n'est pas grave. D'abord, tu vas attendre la dépanneuse. Et puis, tu vas prendre un taxi.
ARNAUD :	Mais je vais arriver très tard.
CHARLOTTE :	Mais non... Et on ne va pas fêter mon anniversaire sans toi. Nous allons attendre. Tu connais le code de la porte d'entrée ?
ARNAUD :	Oui, oui. C'est bien A 1789 ?
CHARLOTTE :	Tout à fait. À tout de suite, Arnaud.

2 Lisez le texte de la conversation et classez les informations en deux catégories :

Avant le coup de téléphone	Après le coup de téléphone
La voiture d'Arnaud est tombée en panne.	*Tu vas attendre la dépanneuse.*
...	...

3 Réfléchissez. Comment est-ce qu'on exprime le passé et le futur ? Complétez les phrases 1 et 2 avec les énoncés a ou b.

1 Pour exprimer le passé...

2 Pour exprimer le futur...

    a ... on emploie des formes construites avec *aller* au présent.

    b ... on emploie des formes construites avec *avoir* ou *être* au présent.

4 Charlotte raconte les problèmes d'Arnaud aux autres invités. Continuez son explication.

▶ *Arnaud va arriver tout de suite. Il est à la porte Maillot. Sa voiture...*

quatre-vingt-un

D C'est où, les Carroz ?

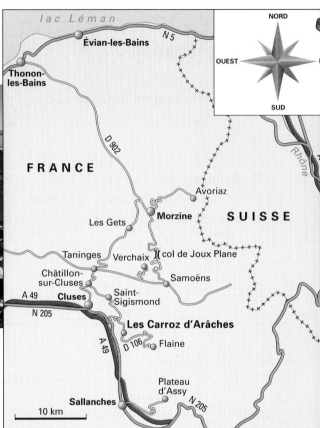

1 Lisez le dialogue. Imaginez les questions de Guillaume.

2 Écoutez le dialogue et prenez des notes. À deux, retrouvez les questions exactes de Guillaume. ....

3 Réécoutez l'enregistrement une deuxième fois et situez en même temps la station des Carroz sur la carte. ....

4 Jouez à deux. ....
Choisissez un village sur la carte. Décrivez sa situation. Votre voisin(e) doit trouver son nom.

Pendant la soirée...

GUILLAUME : [   ]

ÉRIC : Bien sûr, j'ai invité Arnaud mais il ne peut pas venir. Cette année, il prend ses vacances à la Toussaint.

GUILLAUME : [   ]

ÉRIC : Oh ! une dizaine : mon frère, ma sœur et son copain, vous deux : toi et Carole, ta cousine, Charlotte et deux copines, Marie et moi.

GUILLAUME : [   ]

ÉRIC : Non, c'est dans les Alpes du Nord. Attends, j'ai une carte dans mon agenda. Regarde, c'est là, près de Morzine, juste au sud du lac Léman, pas loin de la frontière suisse.

GUILLAUME : Je ne trouve pas.

ÉRIC : Mais si. Regarde, au nord de Sallanches, sur la droite, enfin à l'est de l'autoroute, entre Cluses et Flaine.

GUILLAUME : Ah, oui. C'est là. [   ]

ÉRIC : Oui, sans problème. C'est un grand chalet. Il y a quatre chambres. Quelqu'un peut dormir sur le canapé du bureau, et deux personnes peuvent coucher dans le salon. Et il y a deux salles de bains, alors...

GUILLAUME : Et pour les repas ?

ÉRIC : Le congélateur est toujours plein, le frigo aussi. Et on a un micro-ondes.

GUILLAUME : [   ]

ÉRIC : Quand on veut, à partir du 20 décembre. Mes parents ne vont pas au ski cette année.

E Portrait de groupe

UN AIR DE FAMILLE

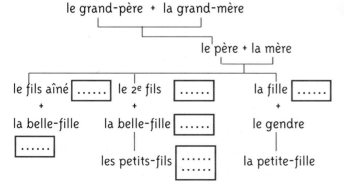

UN AIR DE FAMILLE   un film de Cédric Klapisch

L'HISTOIRE

Tous les vendredis, la famille Ménard se réunit dans le café d'Henri, puis ils vont dîner ensemble au restaurant.

HENRI (Jean-Pierre Bacri)
C'est l'aîné de la famille. Il a repris le café de son père. Il a mauvais caractère, mais il est tendre et sensible. La famille arrive pour le dîner, mais Arlette, sa femme, n'est pas rentrée...

PHILIPPE (Wladimir Yordanoff)
Le frère. Il a réussi dans la vie. La preuve : il passe à la télévision régionale pour parler de son entreprise, sa « boîte ». Il est un peu nerveux tout de même...

BETTY (Agnès Jaoui)
La petite sœur. Rebelle... elle est là, malgré tout, pour le dîner de famille et pour voir **DENIS** (Jean-Pierre Darroussin), l'employé d'Henri.

YOLANDE (Catherine Frot)
La femme de Philippe. Elle a deux enfants, Kévin et Mickaël. Aujourd'hui, c'est son anniversaire, mais elle pense que tout le monde a oublié. Pourtant, Yolande est vraiment adorable.

LA MÈRE (Claire Marier)
« Maman » a des idées sur tout : elle veut moderniser le café d'Henri. Elle conseille à Philippe de mettre une autre cravate, « quelque chose de plus distingué », pour passer à la télé ; elle veut offrir un chien à Yolande pour son anniversaire. « C'est bien, un chien... »

1 Lisez la présentation du film *Un air de famille*.

2 Retrouvez, sur les photos, à quel personnage correspond chaque descriptif.

3 Relevez les mots et expressions qui indiquent :
  1 les relations entre les personnages ;
  2 ce qu'ils font dans la vie.

4 Complétez l'arbre généalogique de la famille Ménard avec les prénoms des gens.

le grand-père + la grand-mère

le père + la mère

le fils aîné ...... le 2e fils ...... la fille ......
+ + +
la belle-fille la belle-fille ...... le gendre
......
les petits-fils ...... la petite-fille

5 Travaillez en petits groupes.
  1 Relevez les mots utilisés pour décrire les personnages.
  2 Décidez quels sont la principale qualité et le principal défaut de chaque personnage.
  3 Choisissez qui est le plus sympathique, qui est le moins sympathique.

Grammaire CONNAÎTRE ET

Le passé composé

① Observez les formes au passé composé.
  1 Retrouvez l'infinitif des verbes correspondant aux formes ci-dessous.
  2 Quels verbes sont placés devant ?
  a Nous **sommes sorties**.
  b Elle n'**est pas passée**.
  c Tu **as invité** Marie ?
  d Ils **ont fini** le repas.
  e Ils **ont eu** la visite du patron.
  f Elle **a eu** la secrétaire.
  g Elle **a téléphoné**.
  h J'**ai téléphoné**.
  i Ma voiture **est tombée** en panne.
  j J'**ai fait** le plein.
  k Je me **suis arrêté**.
  l Elle n'**a pas trouvé** le téléphone.
  m J'**ai voulu** démarrer.
  n La voiture n'**a pas démarré**.

② Comment est-ce qu'on forme ce nouveau temps ? Complétez la règle.
  Le passé composé se forme avec le verbe … ou le verbe … conjugué au … et le participe passé du verbe. À la forme négative, *n'/ne* et *pas* encadrent *avoir* ou *être*.

③ Retrouvez les participes passés et le passé composé des verbes suivants. Ils se conjuguent tous avec le verbe *avoir*.

Infinitif	Participe passé	Passé composé
1 Téléphoner	*téléphoné*	*j'ai téléphoné*
2 Manger	…	tu …
3 Parler	…	il/elle …
4 Finir	…	nous …
5 Avoir	…	vous …
6 Vouloir	…	ils/elles …

④ Complétez, dans la fiche `G13` , la partie 1 sur le passé composé avec *avoir*.

⑤ Retrouvez les participes passés et le passé composé des verbes suivants. Ils se conjuguent tous avec le verbe *être*.

Infinitif	Participe passé	Passé composé
1 Aller	*allé*	je *suis allé(e)*
2 Venir	*venu*	tu … …(e)
3 Passer	…	il … … / elle … …
4 Sortir	…	nous … …
5 Entrer	…	vous … *entré(e)s*
6 Partir	…	ils … … / elles … …

La formation du participe passé
• Pour les verbes en *-er*, on remplace la terminaison *-er* par *-é* : **aller**, **allé**.
• Pour les verbes réguliers en *-ir, -issons*, on supprime le *r* de l'infinitif : **finir**, **fini**.
• Les participes passés des autres verbes sont souvent irréguliers.

Le passé composé avec l'auxiliaire *avoir* `G13`

j'*ai fini*   nous … *fini*
tu … …   vous … …
il/elle … …   ils/elles … …

Mémento : G4

<table>
<tr>
<td>

L'accord du participe passé

Le participe passé des verbes conjugués avec *être* s'accorde avec le sujet, comme un adjectif.

Pierre et Martine, vous êtes sortis ce matin ?

Monsieur, vous êtes sorti ce matin ?

Madame, vous êtes sortie ce matin ?

</td>
<td>

G13

Le passé composé avec l'auxiliaire *être*

je *suis passé(e)*	nous … *passé(e)s*
tu … …	vous … …
il/elle … …	ils/elles … …

Mémento : § F3f

</td>
</tr>
</table>

6 Complétez, dans la fiche **G13**, la partie 1 sur le passé composé avec *être* et les parties 2, 3 et 4.

Choix de l'auxiliaire : *être* ou *avoir* ?

La plupart des verbes français forment le passé composé avec *avoir*.

Les verbes suivants se conjuguent avec *être* :

– tous les verbes pronominaux : *ils se sont levés* ;

– les verbes qui indiquent un changement d'un lieu à un autre **et** qui n'ont pas de complément d'objet direct comme *aller, arriver, entrer, passer, tomber, venir, partir, sortir : elles sont sorties* ;

– les verbes *rester, naître (il est né)* et *mourir (il est mort)*.

---

7 Associez infinitif et participe passé des mêmes verbes, puis indiquez le passé composé (avec l'auxiliaire *être* ou *avoir*).
Prendre ▶ **pris, j'ai pris.**
Infinitifs : avoir – faire – vouloir – être – finir – trouver – aller – attendre – lire – venir – écrire – pouvoir – savoir – prendre – partir.
Participes passés : été – eu – fini – pris – allé – attendu – su – fait – voulu – parti – trouvé – lu – écrit – pu – venu.

8 Dans les fiches **G1** à **G9** et **G12**, complétez la partie sur le passé composé. Vérifiez vos réponses dans le *Mémento*, § H.

9 Mettez les verbes entre parenthèses au passé composé.

1 Nous (prendre) le train pour aller à Grenoble.

2 Nous (partir) à 9 heures et nous (arriver) à midi.

3 Nos amis (téléphoner).

4 Leur voiture (ne pas démarrer) et ils (rester) à Paris.

5 Ce matin, je (pouvoir) lire le journal dans le train.

6 Je (dormir) longtemps. Je (se lever) à 10 heures.

7 Mon frère (venir) à la gare.

8 Puis nous (aller) ensemble au restaurant.

Les verbes *savoir, vouloir et pouvoir*

> Il sait lire, bien sûr, mais aujourd'hui il ne peut pas lire !

Il suffit d'apprendre les formes suivantes pour retrouver toutes les autres :

Infinitif	Présent			Passé composé
Savoir	je sais	nous savons	ils savent	j'ai su
Vouloir	je veux	nous voulons	ils veulent	j'ai voulu
Pouvoir	je peux	nous pouvons	ils peuvent	j'ai pu

10 Dans les fiches **G 10** et **G 11**, complétez le présent et le passé composé des verbes *savoir, pouvoir* et *vouloir*. Aidez-vous des formes données ci-dessus.

Grammaire

⑪ ***Savoir*** **ou** ***pouvoir*** **? Complétez par le verbe qui convient.**

1 Est-ce que vous … arriver à 7 heures ?

2 Quelle heure est-il ? Je ne … pas.

3 Charlotte ne … pas dormir dans le train.

4 Vous ne … pas partir maintenant.

5 Le dépanneur … réparer les voitures, mais il ne … pas aujourd'hui.

Le futur proche

⑫ **Relevez les cinq phrases avec le verbe** *aller* **dans le document C d'***Agir-réagir.*

⑬ **Complétez la règle de formation du futur proche, puis la partie 2 de la fiche** **G3** **.**

On forme le futur proche avec le verbe … au présent et l'infinitif du verbe. À la forme négative, *ne/n'* et *pas* encadrent le verbe … .

⑭ **Créez des mini-dialogues avec les verbes suivants (au passé composé et au futur proche) :** *inviter quelqu'un – arriver – téléphoner à quelqu'un – partir – loger quelqu'un – aller – prendre quelque chose.*

▶ – *Tu as invité des amis pour les vacances ?*
– *Non, mais je vais inviter Charlotte.*

Les pronoms toniques

⑮ **Lisez le dialogue suivant, puis complétez le tableau.**

– **Moi**, je pars demain en vacances. Et **vous**, qu'est-ce que vous faites ?

– **Nous**, nous allons à Paris mercredi.

– Ton père ne part pas avec **vous** ?

– Si, **lui**, bien sûr !

– Pas ta mère ?

– Non. **Elle**, elle est déjà à Paris.

– Et tes amis anglais, où est-ce qu'ils sont ?

– **Eux**, ils sont en voyage… en Italie, je crois.

– Et Isabelle et Sarah, qu'est-ce qu'elles font ?

– Oh, **elles**, elles sont en vacances.

– Et **toi**, tu vas passer nous voir cet été ?

– Bien sûr !

1 Je : c'est *moi*	**5** Nous : c'est …
2 Tu : c'est …	**6** Vous : c'est …
3 Il : c'est …	**7** Ils : c'est …
4 Elle : c'est …	**8** Elles : c'est …

⑯ **Retrouvez et lisez à deux le dialogue entre Charlotte et sa sœur.**

– *Tu as invité Pierre ?*

– Et Élisabeth et Anne ?

– Ma copine et moi ?

– Sophie ?

– Guillaume et Carole ?

– Arnaud et Daniel ?

– Et tu n'as pas invité Éric ?

– Et moi ?

▶ – *Bien sûr,* *lui* *aussi.*

– Bien sûr, … aussi.

– …

– …

– …

– Non, pas …

– Si, … il vient.

– Mais oui, …

• Vous connaissez déjà les pronoms sujets et les pronoms réfléchis.

• Quand on veut insister, on emploie un **pronom tonique** en début de phrase. Il s'emploie aussi après une préposition ou l'expression *c'est.*

Je compte sur toi. *Moi, je viens.* Vous, vous venez avec nous *?*

– *Qui a téléphoné ? C'est Arnaud ? – Oui, c'est* lui.

Mémento : § E1

Unité 4

Vocabulaire

Le calendrier

① **Regardez le calendrier. Retrouvez le nom des jours de la semaine, des douze mois de l'année et des saisons.**

② **Comptez les jours fériés sur le calendrier français. Comparez vos réponses avec l'encadré p. 93.**

③ **Lisez le tableau suivant. Quel verbe est-ce qu'on utilise pour exprimer la date ? Notez les expressions qui vous semblent utiles.**

JANVIER
S 1 Jour de l'An · D 2 Epiphanie · L 3 Geneviève · M 4 Odilon · M 5 Edouard · J 6 Mélaine · V 7 Cédric · S 8 Alix · D 9 Alix · L 10 Guillaume · M 11 Paulin · M 12 Tatiana · J 13 Yvette · V 14 Nina · S 15 Rémi · D 16 Marcel · L 17 Roseline · M 18 Prisca · M 19 Marius · J 20 Sébastien · V 21 Agnès · S 22 Vincent · D 23 Barnard · L 24 Franç. de Sal. · M 25 Conv. St Paul · M 26 Paule · J 27 Angèle · V 28 Thomas d'Aq. · S 29 Gildas · D 30 Martine · L 31 Marcelle

FEVRIER
M 1 Ella · M 2 Prés. Seigneur · J 3 Blaise · V 4 Véronique · S 5 Agathe · D 6 Gaston · L 7 Eugénie · M 8 Jacqueline · M 9 Apolline · J 10 Arnaud · V 11 N. D. de Lourdes · S 12 Félix · D 13 Béatrice · L 14 Valentin · M 15 Claude · M 16 Julienne · J 17 Alexis · V 18 Bernadette · S 19 Gabin · D 20 Aimée · L 21 Damien · M 22 Isabelle · M 23 Lazare · J 24 Modeste · V 25 Roméo · S 26 Nestor · D 27 Honorine · L 28 Romain · M 29 Auguste

MARS
M 1 Aubin · M 2 Charles le B. · J 3 Guénolé · V 4 Casimir · S 5 Olivia · D 6 Colette · L 7 Mardi Gras · M 8 Cendres · M 9 Françoise · J 10 Vivien · V 11 Rosine · S 12 Carême · D 13 Rodrigue · L 14 Mathilde · M 15 Louise de Mar. · M 16 Bénédicte · J 17 Patrice · V 18 Cyrille · S 19 Joseph · D 20 PRINTEMPS · L 21 Clémence · M 22 Léa · M 23 Victorien · J 24 Karine · V 25 Annonciation · S 26 Larissa · D 27 Habib · L 28 Gontran · M 29 Gladys · M 30 Amédée · J 31 Benjamin

AVRIL
S 1 Hugues · D 2 Sandrine · L 3 Richard · M 4 Isidore · M 5 Irène · J 6 Marcellin · V 7 Jean Bap. de la S. · S 8 Julie · D 9 Gautier · L 10 Fulbert · M 11 Stanislas · M 12 Jules · J 13 Ida · V 14 Maxime · S 15 Paterne · D 16 Rameaux · L 17 Etienne · M 18 Parfait · M 19 Emma · J 20 Odette · V 21 Anselme · S 22 Alexandre · D 23 Pâques · L 24 Fidèle · M 25 Marc · M 26 Alida · J 27 Donatien · V 28 P.ères/Germain · S 29 Aymar · D 30 Souv. déport.

MAI
L 1 Fête Travail · M 2 Zoé · M 3 Philippe · J 4 Sylvain · V 5 Judith · S 6 Prudence · D 7 Gisèle · L 8 Vict. 1945 · M 9 Pacôme · M 10 Solange · J 11 Estelle · V 12 Achille · S 13 Rolande · D 14 F. Jeanne-d'Arc · L 15 Denise · M 16 Honoré · M 17 Pascal · J 18 Eric · V 19 Yves · S 20 Bernardin · D 21 Constantin · L 22 Emile · M 23 Didier · M 24 Donatien · J 25 Sophie · V 26 Bérenger · S 27 Augustin · D 28 F.Pères/Germain · L 29 Aymar · M 30 Ferdinand · M 31 Visitation

JUIN
J 1 Ascension · V 2 Blandine · S 3 Kévin · D 4 Clotilde · L 5 Igor · M 6 Norbert · M 7 Gilbert · J 8 Médard · V 9 Diane · S 10 Landry · D 11 Pentecôte · L 12 Guy · M 13 Anthony · M 14 Elisée · J 15 Germaine · V 16 J. Fr./Régis · S 17 Hervé · D 18 F.Pères/Trinité · L 19 Romuald · M 20 Silvère · M 21 ETE · J 22 Alban · V 23 Audrey · S 24 Nat. Jean Baptiste · D 25 Fête Dieu · L 26 Anthelme · M 27 Fernand · M 28 Irénée · J 29 Pierre/Paul · V 30 Sacré-Cœur

— Quel jour sommes-nous ?	— Nous sommes lundi.
— On est quel jour ?	— Mardi.
— Noël est quel jour cette année ?	— C'est un lundi/Un lundi.
— On est le combien ?	— On est le 2 (deux) février.
— Nous sommes le combien ?	— Nous sommes le 1er (premier) février.
— C'est quand ton anniversaire ?	— C'est le 4 mars.
— Pâques est à quelle date ?	— Le 31 mars.
— Quand est-ce que nous partons ?	— Le 1er août./ En août…/En été…

JUILLET
S 1 Thierry · D 2 Martinien · L 3 Thomas · M 4 Florent · M 5 Antoine · J 6 Mariette · V 7 Raoul · S 8 Thibaut · D 9 Amandine · L 10 Ulrich · M 11 Benoît · M 12 Olivier · J 13 Henri/Joël · V 14 Fête Nationale · S 15 Donald · D 16 N. D. Mt Carm. · L 17 Charlotte · M 18 Frédéric · M 19 Arsène · J 20 Marina · V 21 Victor · S 22 Marie Madeleine · D 23 Brigitte · L 24 Christine · M 25 Jacques · M 26 Anne · J 27 Nathalie · V 28 Samson · S 29 Marthes · D 30 Juliette · L 31 Ignace de L.

AOUT
M 1 Alphonse · M 2 Julien · J 3 Lydie · V 4 J. M. Vianney · S 5 Abel · D 6 Transfiguration · L 7 Gaëtan · M 8 Dominique · M 9 Amour · J 10 Laurent · V 11 Claire · S 12 Clarisse · D 13 Hippolyte · L 14 Evrard · M 15 Assomption · M 16 Armel · J 17 Hyacinthe · V 18 Hélène · S 19 Jean Eudes · D 20 Bernard · L 21 Christophe · M 22 Fabrice · M 23 Rose · J 24 Barthélémy · V 25 Louis de F. · S 26 Natacha · D 27 Monique · L 28 Augustin · M 29 Sabine · M 30 Fiacre · J 31 Aristide

SEPTEMBRE
V 1 Gilles · S 2 Ingrid · D 3 Grégoire · L 4 Rosalie · M 5 Raïssa · M 6 Bertrand · J 7 Reine · V 8 Nativité N.-D. · S 9 Alain · D 10 Inès · L 11 Adelphe · M 12 Apollinaire · M 13 Aimé · J 14 Sainte-Croix · V 15 Roland · S 16 Edith · D 17 Renaud · L 18 Nadège · M 19 Emilie · M 20 Davy · J 21 Matthieu · V 22 AUTOMNE · S 23 Constant · D 24 Thècle · L 25 Hermann · M 26 Damien · M 27 Vincent de Paul · J 28 Venceslas · V 29 Michel · S 30 Jérôme

OCTOBRE
D 1 Thérèse de l'E.-J. · L 2 Léger · M 3 Gérard · M 4 François · J 5 Fleur · V 6 Bruno · S 7 Serge · D 8 Pélagie · L 9 Denis · M 10 Ghislain · M 11 Firmin · J 12 Wilfried · V 13 Géraud · S 14 Juste · D 15 Thérèse d'Av. · L 16 Edwige · M 17 Baudouin · M 18 Luc · J 19 René · V 20 Adeline · S 21 Céline · D 22 Elodie · L 23 Jean de C. · M 24 Florentin · M 25 Doria · J 26 Dimitri · V 27 Emeline · S 28 Simon · D 29 Narcisse · L 30 Bienvenue · M 31 Wolfgang

NOVEMBRE
M 1 Toussaint · J 2 Défunts · V 3 Hubert · S 4 Charles · D 5 Sylvie · L 6 Bertille · M 7 Carine · M 8 Geoffroy · J 9 Théodore · V 10 Léon · S 11 Armistice 1918 · D 12 Christian · L 13 Brice · M 14 Sidoine · M 15 Albert · J 16 Marguerite · V 17 Elisabeth · S 18 Aude · D 19 Tanguy · L 20 Edmond · M 21 Prés. Marie · M 22 Cécile · J 23 Clément · V 24 Flora · S 25 Catherine · D 26 Christ-Roi · L 27 Séverin · M 28 Jacques d.l.M. · M 29 Saturnin · J 30 André

DECEMBRE
V 1 Florence · S 2 Viviane · D 3 Avent · L 4 Barbara · M 5 Gérald · M 6 Nicolas · J 7 Ambroise · V 8 Immac. Concep. · S 9 Pierre Fourier · D 10 Romaric · L 11 Daniel · M 12 Jeanne-F.-C. · M 13 Lucie · J 14 Odile · V 15 Ninon · S 16 Alice · D 17 Gaël · L 18 Gatien · M 19 Urbain · M 20 Abraham · J 21 HIVER · V 22 Fr. Xavière · S 23 Armand · D 24 Adèle · L 25 Noël · M 26 Etienne · M 27 Jean Apôtre · J 28 Innocents · V 29 David · S 30 Roger · D 31 Sylvestre

④ **Quand est-ce que les enfants sont en vacances ?**

▶ *Ils sont en vacances en janvier/au mois de janvier, le 1er et le 2 janvier, du 6 au 20 février…*

♭ En été – en automne – en hiver, MAIS : **au** printemps…

⑤ **Regardez le calendrier et, à deux, posez des questions sur les dates importantes pour vous : fêtes, anniversaires, vacances, etc. ……………………………**

Le logement

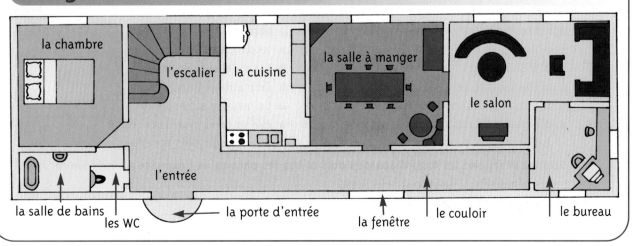

la chambre · l'escalier · la cuisine · la salle à manger · le salon · l'entrée · la salle de bains · les WC · la porte d'entrée · la fenêtre · le couloir · le bureau

S'EXPRIMER

⑥ **Dans quelles pièces est-ce qu'on trouve les meubles suivants ?**

▶ *On trouve le lit dans la chambre...*

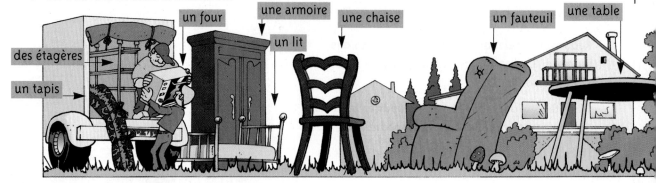

des étagères — un tapis — un four — une armoire — un lit — une chaise — un fauteuil — une table

⑦ **Complétez la fiche V4 sur le logement.**

⑧ **Travaillez à deux avec votre voisin(e).**

Imaginez son logement. Votre voisin(e) corrige votre description. ....

▶ *Vous habitez dans un grand appartement. La chambre est à l'ouest. À droite de la porte, il y a un lit...*

Phonétique

L'interrogation avec ou sans mot interrogatif

① **Écoutez l'enregistrement et observez les courbes intonatives correspondantes.**
Faites un geste d'accompagnement.

I Où est-ce que tu es ?

2 Tu ne vas pas venir ?

3 Elle a téléphoné ?

4 Pourquoi veux-tu qu'elle téléphone ?

5 Quand est-ce qu'on peut aller au chalet ?

6 On va être combien ?

② **Écoutez et répétez les phrases.**

③ **Lisez les phrases ci-dessus et relevez les phrases avec des mots interrogatifs.**
Dans ces phrases, est-ce que l'intonation monte ou descend ?

L'opposition entre sons bémolisés [ø], [œ] et sons aigus [e], [i]

④ **Écoutez et dites si vous entendez la phrase a ou la phrase b.**

I a Deux.
b Des.

2 a Elle lui offre des cadeaux.
b Elle lui offre deux cadeaux.

3 a Elle arrive à deux heures.
b Elle arrive à dix heures.

4 a Je veux aller faire du ski.
b Je vais aller faire du ski.

5 a Ce matin, je finis à midi.
b Ce matin, j'ai fini à midi.

6 a Elle va venir avec deux copines.
b Elle va venir avec des copines.

⑤ **Écoutez et répétez les mots diapasons puis relisez les phrases de l'exercice I à voix haute.**

• Sons bémolisés : [ø] nœud [œ] œuf
• Sons aigus : [e] bébé [i] midi

Unité 4

S'EXPRIMER

Production orale

① **Imaginez les situations et jouez les scènes à deux.** ....

1 On vous invite à dîner le 30 juin, mais, ce jour-là, vous êtes à Lyon. Vous refusez.
2 Un ami vous invite à voir un match de football dimanche prochain. Vous acceptez.
3 On vous offre une cigarette. Vous refusez.
4 On vous invite au cinéma. Vous refusez et vous donnez une raison.

OUTILS POUR...

accepter ou refuser une invitation

Pour accepter une invitation
– (Merci) avec plaisir.
– Oui, volontiers.
– D'accord.
– Oui, je veux bien.
– Oui, merci (c'est gentil).

Pour refuser une invitation
– Je suis désolé(e), mais…
– J'aimerais bien, mais…
– C'est dommage, mais…
– Merci, c'est gentil, mais…
– Excusez-moi, mais…

② **Imaginez la situation et jouez la scène à deux. C'est l'anniversaire de votre voisin(e). Vous avez un petit cadeau pour lui/elle. ..**

OUTILS POUR...

offrir quelque chose et remercier

– Tiens, c'est pour toi./Tenez, c'est pour vous.
– Tenez/Tiens, j'ai apporté…/Voici…

– (Oh !) merci/Merci beaucoup.
– Merci, c'est trop gentil !
– Tu es vraiment trop gentil(le) !
– Merci. C'est magnifique. C'est beaucoup trop. Il ne fallait pas.

– De rien.
– Il n'y a pas de quoi.
– Ce n'est pas grand-chose.

OUTILS POUR...

inviter quelqu'un

– Demain, j'offre un pot pour mon anniversaire. Vous pouvez venir ?
– Samedi, nous allons au cinéma. Vous voulez venir avec nous ?
– Nous n'avons pas dîné ensemble depuis deux mois. Tu es libre dimanche soir ?

③ **Simulez ou organisez une fête dans votre cours de français.** ....

1 **Formez des groupes de quatre à six, puis déterminez dans chaque groupe :**
   a la raison de la fête : un anniversaire : 20, 30… 60 ans, un concours réussi, votre premier emploi ou la naissance d'un enfant… ;
   b la date et l'heure ;
   c à quel endroit la fête va avoir lieu ;
   d les invités.
2 **Répartissez les rôles dans chaque groupe :** l'organisateur de la fête et les invités.
3 **Jouez votre rôle dans les situations suivantes :**
   a L'organisateur de la fête invite ses amis à une date précise avec leur mari/femme/copain/copine.
   b L'organisateur donne des explications avec un petit plan, pour trouver le lieu de la fête.
   c Les invité(e)s discutent pour choisir un cadeau collectif.
   d Le jour de la fête, la voiture de deux invité(e)s tombe en panne. Le conducteur téléphone. Ils/elles vont arriver en retard.
   e Les invité(e)s arrivent, ils/elles offrent le cadeau

quatre-vingt-neuf

S'EXPRIMER

Production écrite

① **Lisez l'invitation suivante. De quoi est-ce qu'il s'agit ?**

Nous avons enfin trouvé
l'appartement de nos rêves
et nous donnons une grande fête
le samedi 22 janvier à partir de 19 heures.

On compte sur vous !

Nous attendons votre réponse
avant le jeudi 20.

Notre nouvelle adresse :
Claire et Laurent Chevalier
3, rue d'Alésia, 75014 Paris
Code : A314 – 3ᵉ étage droite
Tél. : 01 45 87 43 21

Sophie et Jean Fromenger

Suresnes, le 12 janvier

Chers amis,

*Nous sommes très heureux pour vous et nous vous
remercions de votre sympathique invitation.
Vous pouvez compter sur nous.
À samedi donc.
Nous vous embrassons.*

Sophie et Jean

② **Lisez la réponse de Sophie et de Jean.
Repérez la date, le nom de lieu, la formule pour
commencer, la formule pour conclure la lettre
et la signature.**

③ **Relevez dans la lettre de Sophie et de Jean les
expressions utiles pour accepter une invitation.**

④ **Répondez à votre tour à l'invitation de Claire
et de Laurent. Travaillez à deux.**

1 Est-ce que vous pouvez (ou voulez) venir
ou non ?
2 Écrivez le texte de la lettre.
3 Choisissez une formule pour commencer
et une formule pour conclure.
4 Notez le lieu et la date de la réponse.
5 Relisez votre lettre et vérifiez sa disposition.

⑤ **Écrivez une lettre à un(e) ami(e)
francophone. Vous êtes dans un aéroport
français et vous attendez le départ de votre
avion pour rentrer dans votre pays. Vous
racontez votre séjour en France.
Travaillez à deux.**

OUTILS POUR...

écrire pour accepter/refuser une invitation

accepter une invitation

Nous acceptons votre invitation avec joie…

Je vais venir avec plaisir samedi 22 janvier…

refuser une invitation

Nous vous remercions de votre invitation, mais…

Malheureusement, nous ne pouvons pas venir…

Nous regrettons beaucoup, mais nous ne
pouvons pas venir : nous sommes…

Nous sommes désolés, mais…

C'est dommage, mais…

Pause-jeux

❶ Récréation

➡ Regardez les dessins. Qu'est-ce qu'ils ont fait ?
Qu'est-ce qu'ils vont faire ?

a

b

c

d

> Pour connaître le passé composé d'un verbe, la première personne suffit : vous avez l'auxiliaire et le participe passé.

❸ En toute logique

➡ Remettez les phrases dans l'ordre.

a Au lycée, elle a appris l'allemand et l'espagnol.

b Actuellement, elle a une pharmacie à Versailles, à côté de Paris.

c Elle est allée à l'école maternelle jusqu'à l'âge de cinq ans.

d Elle a eu un petit garçon, Mathieu.

e Ses parents, son frère et elle sont allés vivre à Genève.

f Elle a fait des études de pharmacie à l'université de Genève.

g Corinne est née en 1975 à La Rochelle.

h En 1980, son père a trouvé du travail en Suisse.

i En 1997, elle a rencontré un photographe français et elle est allée vivre à Paris.

❷ Apprendre à apprendre

➡ Cherchez des moyens pour mémoriser.

1 Complétez comme dans l'exemple.

Lire. ▶ *Présent : **je lis, nous lisons, ils lisent.***
*Passé composé : **j'ai lu.***

a Prendre. **b** Pouvoir. **c** Savoir. **d** Vouloir.

2 Réécrivez la lettre au passé composé.

> *Mardi 15 décembre*
>
> *Cher Lucas,*
>
> *Pendant les vacances, je vais aux Carroz. J'invite des amis. Nous prenons le train de nuit. Nous skions beaucoup. Nous voulons skier tous les jours, même sous la neige. Nous pouvons fêter mon anniversaire. J'ai 25 ans le 25 décembre ! Mes amis savent trouver un cadeau original : un billet d'avion pour les Jeux olympiques ! Je t'embrasse.*
>
> *John*

3 Qu'est-ce qu'il y a de commun entre les conjugaisons des verbes *pouvoir* et *vouloir* ?

4 Trouvez une manière de mémoriser les verbes conjugués avec *être* au passé composé.

❹ Projet

➡ **Votre ami(e) est invité(e) à dîner chez son professeur de français, mais il/elle ne peut pas. Quelles expressions est-ce qu'il/elle peut employer pour remercier son professeur et s'excuser ?**

Préparez et jouez les deux scènes : votre ami(e) et vous (il/elle présente la situation, vous proposez des expressions pour s'excuser) ; puis votre ami(e) et son professeur (il/elle remercie puis s'excuse).

❺ Noir sur blanc

➡ **Lisez le texte à voix basse. Marquez les liaisons obligatoires et soulignez les lettres qui ne se prononcent pas. Lisez ensuite le texte à voix haute.**

> Éliane et Stéphane sont allés chez Charlotte pour fêter l'anniversaire de leur amie. Ils ont offert un cadeau. C'est un livre sur le cinéma. Charlotte est très contente parce que tous ses amis sont avec elle ce soir. Tout le monde chante, danse et raconte des histoires amusantes. La soirée s'est terminée vers une heure du matin.

Comportements
Inviter, fêter, souhaiter

Les petits cadeaux entretiennent l'amité.

• Quand on est invité pour la première fois, on offre généralement des fleurs à la maîtresse de maison.

• Quand on connaît bien les gens, on peut offrir des fleurs, mais on peut aussi proposer d'apporter l'entrée ou le dessert, ou encore les boissons.

• Quand on est invité à prendre l'apéritif, on n'offre pas de cadeau. On remercie seulement pour l'invitation.

• Pour un mariage ou un anniversaire, il est souvent possible de faire un cadeau à plusieurs.

• Au travail, pour le départ d'un collègue, on fait généralement un cadeau collectif. Le collègue invite alors à un pot* pour remercier tout le monde.

* Inviter à un pot : inviter à boire l'apéritif ou une boisson rafraîchissante.

1 **Pour chaque photo, répondez :**

1 Qu'est-ce qu'on fête ?

   a un départ   **c** un anniversaire

   b un nouveau projet   **d** une pendaison de crémaillère*

2 Quelle heure est-il ?

   a 12 h 30   **c** 21 heures

   b 14 heures   **d** minuit

3 Qu'est-ce qu'ils offrent ?

   a rien   **c** une bouteille

   b des fleurs   **d** un vélo

4 Qu'est-ce qu'ils disent ?

* Pendre la crémaillère : fêter l'installation dans un nouveau logement.

🌐 **Qu'est-ce que vous faites pour montrer collectivement votre amitié ?**

Décrivez quatre situations de fête : lieu, heure approximative, personnes présentes, gestes, paroles, cadeau.

Cadres de vie
Vive la fête !

Jours fériés

En France, on ne travaille généralement pas
le dimanche.

Les Français ont 11 jours fériés par an :
le 1er janvier, Pâques et la Pentecôte, le 1er mai
(la fête du Travail), le 8 mai (l'anniversaire de
la victoire de 1945), l'Ascension, le 14 juillet
(la fête nationale), le 15 août (l'Assomption),
le 1er novembre (la Toussaint), le 11 novembre
(l'anniversaire de l'armistice de 1918) et Noël.

Autres fêtes

Ils peuvent aussi :
– faire la fête en famille ou entre amis : mariages,
naissances, anniversaires ;
– fêter la Saint-Valentin (la fête des amoureux),
la fête des Mères, la fête des Pères ;
– descendre dans la rue pour le carnaval,
la fête de la Musique ou Halloween ;
– participer à des fêtes régionales ;
– aller s'amuser dans une fête foraine : 34 % des
Français y vont au moins une fois par an.

1 À quelle photo est-ce que chaque légende
correspond ?
 1 La fête des Mères.
 2 Le 14 juillet.
 3 La fête de la Musique.
 4 Noël.
 5 Le festival de musique celtique de Lorient, en Bretagne.
 6 Une fête foraine.

2 Associez un adjectif à chaque photo de fêtes :
civique – religieuse – culturelle – commerciale.

Sélectionnez les six fêtes les plus importantes
dans la vie de votre pays. Qualifiez-les avec un
adjectif comme dans l'exercice précédent.

Point·DELF

DELF
unité A1
blanc

DELF unité A1 – Oral 1
Questionnaire de compréhension orale

Écoutez le dialogue entre Mme Duval et
un employé. Répondez aux questions. ....

1 Est-ce que Mme Duval sait conduire une voiture ?
2 Est-ce qu'elle travaille ?
3 Quand est-ce qu'il y a des cours à l'auto-école ?
4 À quel moment de la journée est-ce que Mme Duval
   préfère prendre des cours de conduite ?
5 Qu'est-ce qu'elle fait le matin ?
6 Est-ce que Mme Duval déjeune seule ?

DELF unité A1 – Oral 2
Simulation de conversation

Lisez la situation et imaginez le dialogue. Jouez la
scène à deux.
Vous avez lu une publicité pour passer les vacances de
Noël dans une capitale européenne.
• Vous téléphonez à l'agence de voyages pour
  demander des informations.
• Vous choisissez une capitale.
• Vous demandez le prix et les conditions.
  La proposition de l'agence vous convient.
• Vous réservez une chambre d'hôtel pour deux
  personnes et une voiture de location pour
  une semaine.

DELF unité A1 – Écrit
Rédaction d'une lettre amicale

Vous avez reçu la lettre suivante de votre amie Aline.
Répondez à Aline.
Malheureusement, vous ne pouvez pas aller à son
mariage. Vous avez déjà réservé des places pour un
voyage organisé en Guadeloupe et vous ne pouvez
pas annuler.

Poitiers, le 30 août

Chère/cher ...,

*J'ai une grande nouvelle à t'annoncer. Paul et moi,
nous allons nous marier le 5 octobre prochain.
Tu imagines... me marier, moi ! La cérémonie va avoir
lieu à la mairie de Bordeaux. Je t'envoie le faire-part.
Tu vas pouvoir être là, j'espère !
Paul a trouvé un travail très intéressant dans une
société d'import-export et, moi, je suis nommée
professeur dans une école à 10 km de là. Nous allons
donc habiter à Bordeaux dans un grand appartement
de quatre pièces. Tu vas pouvoir venir nous voir ! Voici
notre nouvelle adresse : Aline et Paul Leroux-Wagner,
56 avenue de la Gare, 33000 Bordeaux. Ma mère est
ravie car elle est bordelaise !*

*Cette année nous ne partons pas en vacances. Et toi,
finalement, tu es parti(e) en voyage cet été ? Écris-moi
vite. Donne-moi de tes nouvelles.*

Bonjour à tes parents. Amitiés,

Aline

VACANCES

Contrat d'apprentissage

■ communicatif

– raconter un événement (au passé)

– exprimer la durée

– réserver une chambre d'hôtel, une location

– faire le portrait (physique et moral) d'une personne

– donner son opinion (*je trouve/je pense/je crois que...*)

■ linguistique

– les pronoms personnels COD

– l'imparfait

– les verbes en -*cer* ou -*ger* et en -*yer*

– imparfait et passé composé

– le verbe *croire* (retrouver la conjugaison d'un verbe)

– des indicateurs temporels : *depuis, pendant, jusqu'à...*

– le corps

– le caractère

■ interculturel

– gestes et attitudes

– en vacances

Nous retrouvons Éric et ses amis à la station de ski des Carroz, le lendemain de leur arrivée. Sur la place du village, Marie parle avec son amie Charlotte. Marie est toute contente : hier, elle a trouvé l'homme de sa vie ! Tout à coup elle l'aperçoit... Les petites annonces sont peut-être un autre moyen pour trouver la personne rêvée...

Un peu plus tard, Éric rencontre Jacques. Ils se saluent, parlent du voyage... Avec la neige, il y a souvent des problèmes de circulation, c'est d'ailleurs raconté dans un article de journal.

VACANCES

Regardez la photo. Qu'est-ce qu'elle représente ?
Faites parler les clients et les employés.
Aidez-vous des expressions suivantes.
– *Où est-ce que vous voulez aller ?*
– *À quelle date est-ce que vous voulez partir ?*
– *Est-ce que vous prenez le TGV ou l'avion ?*
– *Est-ce qu'on parle français là-bas ?*
– *Vous voulez une chambre pour deux ?*
– *Est-ce qu'on peut faire du tennis à l'hôtel ?*
– *Il y a une discothèque à l'hôtel ?*

Forum

Nature...
Nature

LE CANADA, J'AIME !

Lac
et montagnes
c'est ici,
à Annecy !

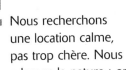

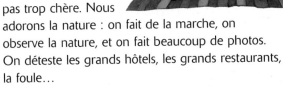

1

- Nous recherchons une location calme, pas trop chère. Nous adorons la nature : on fait de la marche, on observe la nature, et on fait beaucoup de photos. On déteste les grands hôtels, les grands restaurants, la foule…
- Vous voulez partir combien de temps ?
- Deux semaines, du 10 au 24 juin.
- J'ai peut-être quelque chose pour vous… Attendez. Voilà. C'est dans un village, juste à côté du parc régional de la Brenne. Et c'est très bon marché.
- ▶ C'est parfait. Je pense que c'est très bien pour nous.

2

- L'hôtel est loin du lac ?
- Oh non ! tout à côté. Vous allez pouvoir vous baigner avant le petit déjeuner.
- Non, pas moi, mais ma femme et les enfants vont être contents.
- On peut aussi faire des randonnées. Et puis vous allez pouvoir visiter la région. Elle est magnifique.
- [   ]
- Vous avez bien raison. En vacances, on se repose. Vous prenez deux chambres. Je les réserve pour quelle période ?
- À partir du 3 juillet… et jusqu'au 22, s'il vous plaît.

1 Regardez les affiches et écoutez l'enregistrement. Associez un morceau musical et une affiche.

2 Regardez l'illustration 1. Les deux femmes téléphonent à une agence de voyages. Devinez. À votre avis, qu'est-ce qu'elles veulent ? Justifiez vos réponses.

  1 Un petit hôtel pas cher – un grand hôtel avec restaurant – une location.

  2 Rencontrer des gens – s'amuser – faire de la marche – aller en discothèque – observer la nature – faire de la photo – visiter la région.

3 Écoutez et lisez le dialogue 1. Vérifiez vos réponses.

4 Lisez et complétez le dialogue 2 avec une des répliques suivantes.

  1 Ah ! très bien ! Pendant l'année, je suis au bureau . L'été, je ne vais pas rester toute la journée à l'hôtel.

  2 Moi, vous savez… un fauteuil et mon journal, ça me suffit.

  3 C'est parfait. L'été nous aimons bien visiter les musées.

5 Écoutez l'enregistrement pour vérifier votre réponse.

6 Relevez, dans les dialogues 1 et 2, deux questions sur la durée et les réponses correspondantes.

7 Écoutez l'enregistrement puis répondez.

  1 Pourquoi est-ce que Julie est venue à l'agence de voyages ?

  2 Quel âge a le frère de Julie ?

  3 Qu'est-ce qu'il fait comme sport ?

  4 Qu'est-ce que l'employé de l'agence propose ?

8 Choisissez. Quel portrait correspond au frère de Julie ?

A L'homme de ma vie...

1 Lisez les questions suivantes.

1 Où et quand est-ce que Marie a rencontré « l'homme de sa vie » ?

2 Comment est-ce qu'il s'appelle ?

3 Physiquement, il est comment ?

4 D'après Marie, quelle est sa profession ? Et d'après Charlotte ?

5 Est-ce qu'il connaît les amis de Marie ?

6 Est-ce qu'il est célibataire ?

7 Qui est la troisième femme de cette histoire ?

2 Écoutez le dialogue entre Marie et Charlotte, puis répondez aux questions ci-dessus. ..

3 Lisez le texte pour vérifier vos réponses, puis inventez la fin du dialogue (quelques répliques).

4 Repérez les phrases suivantes dans le texte.

1 Tu l'as rencontré où ?

2 — Il les connaît ? — Oui, oui, il les connaît.

3 — Tu le vois ? — Je le vois.

4 D'ailleurs, sa femme, tu la connais.

5 Réfléchissez. Remplacez les mots soulignés dans l'exercice 4 par les mots qu'ils représentent.

Tu l'as rencontré où ?

▶ Tu as rencontré où **l'homme de ta vie** ?

MARIE : Tu sais, Charlotte, je crois que j'ai rencontré l'homme de ma vie !

CHARLOTTE : Ah oui ? Déjà ? Et il est comment... « l'homme de ta vie » ?

MARIE : Sympa, il est... sympa, hyper sympa ! Il n'arrête pas de raconter des blagues, il a un beau sourire. Il est grand, brun, il a les yeux verts... et il adore le cinéma, comme moi.

CHARLOTTE : Tu l'as rencontré où ?

MARIE : Au Club 74. Je suis allée prendre un pot hier soir avec Guillaume et Carole et il est venu à notre table.

CHARLOTTE : Il les connaît ?

MARIE : Oui, oui, il les connaît. Ses parents sont des amis des parents de Guillaume... De toute façon, je crois qu'il connaît tout le monde ici.

CHARLOTTE : Qu'est-ce qu'il fait dans la vie ?

MARIE : Je ne sais pas. Il parle bien, il n'est pas timide du tout. Il est peut-être avocat. Mais, tiens, c'est lui, là-bas : il traverse la place. C'est le garçon brun, à gauche. Tu le vois ?

CHARLOTTE : Ah ça, pour le voir, je le vois ! Et je le connais, très bien même. C'est Jacques, mon moniteur de ski !

MARIE : Oh non, Charlotte, tu plaisantes !

CHARLOTTE : Pas du tout. Et il est marié, il est papa de deux petits garçons. D'ailleurs, sa femme, tu la connais aussi. C'est Lucie, tu sais, la jolie kiné blonde de la station...

B Petites annonces

Mariages et rencontres

■ Photographe, 53 ans, sympathique, ouvert, beaucoup d'humour, recherche amie 40/60 ans pour discussions, sorties et voyages – Réf. 521.

■ Mannequin, 31 ans, 1 m 80, 58 kg, jolis cheveux châtains, grands yeux bleus, excellente cuisinière, goût pour la musique, le cinéma, le tennis et le golf, souhaite partager sa vie avec homme, 40 ans, bien physiquement, avec une bonne situation – Réf. 522.

■ François, 38 ans, fonctionnaire, calme, doux, sérieux, non fumeur, bien physiquement, recherche femme sensible, 30 ans, aimant enfants, pour vie à deux ou mariage – Réf. 523.

Voyages, vacances

■ Couple sportif, 28 et 32 ans, recherche couple bien entraîné, même âge, pour traverser les Alpes de Grenoble au lac Léman, à pied (environ 300 km), du 1er au 21 juillet.
Tél. : 01 48 73 20 55.

■ Pour grand voyage de 3 mois (mai à juillet) en Méditerranée, sur voilier 9 m, ingénieur, 38 ans, recherche coéquipière connaissant la mer.
Tél. : 04 35 22 67 44.

■ Les Houches, Stage de yoga juillet et du 2 a de 15 person familiale. Cha magnifique s
Tél : 03 80 5

■ Flaine (Haute-Savoie), loue appartement 55 m², tout confort, 5/6 personnes, dans village, ski de piste, ski de fond, libre de février à avril.
Tél. : 03 88 37 15 92.

Divers

■ Étudiantes et étudiants, de 18 à 27 ans, nationalités différentes, inscrits en fac à Paris, cherchent jeunes même âge, tous pays, pour correspondre en langue française – Réf. 311.

■ Musicien professionnel donne cours de piano le soir ou le ... 01 43 68 23 12.

1 **Lisez** les petites annonces et **répondez** aux questions.
  1 Quelle rubrique vous intéresse ?
  2 Quelle personne est-ce que vous aimeriez rencontrer ?
  3 Pourquoi ?

2 **Relevez** les expressions utilisées pour caractériser une personne, puis faites le portrait de l'homme/ de la femme idéal(e).
Pensez a son (aspect) physique, à son âge, à sa profession, à ses goûts, etc.

3 **Rédigez** une petite annonce à votre tour. Présentez-vous et expliquez ce que vous recherchez.

C Il neigeait...

1 Écoutez le dialogue. Qu'est-ce que les deux hommes ont fait hier ? ....

JACQUES : Vous êtes arrivés quand ?

ÉRIC : Hier, vers midi, pour déjeuner. On a téléphoné chez vous, mais vous n'étiez pas là.

JACQUES : Ah oui, hier, nous n'étions pas à la maison. Comme je n'avais pas de cours de ski, nous sommes allés faire des courses à Genève, Lucie, les enfants et moi. Nous avions envie de nous promener en ville. Vous êtes venus comment ?

ÉRIC : En voiture.

JACQUES : En voiture ? Tu ne voulais pas venir par le train ?

ÉRIC : Si. Je voulais prendre le train de nuit, mais il n'y avait plus de place. Et puis mes amis préféraient venir en voiture.

JACQUES : Et ça n'a pas été trop dur ?

ÉRIC : Non, pas trop. À la sortie de Paris, quand on a pris l'autoroute, il pleuvait et on a eu quelques embouteillages. On a roulé assez lentement jusqu'à Lyon, mais ça allait. Les gens étaient prudents.

JACQUES : Et à Lyon, vous êtes tombés dans les bouchons ?

ÉRIC : Oui, comme toujours. En plus, il y avait du brouillard et la radio annonçait de la neige sur les Alpes. Alors, on s'est arrêtés et on a dormi dans un petit hôtel à la sortie de la ville.

JACQUES : Et vous êtes là pour combien de temps ?

ÉRIC : Nous restons une semaine.

JACQUES : Passez à la maison pour l'apéritif !

ÉRIC : D'accord, c'est promis. Mais pas ce soir, on est un peu fatigués, et on va se coucher de bonne heure.

JACQUES : Eh bien, à bientôt. Bonjour chez toi !

ÉRIC : Merci. Et bonjour à Lucie.

2 Lisez le dialogue et relevez les phrases qui expriment le passé. Soulignez les verbes.

3 Réécoutez l'enregistrement et complétez le dialogue résumé avec des verbes de l'exercice 2. .....

ÉRIC : On *est arrivés* hier. On *a téléphoné* | mais vous *n'étiez pas* là.

JACQUES : Ah oui, hier nous ... faire des courses. | Je ... pas de cours et nous ... envie d'aller en ville.

ÉRIC : Nous ... en voiture | parce qu'il ... plus de place dans le train.
Et puis mes amis ... venir en voiture.

À la sortie de Paris, on ... l'autoroute, | il ..., mais ça ...

JACQUES : À Lyon, vous ... dans les bouchons ?

ÉRIC : Oui, alors on ... et on ... dans un hôtel | parce qu'il ... du brouillard et la radio ...
de la neige sur les Alpes.

cent

Unité 5
AGIR – RÉAGIR

4 Comparez vos réponses et réfléchissez.

1. À votre avis, dans quelle colonne de l'exercice 3 sont les informations principales pour raconter le voyage? Et les renseignements complémentaires ?

2. À quelles questions répondent les informations de la colonne jaune ? et celles de la colonne orange ? Choisissez :
   a Qu'est-ce qui se passe ?
   b Pourquoi ? Comment ?

3. Observez le temps des verbes et complétez.
   a Dans la colonne jaune, vous reconnaissez le ...
   b Dans la colonne orange, c'est l'*imparfait*.

5 Répondez aux questions ou posez les questions qui conviennent, puis lisez votre dialogue au groupe. ....

– Vous êtes arrivés quand ?
– [   ] .
– [   ] ?
– Non, nous n'étions pas à la maison hier. [   ] ?
– Je voulais t'inviter à skier avec moi. [   ] ?
– Nous étions à Genève. J'ai eu un petit problème.
– [   ] ?
– [   ] .

D Retours de vacances

Retours des sports d'hiver
On craignait la catastrophe mais, dans l'ensemble, tout s'est bien passé.

De notre correspondant à Grenoble

J'ai passé la nuit dernière au péage de Cluses. Il neigeait déjà quand je suis arrivé dans la soirée, il neigeait encore quand je suis reparti le matin. Hier, dès le milieu de l'après-midi, le thermomètre indiquait – 3 degrés. Plusieurs cols étaient interdits à la circulation, les routes de montagne étaient glissantes et tout le monde s'est retrouvé sur les autoroutes. La gendarmerie, les pompiers et les services de dépannage étaient sur le pied de guerre, la radio répétait sans cesse ses appels à la prudence.

Les vacances finissaient le dimanche et les gens de retour de week-end ont retrouvé les vacanciers sur la route : les voitures très nombreuses ralentissaient la circulation

et étaient souvent la cause de bouchons. À la réflexion, c'était une chance pour les automobilistes.

Il y a eu un seul carambolage spectaculaire entre une soixantaine de véhicules, en pleine nuit, avec deux blessés légers et quelques tôles froissées. Très vite, cependant, un bouchon de plusieurs kilomètres s'est formé et on a fermé l'autoroute pendant plusieurs heures. Gendarmes et pompiers ont distribué des boissons chaudes et des couvertures.

Dans le courant de la nuit, la situation est redevenue normale, et les vacanciers ont repris leur route vers Paris. Ils sont certainement arrivés en retard à leur travail ou à l'école, fatigués mais en bonne santé.

1 Lisez l'article sur les retours des sports d'hiver.

2 Formez deux groupes. Relevez les informations au passé composé (pour le premier groupe) et à l'imparfait (pour le deuxième groupe).

3 Réfléchissez. Comparez les deux listes.
1. Quelle liste peut résumer l'article ?
2. Quelle liste peut décrire la situation et les circonstances ?

4 Imaginez la situation suivante et jouez la scène avec une personne de l'autre groupe. ..
Vous avez passé la nuit dans votre voiture entre les Alpes et Paris et vous retrouvez votre collègue de bureau, le lundi matin. Vous racontez votre retour de vacances.

CONNAÎTRE ET
Grammaire

Les pronoms personnels compléments d'objet direct (COD)

❶ Lisez les dialogues suivants.
– Tu connais <u>mon ami Jacques</u> ?
– Oui, je **le** connais. Je **l'**ai rencontré à Genève.
– Et tu connais <u>Lucie, sa femme</u> ?
– Non, elle, je ne **la** connais pas.
– Ils ont <u>deux garçons</u>. Je **les** vois souvent.
– Tu **les** as invités ce soir ?
– Non, je ne **les** ai pas invités. Je **les** ai vus hier.

❷ Quels mots de l'exercice 1 remplacent les groupes soulignés ?

❸ Les formes du pronom COD. Complétez le tableau avec les exemples de l'exercice 1.

Singulier		Pluriel
masculin	féminin	masculin/féminin
…	…	…

Le pronom personnel COD
Les pronoms personnels COD remplacent un complément d'objet direct, c'est-à-dire sans préposition entre le verbe et le complément.
Tu connais <u>sa femme</u> (COD).
▶ *<u>Sa femme</u>, tu la connais* (pronom COD).
<u>Jacques</u>, tu le connais.
<u>Ses enfants</u>, je les ai invités.

❹ Le pronom personnel COD a les mêmes formes que l'article défini. Dans quels cas est-ce que *l'* remplace *le* ou *la* ?

❺ La place du pronom COD. Observez le dialogue et complétez les règles.
Le pronom personnel COD se place immédiatement … le verbe auquel il se rapporte. **Au passé composé**, le pronom COD se trouve directement … l'auxiliaire *avoir*.

> Au passé composé, le participe passé s'accorde avec le pronom COD.
> *Mes billets, je les ai réservés à la gare.*
> **Mémento : § F3f**

❻ Dans la fiche G13, complétez la partie 4 avec des exemples.

❼ Remplacez les expressions soulignées par un pronom personnel. Faites attention à l'accord du participe passé.
1 – On prend la voiture ? – Non, aujourd'hui, je laisse <u>la voiture</u> au garage.
2 – Tu as pris les papiers de la voiture ? – Oui, J'ai rangé <u>les papiers de la voiture</u> dans mon sac.
3 – Tu as le numéro de téléphone de l'hôtel ? – Oui, j'ai trouvé <u>le numéro de téléphone de l'hôtel</u> dans l'annuaire.
4 – Où sont tes cousines ? – Tu n'as pas vu <u>mes cousines</u> ?
5 – Tu ne connais pas mes parents ? – Non, je ne connais pas <u>tes parents</u>.

L'imparfait

Au départ, il pleuvait et il y avait des embouteillages.

❽ Relevez, dans le document C d'*Agir-réagir*, tous les verbes à l'imparfait.
1 Regroupez les formes par personne : *je, tu, il/elle, nous, vous, ils/elles.*
2 Observez les terminaisons. Qu'est-ce que vous remarquez ?

• Les terminaisons de l'imparfait

Tous les verbes, sans exception, ont les mêmes terminaisons à l'imparfait :

je	-ais	nous	-ions
tu	-ais	vous	-iez
il/elle	-ait	ils/elles	-aient

• La formation de l'imparfait

L'imparfait de tous les verbes, sauf *être*, se forme sur le radical de la 1re personne du pluriel du présent de l'indicatif :

	Présent		Imparfait
finir	nous finiss-ons	➤	je finiss-ais
téléphoner	nous téléphon-ons	➤	tu téléphon-ais
faire	nous fais-ons	➤	il/elle fais-ait

⚠ J'étais, tu étais, il était, nous étions, vous étiez, ils étaient.

Mémento : § G4

---

⑨ Donnez la conjugaison complète à l'imparfait des verbes *avoir*, *aller*, *vouloir*.
Puis complétez, dans les fiches G1 à G11, la partie sur l'imparfait.

Les verbes en *-cer* ou *-ger* et en *-yer*

⑩ Lisez le texte suivant et relevez les verbes en *-cer*, *-ger* et *-yer*.

On annonçait de la neige et les gens essayaient de rentrer chez eux avant la tempête. Bertrand et moi, nous avons mangé un sandwich au bureau. Nous mangions quand ma femme a envoyé un mél : « Les routes sont fermées à la circulation. Les pompiers et les gendarmes essaient de faire quelque chose, mais ils ne sont pas très optimistes. Nous mangeons ce soir chez grand-mère et passons la nuit chez elle. Les enfants et moi t'envoyons mille bises. »

⑪ Complétez la règle suivante. Puis retrouvez la conjugaison des verbes *annoncer* et *manger*, au présent de l'indicatif.

Pour toujours garder la même prononciation du radical des verbes en *-cer* et *-ger*, on transforme *c* en … et *g* en … devant *a* et *o*.

⑫ Complétez, dans la fiche G5, la partie 2 sur les verbes en *-cer* et *-ger*.

⑬ Lisez la règle et retrouvez la conjugaison d'*essayer* et *envoyer* au présent de l'indicatif.

Quand la terminaison est muette (*-e*, *-es*, *-ent*), le radical des verbes en *-yer* s'écrit avec *i* ; quand on entend la terminaison (*-ons*, *-ez*), le radical s'écrit avec *y*.

⑭ Complétez, dans la fiche G5, la partie 3 sur les verbes en *-yer*.

G 5 — Les verbes en *-cer* et en *-ger*

	annoncer	manger
Présent	j'*annonce*	je …
de l'indicatif	nous *annonçons*	nous …
	[s]	[ʒ]
Passé composé	j'ai …	j'ai …
Imparfait	j'…	je …
	nous …	nous …

L'imparfait d'*annoncer* se conjugue sur le radical annonç-.
L'imparfait de *manger* se conjugue sur le radical mange-.

Mémento : § G1

G 5 — Les verbes en *-yer*

	envoyer
Présent	j'*envoie*
de l'indicatif	tu …
	il/elle …
	nous *envoyons*
	vous …
	ils/elles …
Passé composé	j'*ai envoyé*
Imparfait	j'*envoyais*
	nous …

Mémento : § G1

CONNAÎTRE ET RECONNAÎTRE

Grammaire

Comment retrouver et apprendre la conjugaison d'un verbe

⑮ Pour avoir la conjugaison de *croire* :

Présent de l'indicatif	Passé composé
je crois, nous croyons, ils croient	j'ai cru

1 Retrouvez les autres personnes du singulier du présent à partir de *je crois*.

2 Retrouvez la deuxième personne du pluriel du présent à partir de *nous croyons*.

3 Retrouvez la conjugaison de l'imparfait à partir de *nous croyons*.

4 Retrouvez la conjugaison du passé composé à partir de *j'ai cru*.

⑯ Créez votre fiche de conjugaison pour le verbe *croire* sur le modèle au début du *Carnet de route* (voir le *Mémento*, § G4).

⑰ Mettez les verbes entre parenthèses à la personne qui convient et au temps indiqué.

1 Nous (essayer – imparfait) de réparer la voiture quand tu (téléphoner – passé composé).

2 – Tu l' (croire – passé composé) ? – Non, et je ne le (croire – présent) toujours pas.

3 Nous ne (manger – présent) pas avant 20 h 30. Nous (essayer – présent) de regarder les informations à la télé avant.

4 Il (essayer – présent) d'apprendre le chinois, mais c'est trop difficile, je (croire – présent).

5 Pendant nos vacances aux Carroz, nous ne (manger – imparfait) pas à midi, nous (faire – imparfait) du ski toute la journée.

L'emploi du passé composé et de l'imparfait

⑱ Relisez la partie D d'*Agir-réagir*. Faites trois phrases sur le modèle suivant.

▶ *Il y **avait** beaucoup de voitures sur la route et il y **a eu** un carambolage spectaculaire.*

Pour raconter une histoire ou faire un récit au passé, on a besoin du **passé composé** et de l'**imparfait**.

• Le temps pour rapporter les événements et les actions achevées, qui ont eu lieu à un moment déterminé du passé, est le **passé composé**.

• Le temps pour rapporter les circonstances, le cadre, la situation, les actions inachevées au moment où se situe le récit est l'**imparfait**.

Il neigeait déjà quand je suis arrivé dans la soirée.
Il neigeait encore quand je suis reparti le matin.

Mémento : § F3a

⑲ Complétez la lettre avec les verbes suivants, à la forme du passé qui convient.

1 Aller.	**6** Vouloir.	**11** Se passer.
2 Avoir.	**7** Être.	**12** Freiner.
3 Être.	**8** Vouloir.	**13** Entendre.
4 Avoir envie.	**9** Aller.	**14** Se réveiller
5 Vouloir.	**10** Avoir.	

Chère Pauline,

Je t'écris pour te raconter mes aventures de jeune conductrice. Samedi soir, tout (1)… bien au départ d'Orléans. Il n'y (2)… pas trop de circulation et j' (3)… bien contente à l'idée de venir à Paris. Je (4)… de vous revoir, je (5)… aussi parler à Marc. Nous (6)… vous inviter au théâtre. C' (7)… la surprise que nous (8)… vous faire pour fêter l'anniversaire de notre rencontre.

Tout (9)… donc bien, seulement voilà : à trois kilomètres de Dourdan, j' (10)… un accident. Tout (11)… très vite. La voiture devant moi (12)… brusquement. Je (13)… le bruit d'un choc et puis je (14)… hier à l'hôpital. Heureusement, maintenant tout va bien.
Bises.

Sophie

Unité 5

Vocabulaire

Le corps

① Regardez le portrait. Lisez le vocabulaire. Notez dix expressions qui sont très utiles, pour vous, en français. Quelles expressions vous semblent moins utiles ? Pourquoi ?

On recherche un homme de 1,80 m et de 70 kg environ, 20 ans environ, bronzé, d'allure sportive, témoin de l'accident de voiture du 22 juillet devant la plage de Saint-Tropez.

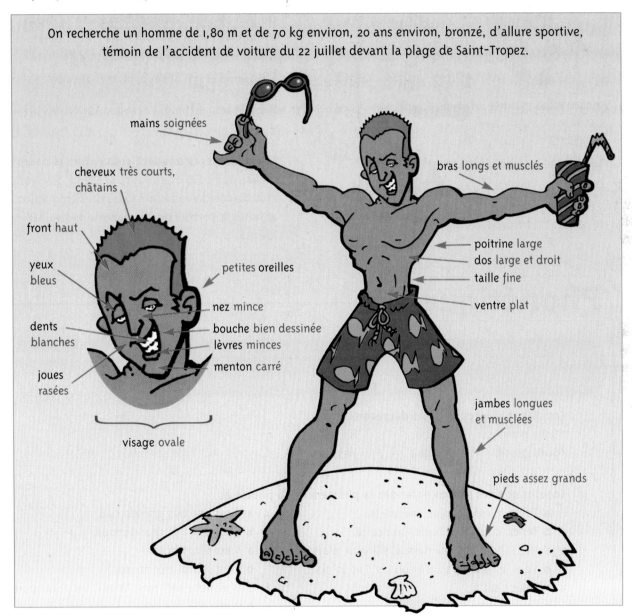

mains soignées

cheveux très courts, châtains

front haut

yeux bleus

dents blanches

joues rasées

petites oreilles

nez mince

bouche bien dessinée

lèvres minces

menton carré

visage ovale

bras longs et musclés

poitrine large

dos large et droit

taille fine

ventre plat

jambes longues et musclées

pieds assez grands

② Cherchez le féminin et le masculin de chaque adjectif.

③ Repérez le genre de chaque nom. Aidez-vous des adjectifs donnés.

④ Avec les adjectifs donnés ci-dessus, formez des paires de sens opposés.
Des cheveux courts et châtains.
▶ *Des cheveux longs et blonds.*

⑤ Complétez, dans la fiche **V5** , la partie 1 sur le corps (portrait physique).

S'EXPRIMER

Le caractère

⑥ **Comment est-ce que vous trouvez les personnages suivants ?**

Il ne faut pas juger les gens sur la mine !

sympathique	nerveux
pas mal	intelligent
bizarre	stressé
égoïste	curieux
calme	gentil
désagréable	charmant
hypocrite	franc/ouvert

⑦ **Complétez, dans la fiche** **V5** **, la partie 2 sur le caractère (portrait moral).**

⑧ **Choisissez un(e) étudiant(e) du groupe ou un personnage connu et notez son nom sur un papier. Chaque étudiant(e) vous pose une question pour deviner qui c'est.** ......
Vous pouvez répondre seulement par *oui* ou *non*. Quand la réponse est *oui*, on peut poser une deuxième question. Le premier qui devine le nom du personnage a gagné.

⑨ **Les adolescents trouvent souvent leurs parents vieux, démodés et ennuyeux. Est-ce que vous êtes d'accord avec eux ? Choisissez cinq adjectifs et faites le portrait de vos parents ou des parents idéaux.**

Phonétique

L'opposition entre sons bémolisés [y], [ɥ] et sons graves [u], [w]

① **Écoutez et répétez les mots diapasons.**
- Sons bémolisés : [y] bus   [ɥ] huit
- Sons graves :   [u] cou   [w] toit

② **Écoutez et dites si vous entendez la phrase a ou la phrase b.**

1 a Tenez, c'est pour lui, prenez-le.
  b Tenez, c'est pour Louis, prenez-le.
2 a Vous les mettez au-dessus, s'il vous plaît.
  b Vous les mettez au-dessous, s'il vous plaît.
3 a Louis s'est tu.
  b Louis sait tout.

4 a C'est une très grande rue.
  b C'est une très grande roue.
5 a Il est sûr, très sûr.
  b Il est sourd, très sourd.
6 a Dimanche huit mai, le soir, vers dix heures.
  b Dimanche, oui mais... le soir, vers dix heures.

③ **Écoutez et répétez. Respectez bien l'intonation.**

1 Cette nuit il a plu. ➜ [pli], [plu], [ilaply], [ii], [yi], [sɛtnɥi ilaply].
2 Où est-ce que tu l'as connu ? ➜ [kɔni], [kɔnu], [lakɔny], [wɛskə], [tylakɔny], [wɛskətylakɔny].
3 Tu l'as lu ? ➜ [lali], [lalu], [laly], [tilali], [tulalu], [tylaly].
4 C'est entendu, rue de Picpus. ➜ [pis], [ikpis], [ykpys], [pikpys], [tɑ̃tɑ̃ti], [sɛtɑ̃tɑ̃dy], etc.

Production orale

OUTILS POUR...

exprimer la durée

– Tu fais du tennis depuis combien de temps ?   – Depuis septembre/Depuis deux mois.

– Vous fermez le bureau pendant l'été ?   – Nous sommes en vacances du 4 au 28 août.

– Vous travaillez jusqu'à quand ?   – Jusqu'au 3 juillet.

– Vous êtes absents à partir de quand ?   – À partir du 9 juin.

– Vous partez (pendant) combien de temps ?   – (Pendant) deux jours./Une quinzaine de jours.

---

① **Posez des questions aux autres étudiants sur le temps, la date, l'heure, la durée, etc.**

▶ *Depuis combien de temps est-ce que vous apprenez le français ?*

Vous faites du français à la maison pendant combien de temps chaque semaine ?

Chez vous, est-ce qu'on peut regarder la télévision française ? De quelle heure à quelle heure ?

OUTILS POUR...

décrire quelqu'un

C'est un homme/une femme/un(e) enfant…

Il/elle est + adjectif	– pour le physique	Il est grand.
	– pour le caractère	Il est intelligent.
	– pour la nationalité	Il est brésilien.
Il/elle est + nom (sans article)	– pour la profession	Il est musicien.
Il/elle a	– pour les parties du corps	Il a les yeux noirs.
	– pour les membres de la famille	Il a deux enfants.
Il/elle aime/adore/déteste…	– pour les goûts	Il aime sortir avec des amis.

Si on n'est pas sûr, on peut dire : **Je crois qu'**il est brésilien, **je trouve qu'**il est intelligent, **je pense qu'**il aime sortir avec des amis.

OUTILS POUR...

poser des questions sur quelqu'un

– Elle s'appelle comment ?

– Elle est comment physiquement ?

– Elle habite où ?

– Elle vient d'où ?

– Quelle est sa nationalité ?

– Qu'est-ce qu'elle fait dans la vie ?

– Elle a quel âge ?

– Quels sont ses loisirs préférés ?

– Elle est mariée ou célibataire ?

– Elle a des enfants ? Combien ?

---

② **Imaginez la situation suivante à deux.**

Une entreprise française d'articles de sport participe à un salon dans votre pays. Elle recherche du personnel pour tenir son stand. Vous êtes intéressé(e) et vous téléphonez à l'entreprise.

1 Formulez les questions et préparez les réponses. Vous vous présentez et vous demandez des renseignements sur :

a les dates du salon ; **b** les heures d'ouverture ;

c le travail.

L'employé(e) de l'entreprise française pose des questions sur :

d votre expérience ; **e** votre profession ;

f votre âge ; **g** votre apparence physique ;

h vos sports et loisirs préférés.

2 Classez-les et complétez votre dialogue.

3 Jouez le dialogue devant la classe. ....

Production écrite

Récit

① **Regardez la bande dessinée.**
   Décrivez chaque vignette.

   • Vignette a : Quelle est la situation ? Décrivez les personnages.

   • Vignette b : Qu'est-ce que l'homme demande ? Où est la valise ? Où est la femme ?

   • Vignettes c et d : Qu'est-ce qui se passe ?

   • Vignette e : Qu'est-ce que l'homme cherche ?

   • Vignette f : Qu'est-ce que l'homme et l'employé peuvent se dire ?

② **Racontez l'histoire au présent.**

   ▶ *Un homme entre dans un hôtel. Il porte une valise. Des clients de l'hôtel sont dans des fauteuils et ils parlent...*

③ **Vous étiez dans un des fauteuils du hall et vous avez vu la scène. Vous allez au comptoir de la réception pour tout raconter à l'homme et à l'employé. Vous décrivez la femme.**

   ▶ *Excusez-moi, mais j'ai vu toute la scène. Une femme est entrée dans l'hôtel après vous, monsieur. Elle était blonde... Quand vous avez téléphoné, votre valise était devant le comptoir de la réception...*

④ **Le soir, vous racontez l'histoire à un(e) ami(e) dans une lettre.**

   1 Faites d'abord deux listes :
      a la description du cadre, de la situation et des personnages ;
      b les actions des personnages.

   2 Racontez l'histoire et faites attention à l'emploi de l'imparfait **(a)** et du passé composé **(b)**.

   3 Échangez vos textes avec votre voisin(e). Comparez et discutez.

   4 Écrivez le texte définitif de la lettre à deux.
      ▶ *Cher/Chère ami(e),*
         J'ai été le témoin d'une drôle d'histoire dans le hall de mon hôtel. Un homme...

Lettre amicale

Unité 5

❶ Récréation

➡ **Imaginez la suite ou le début des phrases suivantes.**

1 Dimanche après-midi, il pleuvait, …

2 Pendant les vacances de Noël, ma sœur était à la maison, …

3 Ce matin, il y avait du brouillard, …

4 Cet après-midi, j'étais fatigué(e), …

5 Cette semaine au bureau, il y avait beaucoup de travail, alors …

6 …, j'ai travaillé toute la nuit.

7 …, nous sommes allés à la plage.

8 …, je suis rentré(e) à la maison.

9 …, j'ai dormi chez mes amis.

10 …, je me suis levé(e) à 10 heures.

❷ Apprendre à apprendre

➡ **Les temps du passé.**

1 Retrouvez les phrases au passé composé et à l'imparfait.

a Il a été malade.
Il est malade.
Il sera malade.

b Je voudrais changer de métier.
Je voulais changer de métier.
Je voudrai changer de métier.

c Nous sommes partis.
Nous sommes nombreux.
Nous sommes allemands.

d Il pouvait faire un effort.
Il pourrait faire une fête.
Il aurait pu faire attention.

2 Passé composé ou imparfait ? Complétez. Justifiez votre choix.

a Quand nous … (arriver) hier matin, il … (pleuvoir).

b Dimanche dernier, Paul … (rencontrer) la voisine de Marie, elle … (être) avec sa mère, elles … (faire) des courses au supermarché.

c Il … (arriver) à cinq heures. Marie … (être) au téléphone. Il … (prendre) son sac de sport et il … (aller) à la piscine.

> Consultez souvent les tableaux de conjugaison du *Mémento*
> p. 207. Faites votre propre fiche pour les verbes difficiles.

❸ En toute logique

➡ **Choisissez un acteur.**

1 Lisez l'annonce et le texte suivants.

> *Cinéma/recherche acteur :*
> jeune homme élégant (costume cravate),
> cheveux longs et bruns, yeux foncés.

Paul, François, Claude et David ont vingt ans. Paul, Claude et François ont des lunettes. Tous les quatre ont les yeux noirs. Paul et David n'ont pas les cheveux en brosse. Claude est toujours en jupe. Elle aime mettre des cravates mais Paul, lui, n'en met jamais. David et François achètent souvent des vêtements : pantalons, vestes, costumes, cravates… Paul et David portent une queue de cheval et François, lui, a les cheveux courts.

2 Quel personnage correspond le mieux à l'annonce ?

3 Faites le portrait (40 mots) de chaque personnage.

❹ Projet

➡ **Vous voulez partir en vacances avec des amis(e).**

1 En groupe, négociez le projet : qui va participer, où est-ce que vous voulez aller (à la montagne, à la mer, à l'étranger, etc.), à quel moment de l'année, comment (en train, en voiture, etc.), pendant combien de temps, où est-ce que vous allez loger…

2 Précisez l'itinéraire, les activités prévues (visites, sports, randonnées, etc.). Fixez l'heure et le lieu de rendez-vous pour le départ.

3 Faites une prévision de budget (transport, logement, repas, activités). Faites la liste des choses à faire avant le départ (réservations), et des choses à emporter (matériel, vêtements, provisions, cartes, papiers, etc.).

4 Vous rentrez de vacances. Pendant le voyage, vous avez écrit un journal. Rédigez une dizaine de lignes sur la première journée de vacances.

❺ Noir sur blanc

➡ **En cinq minutes, trouvez le plus de mots possibles avec les lettres suivantes. Vous pouvez utiliser le *Lexique*.**

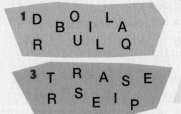

cent neuf

Comportements
Gestes et attitudes

1 Poli ou impoli ?

1 Regardez le dessin ci-contre. À votre avis, est-ce que le geste de la petite fille est poli ou impoli ? Pourquoi est-ce que la mère lève le doigt ?

2 Imaginez une scène similaire dans votre pays : jouez-la sans parole et mimez les gestes pour qu'un étranger les imite.

2 Gardons nos distances.

1 Regardez la photo ci-contre. Elle est prise à Paris, dans le RER, à 8 heures du matin.

a Quelle est la distance physique entre les voyageurs ?

b Est-ce qu'ils se regardent ?

c Est-ce qu'ils se parlent ?

2 Choisissez différentes situations que vous connaissez dans votre pays (en famille, entre amis, au bureau, au supermarché, au concert, etc.). Pour chaque situation, indiquez :

a si les gens se parlent ;

b s'ils sont proches ou distants physiquement.

3 Mimiques.

1 Ce personnage dit et exprime des choses différentes : retrouvez-les.

Il exprime :	Il dit :
1 l'accord	**a** Ah ! ça je ne sais pas.
2 le refus	**b** Super !
3 l'incrédulité	**c** Ras-le-bol !
4 l'exaspération	**d** Oui ! bien sûr ! Tout à fait.
5 l'ignorance	**e** Non, ça, jamais !
6 l'admiration	**f** Sans blague !

2 Relisez les expressions ci-contre. Quelles sont celles qu'on peut utiliser :

a avec un ami ?

b dans un cadre professionnel ?

3 Trouvez d'autres expressions pour exprimer les mêmes sentiments.

Cadres de vie
En vacances

Les vacances des Français

• **En 1998, environ 75 % des Français sont partis en vacances ou en week-end.**
40 % des entreprises françaises sont fermées un mois pendant l'été.

• **Où est-ce qu'ils partent ?**
Les régions les plus visitées sont, par ordre décroissant, la Provence, les Alpes, le Languedoc-Roussillon, la Bretagne, l'Aquitaine, les Pays-de-la-Loire, la région Midi-Pyrénées, l'Île-de-France.
19 % des vacanciers français sont partis faire du tourisme à l'étranger.
C'est moins que les autres vacanciers européens :
64 % des vacanciers néerlandais, 60 % des vacanciers allemands,
60 % des vacanciers espagnols, 54 % des vacanciers britanniques,
45 % des vacanciers italiens partent à l'étranger.
Quand ils voyagent à l'étranger, les Français vont surtout en Europe : d'abord en Espagne et en Italie. Les autres destinations sont l'Afrique du Nord puis l'Amérique et en dernier l'Asie.

B ▲ 1936 : les premiers congés payés.

Ⓐ **Le temple d'Hadrien à Éphèse en Tunisie.** ▶

Ⓒ ▲ **En hiver, une station de ski : Saint-Lary dans les Pyrénées.**

Ⓓ **En été, la plage des Sables-d'Olonne en Vendée.** ▶

Ⓕ ▲ **Le canal de Bourgogne à Châteauneuf.**

🌐 **Interviewez votre voisin(e).**

▶ *Est-ce que vous partez ? Où ? Pour quoi faire ?*
  – Combien de fois par an est-ce que vous partez ? ...

1 Mer, montagne ou campagne ? Regardez les documents et répondez aux questions suivantes.

1 Quelles régions accueillent les vacanciers en France ?
2 À quelles périodes de l'année est-ce que les gens prennent des vacances ?
3 Est-ce que tout le monde va dans les mêmes endroits ?
4 On part pour quoi faire : se reposer ? faire de l'exercice ? se dépayser ? se cultiver ?

Ⓔ ▲ **Un gîte à la campagne.**

2 Comment est-ce que vous expliquez ces deux paradoxes ?

1 Les Français vont de plus en plus souvent à l'étranger **mais** ils redécouvrent les campagnes françaises.
2 Les vacances sont de plus en plus longues **mais** on part de moins en moins longtemps et plus souvent.

cent onze

Point·DELF

DELF unité A2 – Écrit 1
Identification des points de vue exprimés dans un document

1 Lisez les témoignages suivants.

• Benoît Ledoux
36 ans
peintre

« Je fais la vaisselle ! Moi, en fait, je regarde très peu la télé, juste pour les informations… Et je regarde aussi la météo. Mais après, pendant la pub, on se partage le travail avec ma femme : l'un couche les enfants, l'autre fait la vaisselle. La pub, on la voit, bien sûr, mais on ne la regarde pas. Je me suis installé dans un petit village et je fais un métier indépendant. J'ai voulu quitter la société de consommation. »

• Sabine Cortes
20 ans
étudiante

« Je ne regarde pas la télé ! En fait, je regarde presque plus la pub que le reste. Certaines pubs sont très originales. Oui, ce sont de vrais petits films. Mais elles ne sont pas toujours bonnes. Les publicités les plus bêtes, ce sont celles destinées aux femmes, comme les pubs pour la lessive. Leur efficacité sur moi ? j'essaie de résister, mais on est conditionné. »

• Luc Simonot
38 ans
agent SNCF

« Je zappe, comme tout le monde ! Je vais voir s'il y a quelque chose sur une autre chaîne. Mais je reviens à la chaîne que j'ai choisie, car ce sont les mêmes pubs qui passent en même temps partout. Alors, je me lève, je vais aux toilettes ou je vais boire un verre d'eau. Je ne veux pas manquer la suite du programme. Les pubs, je les trouve de plus en plus mauvaises, ils prennent vraiment les gens pour des imbéciles. »

QU'EST-CE QUE VOUS FAITES PENDANT LA PUB À LA TÉLÉ ?

• Roland Martin
69 ans
retraité

« Avec ma femme, au moment de la pub, on ferme les volets et on se met en pyjama pour être à l'aise. On se prépare pour regarder le film du soir. Il y a beaucoup trop de pubs, maintenant. Quelquefois, elles sont amusantes, mais en général elles sont très mauvaises. Par exemple, les pubs sur les voitures : on voit surtout la femme et presque pas la voiture ! Alors, je suis devenu le roi du zapping ! »

• Anne-Laure Journet
45 ans
professeur

« Je regarde ! Justement, hier soir, j'ai regardé toutes les pubs à la télé et je les ai trouvées très bonnes. Surtout la nouvelle pub pour le café : en une minute, on fait le tour du monde sur une musique extra ! Tout ça parce que, partout, on boit du café : c'est beau et convivial ! J'ai pensé à un ami qui est publiciste à Genève et je me suis dit : quelle imagination et quel talent ils ont ! Ce sont de vrais artistes. Alors, la pub, j'aime. Surtout quand il y a de l'humour. Mais je ne sais pas si, quand j'achète, c'est parce que j'ai vu la publicité… »

2 Retrouvez les activités des cinq personnes pendant la publicité à la télévision.

3 Dites à quelle personne est-ce que les opinions suivantes correspondent. Relevez dans les textes les phrases qui justifient vos réponses.

1 On est toujours influencé par la publicité.
2 Je suis contre la société de consommation et la publicité pousse à consommer.
3 Il y a des publicités très bien faites, on dirait de vrais petits films.
4 Les publicités sont de plus en plus mauvaises.
5 Les pubs pour les femmes sont les plus stupides.
6 Il faut diminuer la durée des publicités.
7 Je ne vois pas pourquoi on critique tellement les publicités. Ce sont de véritables créations, amusantes et pleines d'imagination.
8 Je ne sais pas si la publicité m'influence quand j'achète.
9 Quand on regarde la télé, on ne peut pas échapper à la pub.
10 La publicité ne m'intéresse pas. J'ai d'autres choses à faire.

4 À votre tour, répondez à la question :
Qu'est-ce que vous faites pendant la pub à la télé ?
Rédigez un petit texte de quarante mots. Citez au moins cinq activités.

Pour préparer l'épreuve
Avant de réaliser les activités :

1 Relevez dans les textes les phrases avec l'opinion de chacune des personnes interrogées sur la publicité.
2 Donnez des exemples de publicités citées dans les textes.

BOUTIQUES ET ACHATS

Contrat d'apprentissage

■ communicatif

– faire un achat, choisir et payer quelque chose

– essayer un vêtement, dire s'il va ou non

– parler du temps qu'il fait

– comprendre un bulletin météo

■ linguistique

– l'adjectif et le pronom démonstratifs

– l'interrogation avec *lequel*

– le futur

– les verbes *mettre, voir* et *devoir*

– les pronoms personnels COI

– la comparaison

– les couleurs

– les vêtements

– la météo

■ interculturel

– l'argent ne fait pas le bonheur, mais…

– les Français et la mode

Le groupe d'amis est rentré à Paris. La vie de tous les jours a repris avec ses journées de travail bien remplies, l'utilisation des transports en commun, les sandwichs du midi… On profite du temps libre pour faire des petits achats dans les boutiques ou les grands magasins, feuilleter des catalogues de mode et choisir des vêtements… Et, bien sûr, on tient compte du temps qu'il fait.

BOUTIQUES ET ACHATS

Forum

Voici une photo des Galeries Lafayette, à Paris. Qu'est-ce qu'on trouve dans un grand magasin ? Faites parler les client(e)s et les vendeurs/ vendeuses.

– *S'il vous plaît, le rayon parfumerie se trouve où ?*
– *J'ai envie d'un chapeau.*
– *Vous voulez l'essayer ?*
– *Comment vous le trouvez ?*
– *Je n'ai pas de cadeau pour l'anniversaire de Claude. Tu n'as pas une idée ?*
– *Je suis fatigué(e). On prend quelque chose à la cafétéria ?*

« Des goûts et des couleurs, on ne discute pas. »

rouge

jaune

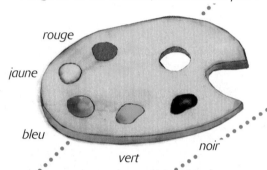

bleu

vert

noir

Unité 6

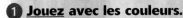

1

- On s'occupe de vous ?
- Pas encore…
- Vous désirez ?
- Je cherche des chaussures noires. Est-ce que je peux essayer ce modèle, s'il vous plaît ?
- Bien sûr. Vous chaussez du combien ?
- Du 42.
- Je vais vous chercher ça tout de suite, monsieur.

2

- C'est à qui le tour ?
- C'est à moi, je crois. J'aime bien ces deux écharpes. Laquelle est la plus chaude ?
- La rouge : elle est en pure laine, l'autre est en coton.
- Merci bien… Et elle coûte combien ?
- Elle n'est pas trop chère : 30 €.

3

- S'il vous plaît, est-ce que vous avez cette veste en bleu ?
- Quelle est votre taille ?
- 40.
- Je suis désolée, en 40, je n'ai plus que des vestes rouges ou noires. Est-ce que je peux vous montrer autre chose ?
- Non, merci bien.

4

- Est-ce que je peux vous aider ?
- Non merci, je regarde.
- Je vous en prie.

① **Jouez** avec les couleurs.
1 Regardez la palette. Dites à quoi chaque couleur vous fait penser.
2 Vous travaillez dans un grand magasin. Choisissez une couleur différente pour l'étiquette :
   a du produit le moins cher ;
   b du produit le plus cher ;
   c d'un produit en promotion.
Justifiez votre choix.

② **Regardez** les illustrations, **écoutez** et **lisez** les dialogues.

③ **Relevez** dans les dialogues :
1 les expressions des vendeurs/ vendeuses pour aborder les client(e)s ;
2 les expressions des client(e)s pour aborder les vendeurs/vendeuses.

④ **Relisez** les dialogues 1, 2 et 4. **Quand on montre une chose, par quoi est-ce qu'on remplace l'article défini ? Complétez.**
1 Le modèle de chaussures : … modèle.
2 Les écharpes : … écharpes.
3 La veste : … veste.

⑤ **Réfléchissez. Quel mot interrogatif est-ce qu'on utilise pour poser une question sur un choix ? Aidez-vous du dialogue 2 pour compléter les phrases.**
1 Tu as acheté deux cartes postales. … est pour Arnaud ?
2 Ces trois BD sont intéressantes. … est-ce qu'on achète ?

⑥ **Écoutez** l'enregistrement puis **répondez.**
1 Qu'est-ce que la cliente veut voir ?
2 Combien de modèles différents lui montre la vendeuse ? Ils sont en quoi ?
3 Quels modèles plaisent le plus à la cliente ?
4 Lequel est-ce que la cliente achète ?

AGIR – RÉAGIR

(A) C'est à qui le tour ?

❶ Écoutez l'enregistrement et regardez le dessin. Parmi les objets suivants, lesquels sont cités dans le dialogue ? ....

(labels on drawing)

PAPIER À LETTRES 2,5€

ENVELOPPES À FENÊTRE 3,5 €

CISEAUX 3,5€

AGENDA 4,6€

CAHIER 4,7€

CRAYON 0,5€

STYLO 6,3€

CARTE D'ANNIVERSAIRE ET DE FÊTE 1€

PAPIER CADEAU 1,8€

BOÎTE DE PEINTURE 4,5€

GOMME 0,5€

❷ Lisez le texte et relevez les expressions employées par :

1 **Charlotte :**
  a pour demander un article ;
  b pour demander le prix ;
  c pour dire au revoir.

2 **Le vendeur :**
  a quand il demande à Charlotte de choisir ses enveloppes ;
  b quand il montre les enveloppes ;
  c quand il donne les enveloppes à Charlotte ;
  d quand il dit au revoir à Charlotte.

❸ **Vous voulez faire une peinture pour l'anniversaire d'un(e) ami(e). Préparez et jouez la scène à deux.** ....

1 Vous faites la liste des objets nécessaires.
2 Vous allez au rayon papeterie d'un grand magasin pour les acheter. Vous avez 22 euros dans votre porte-monnaie. Vous demandez à un(e) vendeur/vendeuse.

LE VENDEUR : C'est à qui le tour ?

CHARLOTTE : Euh, c'est à moi. J'ai ces trois cartes, du papier à lettres, ce stylo, et je voudrais des enveloppes.

LE VENDEUR : Alors, vous avez des enveloppes classiques ou en longueur, avec ou sans fenêtre... Lesquelles est-ce que vous voulez ?

CHARLOTTE : Je vais prendre des enveloppes à fenêtre.

LE VENDEUR : Comme celles-ci ?

CHARLOTTE : Oui, très bien. Un paquet, s'il vous plaît.

LE VENDEUR : Voilà, madame.

CHARLOTTE : Je vous dois combien ?

LE VENDEUR : Alors, un paquet d'enveloppes, du papier à lettres, un stylo et trois cartes. Ça fait 15 euros 30.

CHARLOTTE : Tenez, j'ai juste la monnaie !

LE VENDEUR : Merci, madame, bonne journée !... Madame, votre parapluie !

CHARLOTTE : Ah ! Merci bien. Au revoir, monsieur !

Unité 6

cent seize

B Comment tu me trouves ?

1 Regardez l'illustration et reconnaissez les personnages. Écoutez le dialogue. .... 📼

2 Souvenez-vous. Qui affirme les choses suivantes : la vendeuse, Carole ou Guillaume ?
1 L'ensemble va très bien à Carole.
2 L'ensemble est parfait pour le nouveau travail de Carole.
3 L'ensemble est parfaitement à la taille de Carole.
4 L'ensemble n'est pas cher.
5 La couleur est à la mode cette année.
6 La couleur va bien avec les cheveux de Carole.

3 Réécoutez l'enregistrement. Retrouvez les répliques qui correspondent aux affirmations de l'activité 2. .... 📼

4 Lisez le texte pour vérifier.

5 Réfléchissez et répondez aux questions.
1 Qu'est-ce que les pronoms soulignés représentent dans les répliques suivantes ?
   a Ça _lui_ va parfaitement.
   b Qu'est-ce que vous _lui_ reprochez ?
   c Ça _leur_ donne un bel éclat.
2 Remplacez les pronoms et reformulez les phrases.
   Ça lui va parfaitement.
   ▶ **_Ça va parfaitement à Carole._**

6 Relevez les arguments donnés par la vendeuse.
1 Ce n'est pas trop...
2 C'est plus...
3 C'est moins...
4 Ce n'est pas aussi...

CAROLE :	Guillaume, comment tu me trouves ?
GUILLAUME :	Je trouve que cet ensemble te va très bien !
LA VENDEUSE :	Vous avez une glace derrière vous.
CAROLE :	Je ne sais pas. Ça ne fait pas trop sérieux ?
GUILLAUME :	Non, pas du tout. Pour ton nouveau boulot, ce sera parfait, Carole.
LA VENDEUSE :	Vous avez raison : ça lui va parfaitement. C'est classique, mais pas trop. Et c'est tout à fait votre taille.
GUILLAUME :	Tu vois ! En plus, il n'est pas trop cher.
CAROLE :	C'est vrai. Il me plaît, mais tu ne crois pas que la jupe est un peu longue...
GUILLAUME :	Je ne sais pas...
LA VENDEUSE :	Attendez... voilà. Regardez. Avec quelques centimètres de moins, c'est plus sportif, plus dynamique, moins sévère, mais ce n'est pas aussi chic.
CAROLE :	Bon, on ne touche pas à la longueur. Et la couleur ?
LA VENDEUSE :	La couleur ? Qu'est-ce que vous lui reprochez ? C'est la couleur à la mode cette année...

CAROLE :	Elle n'est pas un peu triste ?
GUILLAUME :	Pas du tout. Et avec tes cheveux...
LA VENDEUSE :	Oui, ça leur donne un bel éclat. Et puis, avec un petit foulard en harmonie avec la couleur de vos yeux... Ou un collier...
CAROLE :	Vous me donnez une idée. Guillaume, c'est la solution : tu vas m'offrir un collier...
GUILLAUME :	Euh...
CAROLE :	Je plaisantais... Bien, je le prends.
LA VENDEUSE :	Très bien, madame. Vous pouvez aller à la caisse, s'il vous plaît. On vous remettra votre ensemble là-bas.

C Je prends celui-là.

ÉRIC :	Bonjour, madame.
LA VENDEUSE :	Monsieur. Vous désirez ?
ÉRIC :	Je cherche un parapluie.
LA VENDEUSE :	J'ai différents modèles à différents prix. Par exemple, j'ai celui-ci, très pratique pour voyager, ou celui-là, un peu moins cher, mais un peu plus lourd.
ÉRIC :	Et ces parapluies ?
LA VENDEUSE :	Lesquels ?
ÉRIC :	Ceux-là, ces grands modèles, à gauche.
LA VENDEUSE :	Ceux-là sont classiques, et ceux-ci sont pliables, donc beaucoup plus pratiques, et ils ne sont pas plus chers.
ÉRIC :	Je vais prendre un modèle pliable.
LA VENDEUSE :	Bien. Et lequel ?
ÉRIC :	Le modèle le plus léger.
LA VENDEUSE :	Est-ce que vous avez une couleur préférée ?

ÉRIC :	Non, pas spécialement, mais j'aime beaucoup cette couleur.
LA VENDEUSE :	Entre vert et bleu ? C'est une belle couleur, et ça va avec tout. Je vous donne celui-ci ?
ÉRIC :	Oui, très bien.
LA VENDEUSE :	Et comme étui, qu'est-ce que vous voulez ?
ÉRIC :	Je ne sais pas. Un étui vert peut-être...
LA VENDEUSE :	Vert ou bleu, les deux vont bien.
ÉRIC :	Je préfère le vert.
LA VENDEUSE :	Très bien. Vous prenez donc ce parapluie et cet étui vert. Vous désirez autre chose ?
ÉRIC :	Non, non. Combien je vous dois ?

1 Lisez les propositions suivantes.

1 a	un modèle pliable	**b**	un modèle classique
2 a	un modèle cher	**b**	un modèle pas cher
3 a	un étui bleu	**b**	un étui vert
4 a	un modèle léger	**b**	un modèle lourd

2 Écoutez le dialogue entre Éric et la marchande de parapluies et dites quelles propositions de l'exercice 1 correspondent au choix d'Éric.

3 Lisez la scène à haute voix puis jouez-la à deux. Faites des gestes. ....

4 Réfléchissez.
  1 Remplacez dans le dialogue *celui-ci* et *celui-là*, *ceux-ci* et *ceux-là* par le nom des objets désignés.
  2 À quoi servent ces expressions ?
  3 Quelle est la différence entre *-ci* et *-là* ?

D Pour vos sorties d'automne...

1 Regardez la page ci-contre extraite d'un catalogue de mode et lisez les légendes. Qu'est-ce que porte la femme ?

2 Regardez les étudiant(e)s de votre classe. Quelle(s) couleur(s) est-ce qu'on aime porter dans votre classe ? Comment est-ce que vous êtes habillé(e) aujourd'hui ? Et votre voisin(e) ?

3 Imaginez la scène et jouez-la à deux. ....
Vous avez envie d'acheter un des vêtements représentés sur la page du catalogue et vous allez dans un grand magasin. Vous abordez une vendeuse ; vous essayez le vêtement ; il vous va/il ne vous va pas ; vous le prenez et vous payez/vous ne le prenez pas.

AGIR - RÉAGIR - AGIR - RÉAGIR

La nouvelle collection d'automne

Modèles femme

La veste, en laine et cachemire,
en vert seulement :   143 €

Le pull, 100 % cachemire, en marron,
jaune, blanc, beige et bleu :   125 €

La jupe, en laine et cachemire,
existe en vert et marron :   62 €

Le chapeau, pure laine, existe
en marron, rouge et noir :   71 €

L'écharpe, 100 % cachemire
en 120 x 40 cm, en beige et bleu : 45 €

Le sac, en cuir et coton, 26 x 36 cm,
existe en vert et marron :   82 €

Les couleurs de cet automne sont sympathiques et chaudes ; le marron et le vert se retrouvent partout, même pour les chaussures. On s'habille pratique et simple, dans des matières naturelles, agréables à porter : laine, cachemire, coton, cuir. Les modèles présentés se trouvent dans tous les grands magasins.

E La grande préoccupation des Français

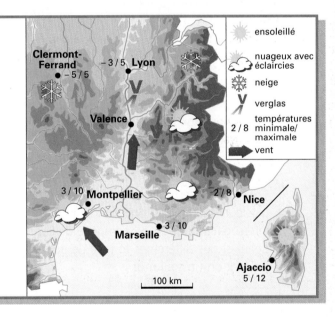

Encore du froid

Prévisions météorologiques pour le mercredi 19 mars

Aujourd'hui, en Auvergne et dans la région Rhône-Alpes, il fera froid et il neigera encore un peu. Les températures matinales seront partout négatives. Dans les vallées, elles ne dépasseront pas 3 à 5 degrés à midi. Dans l'après-midi, le vent chassera les derniers nuages de la vallée du Rhône, mais le froid restera jusqu'au début de la semaine prochaine, et il y aura encore des risques de verglas.

Sur la côte, le ciel restera nuageux avec de belles éclaircies.

1 **Regardez la carte météo du mercredi 19 mars.**

   1 Où est-ce qu'il neigera ? Où est-ce qu'il pleuvra ?

   2 Où est-ce qu'il y aura des nuages ? du soleil ?

   3 Où est-ce qu'il y aura du vent ? du verglas ?

2 **Lisez les prévisions météorologiques.**

3 **Relevez les verbes du texte et retrouvez leur infinitif dans la liste suivante.**

   1 Être. **2** Avoir. **3** Faire. **4** Neiger. **5** Dépasser. **6** Chasser. **7** Rester.

4 **Réfléchissez. Est-ce que les verbes du texte sont à un temps du passé, du présent ou du futur ?**

5 **Écoutez le bulletin météo donné à la radio à 13 heures.** ....

   1 Est-ce qu'il correspond aux prévisions du matin données dans le journal ?

   2 Réécoutez le bulletin et corrigez le texte du journal.

6 **Regardez par la fenêtre. Quel temps fait-il aujourd'hui ?**

cent dix-neuf

Grammaire

Les démonstratifs

❶ Relisez les dialogues du *Forum* et le document C d'*Agir-réagir*, puis complétez ce tableau.

	Adjectifs démonstratifs	Pronoms démonstratifs
masculin singulier	*Ce* parapluie est classique. … étui est vert.	*Celui-ci* est pliable et *celui-là* aussi. *Celui-ci* est bleu et …-*là* est noir.
féminin singulier	… veste est trop longue.	*Celle-*… va bien et *celle-*… est trop sportive.
masculin pluriel	… modèles sont chers.	*Ceux-ci* sont moins chers et … aussi.
féminin pluriel	… écharpes sont chaudes.	*Celles-ci* sont en cachemire … sont en coton.

❷ Quand est-ce qu'on emploie l'adjectif démonstratif *cet* au lieu de *ce* ?

❸ Complétez, dans les fiches `G17` et `G18`, les parties sur l'adjectif démonstratif.

❹ Vous connaissez maintenant tous les déterminants. À l'aide de la fiche `G18`, faites le point sur leurs particularités.

L'interrogation avec *lequel*

❺ Retrouvez les différentes formes du mot interrogatif *quel* et complétez.
  1 … est votre adresse ?
  2 … est votre prénom ?
  3 … sont vos loisirs préférés ?
  4 … sont tes villes préférées ?

> Quand on interroge sur le choix entre plusieurs possibilités, on emploie le pronom interrogatif lequel. Il est composé de l'article défini et des différentes formes de *quel*.
> Il s'écrit en un seul mot.
>
> lequel   lesquels
> laquelle   lesquelles
>
> *Ces deux parapluies sont pratiques. Tu achètes lequel ?*
> *J'aime ces chaussures. Lesquelles est-ce que tu préfères ?*
>
> **Mémento : § A4b**

❻ Lisez le tableau ci-contre. Puis complétez les phrases suivantes.
  ▶ *Il y a deux prix. **Lequel** est le bon ?*
  1 Regardez ces photos. … est la photo de votre maison ?
  2 Vous aimez tous les sports, mais … est-ce que vous pratiquez le dimanche matin ?
  3 Vous pouvez choisir deux cadeaux dans la liste suivante. … est-ce que vous prenez ?
  4 Pour ton voyage à Paris, tu vas avoir besoin de cravates. … est-ce que tu prends ?

❼ Complétez avec l'interrogatif *lequel*, l'adjectif démonstratif ou le pronom démonstratif qui convient.
Je suis invitée ce soir. Qu'est-ce que je vais mettre ? J'ai des pantalons, mais (1) … est-ce que je peux mettre ? Et comme chaussures ? J'ai (2) … petites chaussures rouges et (3) … chaussures noires chic. (4) … est-ce que je vais choisir ? Et comme veste ? J'ai (5) … trois vestes. J'aime beaucoup (6) …-ci, mais j'aime aussi (7) …-là. (8) … est-ce que je vais mettre ? la verte, je crois. Et il pleut ! Est-ce que je mets (9) … imperméable gris, ou est-ce que je prends (10) … grand parapluie ? C'est vraiment très difficile !

Le futur

8 **Relisez le document E d'*Agir-réagir* et lisez le dialogue suivant.**

- Ces averses ne s'arrêteront pas... Tu sortiras cet après-midi ?
- Oui. Mais je prendrai mon nouveau parapluie...
- Quand on retournera en Bretagne, nous emporterons nos imperméables !
- Parce que vous retournerez en Bretagne ?

1 Relevez tous les verbes au futur.
2 Observez la règle :
Au futur, tous les verbes ont les mêmes terminaisons. Elles sont toujours précédée de *r*.
3 Retrouvez les terminaisons du futur.
Je ▶ *-rai* ▶ *je prendrai*

Le futur **G14**

• Les terminaisons

Tous les verbes ont les mêmes terminaisons au futur :

je	*-rai*	nous	...
tu	...	vous	...
il/elle	...	ils/elles	...

Pour les retenir, pensez au présent du verbe **avoir** : **ai, as, a,** av**ons,** av**ez, ont.**

• Le radical

Tous les verbes réguliers en -er et en -ir (-issons) forment le futur sur l'infinitif :

aimer ▶ j'aimer-ai   *finir* ▶ je finir-ai

Il y a de nombreuses exceptions pour les autres verbes :

être	je serai	**aller**	j'irai	**vouloir**	je voudrai	**pouvoir**	je pourrai
avoir	j'aurai	**envoyer**	j'enverrai	**venir**	je viendrai	**appeler**	j'appellerai
faire	je ferai	**payer**	je paierai	**savoir**	je saurai		

Mémento : § F3a, G4

---

9 **Mettez les verbes au futur.**

1 Je (arriver) par le train de 17 h 42.
2 Tu (venir) me chercher avec Anne.
3 Elle (vouloir) rentrer en métro.
4 Nous (aller) dîner ensemble.
5 Vous (pouvoir) venir avec vos amis.
6 Ils (choisir) le restaurant.

10 **Complétez, dans la fiche G14, la partie 1 sur le futur.**

11 **Complétez toutes vos fiches de conjugaison en indiquant le futur des verbes. Notez toujours le radical du futur quand il est différent de l'infinitif.**

Les verbes *mettre, voir et devoir*

12 **À partir des formes du tableau, retrouvez la conjugaison complète des verbes *mettre, voir* et *devoir* au présent, au futur, à l'imparfait et au passé composé.**

13 **Dans les fiches G8 et G10, complétez les parties sur ces trois verbes.**

Infinitif	mettre	voir	devoir
Futur	je mettrai	je verrai	je devrai
Présent	je mets	je vois	je dois
	nous mettons	nous voyons	nous devons
	ils mettent	ils voient	ils doivent
Passé composé	j'ai mis	j'ai vu	j'ai dû

⑭ **Répondez aux questions suivantes avec une phrase au futur.**

– Est-ce que tu peux réserver une table au restaurant ? ▶ *Bien sûr, je la réserverai demain.*

1 – Est-ce que tu sais quand ton nouveau collègue arrive ? – Non, … demain.

2 – Est-ce que tu vas au cinéma ce soir ?
– Non, … demain.

3 – Vous avez déjà votre nouvelle voiture ?
– Non, …

4 – Tu es déjà en vacances ? – Non, …

5 – Tu as payé ? – Non, …

Les pronoms personnels compléments d'objet indirect (COI)

Les pronoms personnels COI remplacent un groupe nominal COI, c'est-à-dire un groupe nominal précédé de la préposition *à* :

Ça va parfaitement <u>à Carole</u>. ▶ *Ça lui va parfaitement.*

Ça donne un bel éclat <u>à tes cheveux</u>. ▶ *Ça leur donne un bel éclat.*

La place du pronom personnel COI dans la phrase est la même que celle du pronom personnel COD (voir p. 102).

Mémento : § E1b

---

⑮ **Lisez la règle ci-dessous. Observez les formes des pronoms.**

À la première et à la deuxième personne du singulier et du pluriel, les pronoms personnels réfléchis, COD et COI, gardent la même forme.

– **Je me** promène. Éric **me** regarde. Il **me** parle.

– *À qui ?*

– *À **moi**.*

• Pronom sujet : *je.*

• Pronom réfléchi, COD, COI : *me.*

• Pronom tonique : *moi.*

⑯ **Transformez l'exemple de l'exercice 15 en utilisant les personnes *tu*, *nous* et *vous*. Relevez les formes des pronoms sujets, réfléchis, COD, COI et toniques.**

▶ ***Tu te** promènes…*

⑰ **Transformez l'exemple de l'exercice 15 en utilisant les personnes *il*, *elle*, *ils* et *elles*. Relevez les formes des pronoms. Qu'est-ce qui change à la troisième personne ?**

▶ ***Il se** promène…*

⑱ **Maintenant, vous connaissez tous les pronoms personnels. Complétez la partie 1 de la fiche G19 pour faire le point.**

⑲ **Complétez le dialogue avec des pronoms.**

– Bonjour, monsieur, … peux … aider ?

– Bonjour. Justement, … dois acheter des souvenirs pour ma femme et mes enfants, mais … n'arrive pas à … décider. Qu'est-ce que je pourrais bien … offrir ?

– Alors, pour votre femme, peut-être un parfum ?

– Je préfère … prendre autre chose. Qu'est-ce que vous … proposez d'autre ?

– … avons des foulards en soie très jolis.

– Celui-ci, … coûte combien ?

– 28 euros, ça va ?

– Oui, je … prends. Pour ma femme, c'est réglé. Ensuite, … ai deux enfants : un fils de dix ans et une fille de huit ans.

– Pour …, c'est simple. Pour votre fils, je propose le maillot du Paris-Saint-Germain. … suis sûre qu'il … aimera.

– Très bien, … adore le foot. Et pour ma fille ?

– Oh, pour …, c'est facile. Vous pouvez … prendre une poupée. Elle pourra … habiller.

– Je préférerais … offrir quelque chose de typiquement français.

– Alors, prenez ce puzzle de la tour Eiffel.

– Ah oui, … me plaît bien, je … prends.

– C'est un bon choix, monsieur : la tour Eiffel, tous les enfants de France … connaissent !

Vocabulaire

Les couleurs

① **Regardez la peinture du peintre Victor Vasarely.**
  1 Nommez les couleurs.
  2 Lesquelles sont claires, lesquelles sont foncées ?
  3 Pour vous, lesquelles sont gaies, lesquelles sont tristes ?

Les vêtements

② **Regardez le dessin. Quels vêtements est-ce que la dame a faits ? Quels autres vêtements est-ce que vous connaissez ?**

③ **Dites si, pour vous, les opinions suivantes sont positives ou négatives.**
  1 Cet ensemble est chic.
  2 Il est de bonne qualité.
  3 Ça ne te va pas très bien.
  4 Il n'est pas mal.
  5 C'est trop grand.
  6 C'est à la mode.
  7 Ça va !
  8 C'est une bonne affaire.
  9 Ça fait jeune.
  10 Ça vous va très bien.

Victor Vasarely, *Marsan, 1962.*

④ **Complétez la fiche** **V6** .

⑤ **Vous allez travailler une semaine à Nice au mois de mars et vous aurez un week-end pour visiter la région. Quels vêtements est-ce que vous mettez dans votre valise ?**

S'EXPRIMER

La météo

⑥ **Jouez la scène à deux.** ....

Un(e) ami(e) brésilien(ne) veut passer le mois de mars en Europe. Il/Elle vous téléphone pour :
– s'informer du climat dans les différents pays ;
– vous demander des conseils sur les vêtements à emporter.

Des questions...

Quel temps fait-il ? (Qu'est-ce) que dit la météo ?

Qu'est-ce qu'on va avoir comme temps cet été ?

Quel temps est-ce qu'il a fait en Allemagne ?

... et des réponses

Il fait froid, frais, bon, chaud. Le temps est doux.

Il y a du vent, de l'orage, de la pluie, des nuages.

Il pleut, il neige, il gèle.

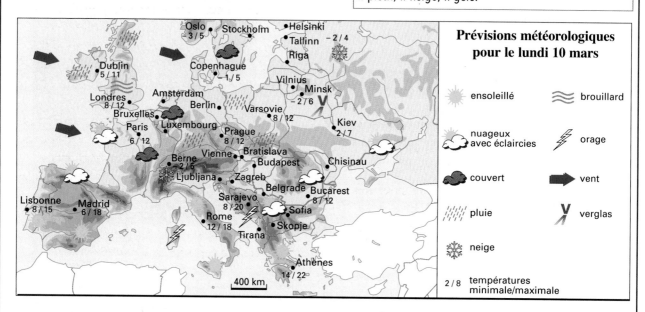

Prévisions météorologiques pour le lundi 10 mars

☀ ensoleillé
≋ brouillard
☁ nuageux avec éclaircies
⚡ orage
☁ couvert
➡ vent
☔ pluie
⋎ verglas
❄ neige
2 / 8 températures minimale/maximale

400 km

Phonétique

Les sons [ʃ], [ʒ], [s], [z]

① **Écoutez et répétez les mots diapasons.**

[ʃ] chat   [ʒ] cage   [s] poisson   [z] douze

② **Écoutez et dites *(oui/non)* si les mots enregistrés correspondent aux mots écrits.**

1 Six.
2 Prenez la seize.
3 Il regarde l'étage.
4 La douche.
5 Elle est cassée.

6 Elle est cachée.
7 Les tasses.
8 Tu aimes le désert.
9 Il dit : *chiche* !
10 Les gens.

11 Attention aux poissons.
12 Je veux.
13 Cheveux.
14 Il ne faut pas toucher.
15 Il est chaud.

③ **Écoutez et répétez. Respectez bien l'intonation.**

1 À Genève il neige. ➜ [ɛʒ], [pɛʃ], [aʒu], [ilnɛs], [aʒo], [aʒənɛv], [ilnɛʒ], [aʒənɛv ilnɛʒ].

2 Elle est très chic. ➜ [ʃik], [uʃuk], [ɛʃik], [tʀesik], [tʀeʃik], [ɛletʀeʃik].

3 Elle paye par chèque ? ➜ [ɛk], [aʀʃek], [paʀʃek], [paʀsek], [paʀʃek], [ɛlpɛjpaʀʃek].

4 Elle a quel âge ? ➜ [aʒ], [akɛlaʒ], [akela], [akɛlas], [akɛlaʒ], [ɛlɑkɛlaːʒ].

Unité 6

S'EXPRIMER

Production orale

comparer

OUTILS POUR...

– Le pantalon est **moins** cher **que** la jupe.
– Mais la jupe est **plus** jolie **que** le pantalon.
– Enfin, ils sont **aussi** démodés **que** le reste !

moins + adjectif + *que*
plus + adjectif + *que*
aussi + adjectif + *que*

🏳 *Bon* ➔ *moins bon que, aussi bon que*
MAIS *meilleur que.*

① **Regardez les deux personnes et comparez leurs vêtements. Inventez le plus de phrases possible. Aidez-vous des *Outils pour comparer* et des adjectifs suivants.**
Court, long, lourd, gros, léger, large, étroit, cher, bon marché, chic, chaud.
▶ *Le pull de Zoé est plus court que le pull de Jules.*
▶ *Le pull de Zoé est moins long que le pull de Jules.*

choisir quelque chose

OUTILS POUR...

– J'ai vu quelque chose en vitrine…
– Ces chaussures me plaisent. Est-ce que je pourrais/peux les essayer ?
– Quelle est votre pointure ?
– Vous faites du combien ?
– J'ai envie/besoin d'un tee-shirt. Qu'est-ce que vous pouvez me montrer ?
– Je voudrais une cravate.
– Qu'est-ce que vous avez comme couleurs ?
– Est-ce que vous avez la même en noir ?
– Vous préférez la laine ou le coton ?
– Vous n'avez pas moins cher ?

② **Lisez les *Outils pour choisir quelque chose* et ceux pour *demander le prix et payer*.**
1 Qui les utilise : le client ? le vendeur ?
2 Complétez les *Outils* avec des expressions déjà connues.

③ **Imaginez la situation, puis jouez la scène à trois. Respectez le canevas proposé. .....**
Ce sont les soldes. Vous voulez acheter des souvenirs pour trois ami(e)s de votre pays. Vous entrez dans le magasin avec un(e) ami(e).
1 Vous saluez. Vous demandez à voir plusieurs articles.
2 Le/La vendeur/vendeuse vous demande des précisions. Vous lui donnez des explications.
3 Il/Elle vous présente différentes choses.
4 Vous demandez son avis à votre ami(e). Vous comparez.
5 Finalement, vous n'achetez rien/vous achetez quelque chose.
6 Vous remerciez et vous partez.

demander le prix et payer

OUTILS POUR...

– Quel est le prix de ce pantalon ?
– Cette veste coûte combien, s'il vous plaît ?
– Les chaussettes, c'est combien ?
– Combien ça coûte/Ça coûte combien ?
– Je vous dois combien ?/Combien je vous dois ?
– Vous payez comment ?
– Je peux faire un chèque ?/Je peux payer par chèque ?
– Vous acceptez/Vous prenez les cartes de crédit ?

④ **Imaginez la situation. À deux, préparez la conversation et jouez-la. ....**
Vous passez deux semaines en France pour votre travail. Vous téléphonez à un(e) ami(e) français(e) et vous lui proposez de venir passer le week-end avec vous. Vous lui parlez de votre travail (quoi, dans quelle ville, etc.), de la météo, de vos projets pour le week-end (visiter un musée, discuter, aller dans les grands magasins, etc.). Vous proposez un lieu et une heure de rendez-vous…

Production écrite

Hommes (chemises, pulls, polos)

Taille à commander	46 ou 1	48 ou 1	50 ou 2	52 ou 3	54 ou 4	56 ou 5	58 ou 5
Tour de poitrine (cm)	89/92	93/96	97/100	101/104	105/108	109/112	113/116

E
Chemise p. 90

E. POLO LAMBSWOOL
100 % laine

vert	662504
jaune	662503
rouge	662505

T. 1, 2, 3	**60 €**
T. 4, 5	**62 €**

LA QUALITÉ
LAMBSWOOL

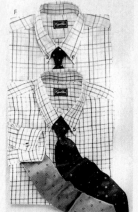

F

F. CHEMISE À CARREAUX
100 % coton

jaune	662419
bleue	662422

Du 46 au 58 49 €

BON DE COMMANDE

Cyrillus

MERCI D'ÉCRIRE EN MAJUSCULES

N° CLIENT : |_|_|_|_|_|_|_| 656

NOM, PRENOM : _ _ _ _ _ _ _ _ _ _

N° ET RUE : _ _ _ _ _ _ _ _ _ _

VILLE : _ _ _ _ _ _ _ _

CODE POSTAL : |_|_|_|_|_|

TEL _ _ _ _ _ _ _ _

LIVRAISON À UNE AUTRE ADRESSE
ENVOI DE PAQUETS CADEAUX
(merci de joindre 20 F par paquet cadeau) ☐

NOM, PRENOM : _ _ _ _ _ _ _ _

N° ET RUE : _ _ _ _ _ _ _ _

VILLE : _ _ _ _ _ _ _ _

CODE POSTAL : |_|_|_|_|_|

TEL _ _ _ _ _ _ _ _

PAQUET CADEAU	DÉSIGNATION DES ARTICLES	RÉFÉRENCES	AGE/TAILLE	PRIX À L'UNITÉ	QUANTITÉ	MONTANT

MODE DE PAIEMENT AU CHOIX.
Attention, toute commande non accompagnée d'un titre de paiement ou partiellement réglée sera expé-
diée en contre-remboursement. Les paiements d'avance ne sont ni des acomptes ni des arrhes.

A LA COMMANDE
☐ Cartes bancaires
(Bleue, Eurocard, American Express). N'oubliez pas d'inscrire votre n° et de signer.
☐ Carte Cyrillus. N'oubliez pas d'inscrire votre n° et de signer.
|_|_|_|_|_|_|_|_|_|_|_|_|_|_|_|_|

Date de validité |_|_|_|_|

☐ Carte Kangourou, Printemps, FNAC
|_|_|_|_|_|_|_|_|_|_|_|_|

DATE ET SIGNATURE

☐ Chèque bancaire ou postal joint   ☐ Mandat-lettre joint
☐ Avoir ou chèque cadeau joint

A LA LIVRAISON
☐ Contre remboursement (pour ce mode d'expédition, votre facture sera majorée de la taxe en
vigueur)   Paiement en Euros à la commande ☐

MONTANT DE LA COMMANDE	
PARTICIPATION FORFAITAIRE AUX FRAIS D'ENVOI ET DE CONFECTION DU COLIS	+ 29 F
POUR ENVOI URGENT, AJOUTEZ UN SUPPLÉMENT FORFAITAIRE DE 20 F	
POUR PAQUET CADEAU, AJOUTER UN SUPPLÉMENT FORFAITAIRE DE 20 F	
TOTAL	
TOTAL EURO	

Les articles vendus sont décrits et présentés dans ce catalogue avec la plus grande exactitude. Si malgré toutes nos précautions des erreurs ont pu se produire dans ce catalogue, nous ne pourrions en aucun cas être engagés sur ce fait. Sauf en cas de garantie, toute opération intervenant entre Cyrillus et ses clients, non contestée dans les 6 mois ne peut donner lieu à une réclamation. Toute reproduction totale ou partielle, faite en France qu'à l'étranger, est interdite compte tenu des dispositions légales en vigueur relatives à la propriété artistique et intellectuelle. Les prix indiqués dans ce catalogue tiennent compte de la T.V.A. applicable au 01.05.1999. Si un ou plusieurs taux venaient à être modifiés en hausse ou en baisse en cours de saison, ce changement pourrait être répercuté sur le prix de vente des articles figurant dans nos catalogues et documents de vente. Vous pourriez alors vous assurer facilement du prix des articles en consultant votre Minitel (36 14 code CYRILLUS) en appelant le 03.20.99.33.33. Vous pouvez recevoir le texte complet de nos conditions de vente en écrivant à Cyrillus.

Conformément à la loi informatique et libertés du 6 Janvier 1978, vous disposez d'un droit d'accès et de rectification aux données vous concernant. Ces données peuvent être communiquées à des tiers, sauf volonté de votre part expressément notifiée à Cyrillus. Cyrillus s'engage à respecter l'ensemble des règles du Code professionnel du Syndicat des Entreprises de vente par correspondance et à distance.

① **Vous avez découvert ces modèles dans un catalogue français. Vous demandez à un(e) ami(e) français(e) de vous commander une chemise et un polo.**

1 Lisez la page du catalogue, et choisissez la taille et la couleur des deux articles.

2 Remplissez le bon de commande.

② **Vous êtes parti(e) en vacances en France depuis une semaine. Vous écrivez à votre ami(e).**

1 Trouvez et notez des expressions utiles pour chacun des points ci-dessous.

a Les relations avec votre ami(e) :
– vous lui demandez de ses nouvelles ;
– vous lui demandez s'il/si elle a reçu les vêtements commandés pour vous ;
– vous lui proposez de passer chez lui/elle pour prendre votre polo et votre chemise et voir toute sa famille.

b Les détails de votre séjour :
– lieu de séjour : à la mer ou à la montagne ;
– temps : pluie, vent et froid ;

– loisirs : promenade en ville et visite des grands magasins ; achat de vêtements contre la pluie et le froid pour pouvoir se promener quand même.

c La présentation :
– le lieu et la date ;
– la formule pour commencer la lettre ;
– la formule pour conclure.

2 Écrivez une ou plusieurs phrases pour chaque point.

3 Rédigez la lettre à votre ami(e).

4 Avec votre voisin(e), échangez vos lettres et commentez-les. Vérifiez l'emploi des temps, les accords, l'orthographe.

5 Rédigez la version définitive de votre lettre.

❶ Récréation

➥ **Combinez les cases pour trouver quatre histoires amusantes. Rédigez-les. Plusieurs solutions sont possibles.**

	Qui ?	Fait quoi ?	Quand ?	Où ?	Comment ?	Pourquoi ?
1	Mme Lamouillée	choisit du papier à lettres et un stylo	en hiver	à la montagne	en euros	pour répondre à une demande
2	M. Courrier	vend un parapluie	en été	aux Galeries Lafayette	avec une carte de crédit	pour écrire
3	un vendeur	met un blouson chaud	en automne	au rayon papeterie	avec le sourire	la température est en dessous de zéro
4	un skieur	achète un parapluie	au printemps	au rayon parfumerie	sans tomber	il pleut

❷ Apprendre à apprendre

➥ **Des amis viennent passer un an en France. Présentez-leur le temps des quatre saisons.**
Faites des comparaisons avec d'autres pays en vous aidant du tableau suivant et de la carte météo de la page 124. Comparez vos réponses avec celles de vos voisin(e)s.

	Paris	Brest	Marseille
Températures moyennes en janvier	3°	7°	9°
Températures moyennes en juillet	19°	17°	23°
Moyennes d'heures d'ensoleillement	1 900	1 700	2 800

> Faites votre propre fiche sur les comparatifs. Notez des exemples.

❸ En toute logique

➥ **Voici la présentation de trois personnages : imaginez comment ils seront dans dix ans et quelle sera leur situation.**

Caroline a 12 ans. Elle habite à Nantes. Elle a les cheveux courts. Elle est toujours en pantalon. Elle n'aime pas le froid. Son père est professeur. Sa mère travaille dans une agence de publicité.

Madame Martin a 55 ans. Elle est médecin. Elle habite à Bordeaux dans un grand appartement. Elle s'habille toujours à la mode. Sa fille se marie dans deux jours... mais son mari est malade.

Jean-Paul a 21 ans. Il est musicien. Il joue de la guitare dans un groupe de rock de la banlieue parisienne. Il porte un jean et des baskets. Il aime l'espagnol et la littérature.

❹ Projet

➥ **Vous devez créer une publicité pour un produit.**

1 En groupe, vous négociez la situation : quel produit ? pour quel public ?

2 Vous réalisez trois publicités.
- Pour la presse écrite : rédigez un message et pensez à une illustration.
- Pour la radio : rédigez un texte à lire et choisissez une musique.
- Pour la télévision : préparez un petit scénario (personnages, images, décor...).

3 Présentez ces publicités à vos voisin(e)s et discutez de leur efficacité.

❺ Noir sur blanc

➥ **Lisez et répétez ces deux phrases le plus vite possible, sans vous tromper !**

1 Les chaussettes de l'archiduchesse sont-elles sèches archi-sèches ?

2 Un chasseur sachant chasser sans son chien est un sage chasseur.

Comportements

L'argent ne fait pas le bonheur mais ...

▲ Ⓐ Dans une cabine téléphonique.

◄ Ⓑ Au péage.

Ⓒ Dans une boutique pour acheter un sandwich. ▼

Ⓔ Dans la rue pour prendre un ticket de stationnement. ►

◄ Ⓓ Dans une cabine pour faire des photos d'identité.

Le pourboire

En France, quand on est satisfait du service, on peut laisser un pourboire d'environ 10 % dans les situations suivantes : chez le coiffeur, au chauffeur de taxi, à l'ouvreuse qui prend votre ticket dans la salle de cinéma, pour le serveur ou la serveuse sur la table du restaurant ou du café, à la personne qui nettoie les vitres de votre voiture à la station service.

Le pourboire n'est absolument pas obligatoire mais dans quelques cas rares, il constitue le seul salaire : c'est le cas des ouvreuses de cinéma ; elles ne touchent pas de salaire fixe.

1 Comment est-ce qu'on paie en France ? Associez les situations de A à E et les modes de paiement possibles.

1 Billets. 3 Chèque. 5 Carte bleue.
2 Pièces. 4 Ticket restaurant. 6 Carte de téléphone.

🌐 Comment est-ce que vous payez dans des situations semblables dans votre pays ?

2 Vous êtes au restaurant avec un(e) ami(e) français(e). Vous voulez inviter votre ami(e), mais vous savez qu'il/elle veut payer.
Qu'est-ce que vous faites ? Qu'est-ce que vous dites ? Qu'est-ce qu'il/elle dit ?

🌐 Comment dit-on *pourboire* dans votre langue ?
Faites une liste de cinq situations dans lesquelles on laisse un pourboire.

Cadres de vie
Les Français et la mode

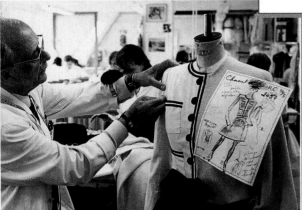

◀ Ⓐ Le travail du styliste chez Chanel.

▼ Ⓑ Une création de Christian Lacroix.

▼ Ⓒ Tolérance et liberté : il n'y a pas de règle pour s'habiller quand on sort.

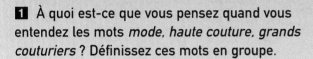

▲ Ⓓ Prêt-à-porter pour toute la famille.

▲ Ⓔ La tenue roller : un uniforme international pour les jeunes ?

▲ Ⓕ Des jeunes à la mode dans un bar branché.

1 À quoi est-ce que vous pensez quand vous entendez les mots *mode, haute couture, grands couturiers* ? Définissez ces mots en groupe.

2 Est-ce qu'il y a une mode typiquement française ? Si oui, est-ce qu'elle influence votre manière de vous habiller ?

3 Vous devez écrire un article sur la mode française. Le photographe de votre journal vous apporte les six photos ci-dessus.
Quelles photos est-ce que vous allez sélectionner ? Pourquoi ? Justifiez votre choix.

4 Est-ce que vous êtes pour ou contre l'internationalisation de la mode ?

🌐 Est-ce qu'il y a des modes typiques dans votre pays ? Comment est-ce que vous aimez vous habiller dans votre pays pour vous promener, travailler, sortir au spectacle ou au restaurant et faire du sport ?

La haute couture française, un petit monde

• Pour être reconnu comme une maison de haute couture, il faut :
– employer au moins vingt personnes en atelier ;
– présenter à la presse une collection composée de modèles de jour et du soir (en janvier pour la collection printemps-été et en juillet pour la collection automne-hiver) ;
– présenter cette collection à Paris.

• En France, il y a seize maisons de haute couture. Elles emploient 2 400 personnes pour environ 1 000 clients. Leur chiffre d'affaires est en augmentation régulière.

• L'industrie du prêt-à-porter féminin, ce sont 2 200 entreprises qui emploient 52 000 personnes.

Point·DELF

DELF unité A2 – Oral 1
Présentation et défense d'un point de vue

Observez le document et décrivez-le.
1 Quel est le problème ?
2 Qu'en pensez-vous ?

Un 1ᵉʳ août, sur les autoroutes

LA MER 1000km

Pour préparer l'épreuve
Avant de faire votre exposé, répondez aux questions suivantes.
1 De quel type de document est-ce qu'il s'agit : un dessin humoristique, une publicité, une vignette de BD, une illustration d'article… ?
2 Quel jour sommes-nous ? Qu'est-ce que les gens font ? À quoi vous fait penser le monsieur avec son drapeau à carreaux noirs et blancs ?
3 Est-ce que vous trouvez ce document amusant ? Pourquoi ?
4 En France, presque tout le monde part en vacances aux mêmes dates. Quels sont les avantages et les inconvénients ?
5 Est-ce que vous êtes déjà parti(e) en vacances en même temps que tout le monde ? Comment ça s'est passé ?
6 Quelles mesures est-ce qu'il faut prendre pour éviter ce problème ?

DELF unité A1 – Écrit
Rédaction d'une lettre amicale

Laurent et Elsa ont reçu cette lettre de leur ami Nils. Rédigez leur réponse.
Ils acceptent l'invitation de Nils. Ils lui racontent ce qu'ils ont fait ces deux dernières années et quels projets ils ont. Situez le récit dans le temps et dans l'espace.

Toulouse, mardi 14 janvier.

Mes chers Laurent et Elsa,
Comment allez-vous ? Voici enfin de mes nouvelles, après deux ans de silence.
Vous vous souvenez ? Déjà à l'université je me passionnais pour les civilisations d'Amérique du Sud ; finalement j'ai eu une bourse pour aller en Colombie. Alors j'ai passé ces deux dernières années dans les Andes. C'était passionnant ! J'ai même appris à parler le chibcha. Maintenant, je suis rentré à Toulouse pour rédiger ma thèse et j'ai trouvé toutes vos lettres.
Pour fêter mon retour, j'ai décidé d'inviter quelques amis à dîner dans la maison de campagne de mes parents, le 16 février. Je vous montrerai les photos prises là-bas. Vous viendrez, hein ? J'ai tellement envie de revoir mes amis !
Et vous ? Qu'est-ce que vous avez fait depuis deux ans ? Vous avez un enfant ? Vous pensez toujours à vous installer à Paris ?
Avec toute mon amitié. À bientôt.
Nils.

Pour préparer l'épreuve
Avant de rédiger votre réponse, lisez attentivement la lettre de Nils et répondez aux questions suivantes.
1 Nils veut inviter ses amis : à quoi, où, quand et pourquoi ?
2 Quelles formules est-ce que Laurent et Elsa peuvent utiliser pour accepter l'invitation de Nils ?
3 Qu'est-ce que Nils veut savoir à propos de Laurent et Elsa ?
4 Faites trois phrases pour décrire la situation de Laurent et Elsa : il y a deux ans, actuellement, et dans deux ans.

• **Il y a deux ans :**
Laurent : université de Toulouse – rédacteur en chef du journal de la fac – loue un petit studio.
Elsa : université de Bordeaux – études de lettres – vit chez ses parents.

• **Actuellement :**
Laurent : journaliste – habite avec Elsa à Paris – joue du saxo.
Elsa : professeur de français – écrit un roman.

• **Dans quelques années : Laurent et Elsa :** vivent à la campagne – un enfant – deux romans – groupe de jazz.

Unité 7
ITINÉRAIRES

p. 133

Pause-jeux
INTERCULTUREL
Point-DELF

Unité 8
SORTIES

p. 151

Pause-jeux
INTERCULTUREL
Point-DELF

Unité 9
WEEK-END

p. 169

Pause-jeux
INTERCULTUREL
Point-DELF

🖭 Tous ensemble

Georges est originaire de Bordeaux mais il a fait ses études à l'INSA (Institut national des sciences appliquées) de Lyon, avec Pascal. Quand il a eu son diplôme, il a trouvé un emploi dans une société canadienne et il est parti à Montréal. Là-bas, il a connu **Aude**, une jeune chimiste québécoise qui travaillait dans la même entreprise que lui. Ils se sont mariés. Ils ont un garçon de 17 ans, **Cédric**.

Cédric Lalande

Georges Lalande

Aude Lalande, née Dullin

Pascal est ingénieur, diplômé de l'INSA de Lyon, comme Georges. Il travaille dans un bureau d'études à Paris. Sa compagne, **Cécile**, est enseignante. Ils habitent à Saint-Germain-en-Laye, dans la banlieue ouest de Paris, comme beaucoup de cadres. Ils ont une résidence secondaire en Normandie, où ils passent la plupart de leurs week-ends. Ils aiment bricoler, retrouver la vie à la campagne et, surtout, recevoir des amis.

Cécile Level

Pascal Vinievsky

Les situations

Depuis leur sortie de l'INSA, Pascal et Georges n'ont jamais perdu le contact. Malgré la distance et les années, ils ont gardé une grande amitié. Ils ont continué à s'écrire et ils se sont même retrouvés plusieurs fois, mais toujours au Canada.

Cette fois-ci, c'est la famille Lalande qui vient chez Pascal et Cécile dans leur appartement de la banlieue parisienne. Ils passeront la semaine à Saint-Germain et le week-end dans la maison de campagne en Normandie. Pour Aude, c'est le premier séjour en France. Elle est curieuse de tout, elle veut tout voir et visiter tout ce qui lui semble « bien français ». Georges, lui, se sent chez lui. Partout où ils vont, sur la route, au restaurant, au marché, il voudrait bien montrer à sa femme qu'il est du pays. Ce n'est pas toujours avec succès…

cent trente-deux

ITINÉRAIRES

Contrat d'apprentissage

■ communicatif

- demander son chemin à quelqu'un
- indiquer le chemin à quelqu'un
- donner un ordre, un conseil
- interdire, déconseiller

■ linguistique

- l'impératif
- les nombres ordinaux
- le verbe *découvrir*
- les pronoms *y* et *en* remplaçant une expression de lieu
- des prépositions et des adverbes de lieu (2)
- des verbes de mouvement
- la ville
- l'itinéraire

■ interculturel

- façons de parler
- déplacements en Île-de-France

Georges, Aude et leur fils Cédric arrivent à Paris. Pascal va les accueillir à la gare du RER de Saint-Germain-en-Laye. Cécile les attend à la maison. Après les retrouvailles, les premiers jours sont consacrés à la découverte de Paris et de sa région. Pascal a prêté sa voiture aux Lalande, mais, quand on ne connaît pas Paris et sa banlieue, il n'est pas toujours facile de s'y retrouver... même avec une bonne carte ! Georges profite de son séjour pour retrouver Robert, un vieil ami.

ITINÉRAIRES

Voici une photo de Paris. Quels monuments parisiens est-ce que vous connaissez ? Regardez les gens. Où est-ce qu'ils sont ? Qu'est-ce qu'ils font ? Faites-les parler.

– *Excusez-moi, l'église Saint-Germain-des-Prés, c'est par là ?*

– *Oui, vous allez toujours tout droit.*

– *Pardon, monsieur, la rue Bonaparte, s'il vous plaît ?*

– *C'est à gauche, je crois.*

– *Est-ce qu'il y a une pharmacie dans le quartier ?*

– *Désolé, je ne sais pas.*

– *Je suis fatigué. On prend un taxi pour rentrer à l'hôtel ?*

Forum

1

■ *La rue Charles-Cros, s'il vous plaît ?*

● *Désolé, je ne suis pas d'ici.*

2

- ■ *Pardon, où est-ce que je peux me garer ? J'ai un colis à prendre.*
- ● *Vous pouvez vous garer juste à côté des livraisons. Vous traversez la cour jusqu'au bâtiment rouge, vous tournez à droite, et là vous avez plusieurs places de parking réservées aux visiteurs.*
- ■ *Merci bien.*

3

- ■ *Pardon, monsieur, je cherche la gare Montparnasse.*
- ● *La gare Montparnasse… Attendez. Vous continuez tout droit, jusqu'au feu, là-bas : c'est juste après le carrefour, la deuxième rue à gauche. Vous verrez, il y a un grand magasin au coin. La gare est juste derrière la tour Montparnasse.*

4

- ■ *Excusez-moi, madame. Je crois que je suis perdu ! Pour aller à l'Arc de triomphe, s'il vous plaît ?*
- ● *L'Arc de triomphe… c'est facile. La grande avenue devant nous, c'est les Champs-Élysées. Vous prenez à gauche. Vous verrez déjà l'Arc de triomphe au bout de l'avenue.*
- ■ *Et c'est loin ?*
- ● *Mais non, c'est à un quart d'heure à pied environ.*
- ■ *Je vous remercie beaucoup, madame.*
- ● *Je vous en prie.*

❶ Regardez les illustrations.

  1 Qu'est-ce que les personnes cherchent : une gare – une rue – un parking – un monument ?

  2 Imaginez les dialogues entre les personnes.

❷ Écoutez les dialogues, puis lisez-les. Quelles formules est-ce qu'on utilise pour demander son chemin ?

❸ Relevez les expressions utilisées pour indiquer le chemin à quelqu'un.

❹ Décrivez votre chemin pour venir de chez vous au cours de français.

❺ Regardez le tableau et répondez.

Noms	Escalier	Étage
M. Aran	B	2
Mme Chaix	B	3
M. Gillet	A	3
Société LDP	B	1
Mlle Leroux	A	2
Docteur Zède	A	1

  1 Où est-ce que le médecin travaille ?

  2 Où est-ce que Laetitia Chaix habite ?

  3 Et vous ? Donnez votre adresse complète.

❻ Écoutez l'enregistrement puis répondez.

  1 Dans quel appartement est-ce que Laetitia Chaix habite ?

  2 Pourquoi est-ce que le jeune homme a d'abord sonné à la mauvaise porte ?

cent trente-cinq

135

AGIR - RÉAGIR - AGIR - RÉAGI

A Vous avez fait bon voyage ?

1 Regardez l'illustration, écoutez le dialogue puis répondez aux questions. ....

1 Quelle est la situation ?

2 Qui sont les personnages ?

3 D'où est-ce qu'ils viennent ?

4 Qu'est-ce qu'ils font ?

5 Où est-ce qu'ils vont ?

2 Lisez le texte. Retrouvez les moyens de transport utilisés par Georges, Aude et Cédric.

3 Repérez les mots *déjeuner* et *dîner*. Expliquez le sens de ces verbes pour un Français et pour un Québécois.

4 Réfléchissez. Expliquez la remarque d'Aude : *Entre Montréal et Paris, il y a des petites différences.*

Pascal est venu chercher Aude, Georges et leur fils Cédric à la gare du RER de Saint-Germain-en-Laye.

PASCAL : Vous avez fait bon voyage ?

GEORGES : Excellent, merci. Mais la nuit dans l'avion nous a fatigués.

PASCAL : Et pour venir de l'aéroport, ça n'a pas été trop difficile ?

AUDE : Avec le RER, c'est vraiment facile et rapide ! De Roissy à Paris, on a mis 40 minutes. Et à Châtelet, on a tout de suite eu une correspondance pour Saint-Germain. On a atterri à 9 heures moins cinq, et il est seulement 11 heures et demie !

CÉDRIC : Le seul problème, c'est les valises. Introduire son billet dans le portillon et passer avec les deux valises en même temps, c'est pas facile !

PASCAL : Bon, montez. Cécile nous attend à la maison. On va prendre l'apéritif et déjeuner. Après on verra.

AUDE : Vous dînez à quelle heure ?

PASCAL : Vers 8 heures, pourquoi ?

AUDE : Excuse-moi, je voulais dire « À quelle heure est-ce que vous déjeunez habituellement ? » Entre Montréal et Paris, il y des petites différences...

PASCAL : C'est vrai ! En tout cas, on se met à table vers 1 heure.

B Demandons notre chemin.

1 Regardez les panneaux. Quelle est leur signification ?

2 Écoutez et lisez le dialogue. Relevez les répliques qui signifient : ....

1 Il faut demander notre chemin.

2 On va s'arrêter ici.

3 Nous devons oublier les petites routes.

Quelques jours plus tard, Aude, Georges et Cédric traversent une petite ville en voiture.

AUDE : On passe devant ce restaurant pour la troisième fois. Demandons notre chemin à quelqu'un !

GEORGES : Tu as raison. Arrêtons-nous ici, je vais demander.

Il sort de la voiture et s'adresse à une passante.

Pardon, madame. Pour aller à Versailles, s'il vous plaît ?

LA DAME : Vous prenez la deuxième rue à gauche, après la poste, et là, vous verrez, c'est indiqué.

GEORGES : Mais nous en venons, madame. La rue après la poste est barrée.

LA DAME : Ah ! c'est vrai, il y a des travaux. Alors, prenez la troisième rue à gauche, au feu.

GEORGES : Ce n'est pas possible. Elle est en sens interdit.

LA DAME : Ah oui, en voiture, c'est toujours plus compliqué. Je suis désolée, monsieur, demandez à quelqu'un d'autre.

Georges remonte dans la voiture.

GEORGES : Je ne suis pas plus avancé. Cette petite ville est charmante, mais il faut en sortir ! Bon, oublions les petites routes et prenons l'autoroute. Ce sera plus simple. Donne-moi la carte, s'il te plaît.

AUDE : Voilà, mais ne t'énerve pas, nous sommes en vacances.

GEORGES : Excuse-moi, chérie.

AUDE : Ne cherche pas plus longtemps, Georges. Prends la file de gauche. Regarde le panneau : l'autoroute A 13 est indiquée !

---

③ **Réfléchissez. Trouvez une formule équivalente pour dire** *Prenons l'autoroute* **et** *Donne-moi la carte.*

C Ton bureau est où ?

① **Écoutez le dialogue et répondez.** ....

  1 Qui sont les personnages ?

  2 Qu'est-ce que Robert propose ?

② **Écoutez le dialogue une deuxième fois et prenez des notes.** ....

③ **Comparez vos notes avec celles de votre voisin(e). S'il y a des différences, regardez le plan et la transcription p. 192 pour vérifier.**

④ **Retrouvez le dialogue dans ses grandes lignes, puis jouez la scène à deux.** ....

⑤ **Jouez les scènes à deux.** ....

  1 Vous téléphonez à un(e) ami(e) pour aller le/la voir. Il/Elle vous donne son adresse (68, bd Pasteur) et vous indique le chemin.

  2 Inversez les rôles : vous habitez 72, rue d'Alleray et vous indiquez le chemin à votre ami(e).

D Qu'est-ce qu'on fait demain ?

1. Discutez. Est-ce que vous connaissez Disneyland et le parc Astérix. Qu'est-ce que c'est ?

2. Écoutez le dialogue et retrouvez l'itinéraire proposé par Cécile et Pascal. Aidez-vous des noms de lieux suivants : ....
   - la forêt de Chantilly
   - le parc Astérix
   - Auvers-sur-Oise
   - Pontoise
   - Plailly
   - l'Isle-Adam

3. Lisez le dialogue. Relevez les phrases de Cécile et Pascal pour conseiller à leurs amis d'aller au parc Astérix.

4. Réfléchissez. Relevez les pronoms *y* et *en* dans le dialogue.
   1. Quelles expressions de lieu est-ce qu'ils remplacent ?
   2. Est-ce que ces expressions sont introduites par *à*, *de* ou une autre préposition ?

5. Donnez votre avis. Quelle est pour vous la plus belle partie de l'excursion : la balade pour aller à Plailly ou la visite du parc Astérix ? Pourquoi ?

◀ *L'Église d'Auvers-sur-Oise*, Vincent Van Gogh (1853-1890).

CÉCILE :	Qu'est-ce que vous faites demain ?
AUDE :	On ne sait pas encore très bien. Georges et Cédric ont envie d'aller à Disneyland. Moi, pas trop !
PASCAL :	N'y allez pas ! Vous avez Disney tout à côté de chez vous, au Canada. Allez plutôt découvrir le parc Astérix à Plailly. Vous pouvez y aller avec notre voiture sans problème.
CÉDRIC :	Pascal a raison. Allons voir Astérix. Ça se trouve où, Plailly ?
CÉCILE :	À une quinzaine de kilomètres au nord de l'aéroport de Roissy. Allez-y par la vallée de l'Oise. Ça vous fera une belle balade en voiture.
PASCAL :	Vous pourrez visiter Pontoise et passer à Auvers avec une petite pensée pour Van Gogh.
CÉCILE :	Ensuite, vous suivez la rivière jusqu'à l'Isle-Adam et vous arrivez dans la forêt de Chantilly. Traversez-la pour rejoindre Plailly. Vous pourrez sûrement y arriver vers midi-une heure et y déjeuner.
PASCAL :	Et vous passez l'après-midi dans le parc Astérix.
GEORGES :	Et pour le retour ? Par où est-ce que nous pouvons passer ?
PASCAL :	Le mieux, c'est de rentrer directement par l'autoroute et de prendre le périph' à Paris. Pour être ici vers 8 heures, vous devez quitter le parc vers 6 heures et demie. Mais n'en partez pas trop tôt... à cette heure-là, il y a souvent des bouchons...
CÉCILE :	Et si vous êtes perdus, appelez-moi sur mon portable !

Unité 7

E Paris : premier contact

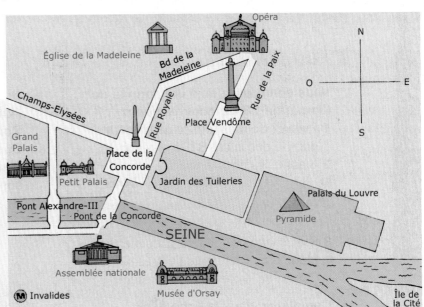

Avant de vous lancer à la découverte de la ville, faites connaissance !

Prenez le métro ou le RER et descendez à la station Invalides. Sortez et tournez-vous vers la Seine : devant vous, vous avez le plus beau pont de Paris, le pont Alexandre-III avec, en face, de l'autre côté de la Seine, le Grand et le Petit Palais. Le grand ensemble derrière vous, c'est l'hôtel des Invalides. À sa droite, vous pouvez apercevoir la tour Eiffel au-dessus des toits. Longez la Seine sur votre gauche. Regardez l'Assemblée nationale au passage, puis traversez le pont de la Concorde. Prenez le trottoir de droite et arrêtez-vous au milieu du pont. L'île devant vous, c'est l'île de la Cité, le cœur de Paris, avec Notre-Dame. Le grand bâtiment sur votre droite, c'est le musée d'Orsay ; en face, sur l'autre rive, ce sont les jardins des Tuileries et le Louvre. Traversez la Seine : vous arrivez sur la plus grande place de Paris, la place de la Concorde, avec l'obélisque au milieu. Traversez-la et découvrez à gauche la magnifique avenue des Champs-Élysées avec l'Arc de triomphe au bout. Sur le côté droit de l'avenue se cache le palais de l'Élysée, la résidence du président de la République. Ensuite, remontez la rue Royale jusqu'à l'église de la Madeleine. L'église ne vous plaira peut-être pas : regardez les magasins tout autour de la place, on y trouve la célèbre épicerie Fauchon et de merveilleuses boutiques pour le chocolat, le vin et les fruits de mer. Allez ensuite jusqu'à l'Opéra par le boulevard de la Madeleine.

▲ La perspective du Louvre à l'Arc de triomphe.

▲ Le pont Alexandre-III.

Descendez la rue de la Paix sur votre droite, traversez la place Vendôme avec les grands bijoutiers et l'hôtel Ritz. Puis continuez jusqu'au jardin des Tuileries. Entrez, faites encore deux à trois cents mètres vers la gauche, et vous vous trouvez devant la pyramide du Louvre. En une heure de marche vous avez découvert les principales curiosités de Paris !

1. Lisez l'extrait du guide *Paris facile* et situez les monuments sur le plan.

2. Relevez les verbes qui expriment un déplacement.

3. Imaginez un circuit d'une heure pour présenter votre ville à un(e) ami(e) français(e) en visite pour la première fois chez vous.

CONNAÎTRE E
Grammaire

L'impératif

1 **Vous connaissez déjà des formes de l'impératif :** *lisez, écoutez, jouez*...

1 Relevez d'autres formes de l'impératif dans le document B d'*Agir-réagir*.

2 Classez-les dans le tableau suivant.

Tu	Nous	Vous
ne cherche pas	*demandons*	*prenez*
...	...	...

3 Pour chaque verbe relevé, donnez la forme correspondante du présent. Comparez l'impératif et le présent.

2 **Complétez, dans la fiche** G15 **, la partie 1 sur les formes de l'impératif.**

3 **Quatre verbes sont irréguliers à l'impératif :** *être, avoir, savoir* et *vouloir*. **Consultez le mémento § H1 et H3. Complétez, dans les fiches** G1 **à** G11 **(sauf les fiches G5, 7 et 8), la partie sur l'impératif.**

Les formes de l'impératif — G15

	Verbes en **-er**	Autres verbes
(tu)	*regarde/ne va pas*	...
(nous)	...	...
(vous)	...	...

À la forme négative de l'impératif, les mots ... et ... encadrent le verbe comme à l'indicatif.
Demandons notre chemin.
Ne regarde pas la carte.

Les formes de l'impératif sont identiques aux formes des personnes correspondantes du ... mais on supprime le pronom sujet.

♪ Les verbes en -... perdent le *s* à la 2e personne du singulier.

Mémento : § F3d, G4

---

4 **L'impératif des verbes pronominaux.**

1 Repérez, dans le document B d'*Agir-réagir*, les verbes pronominaux *s'arrêter* et *s'énerver*.

2 Donnez la forme correspondante du présent. Mettez-la à la forme affirmative/négative.

3 Complétez le tableau suivant.

S'arrêter	S'énerver
arrête-toi	...
...	*ne nous énervons pas*
arrêtez-vous	*ne vous énervez pas*

5 **Complétez, dans la fiche** G12 **, la partie sur les verbes pronominaux à l'impératif.**

6 **La place des pronoms à l'impératif.**

1 Relevez, dans le document D d'*Agir-réagir*, les cinq impératifs accompagnés d'un pronom.

2 Classez les formes affirmatives et négatives et observez la place des pronoms.

7 **Complétez, dans la fiche** G15 **, les parties 2 et 3 sur la place des pronoms à l'impératif.**

8 **Répondez aux questions comme dans l'exemple.**

– *On regarde le film à la télé ce soir ?*
▶ – *Oui,* **regardons-le**.
– *Ah non,* **ne le regardons pas** !

1 Est-ce que je peux prendre la voiture dimanche ?

2 On vous emmène en voiture demain ?

3 Est-ce que je dois vous réveiller demain ?

4 Est-ce qu'il faut que j'invite Élisabeth ?

5 Je téléphone à Benoît.

6 Est-ce que j'achète le journal ?

7 J'ai envie d'écouter le bulletin météo à la radio.

8 Je n'ai pas encore lu ce journal.

À l'impératif affirmatif, le pronom objet *me* devient *moi* et le pronom objet *te* devient *toi*.

Donne-moi la carte.
Arrête-toi.
Ne me donne pas la carte.
Ne t'arrête pas.

La place du pronom à l'impératif   G15

À l'impératif affirmatif, le pronom se place … le verbe.
Il y a toujours un … entre le verbe et le pronom.
À l'impératif négatif, le pronom se place … le verbe, comme à l'indicatif. La négation … se place avant le pronom, et la négation … après le verbe.
Suivez la rivière. Longez-la. Ne la traversez pas.
Arrêtons-nous. Ne nous énervons pas.

Mémento : § E1a-b

---

9 Dites-le autrement. Employez l'impératif.

Est-ce que tu peux fermer la porte derrière toi, s'il te plaît ?

▶ **Ferme** la porte derrière toi, s'il te plaît.

1 Nous avons un rendez-vous dans une demi-heure. Nous devons partir.

2 Vous pouvez nous téléphoner ce soir.

3 Il ne faut pas vous énerver.

4 Il y a un excellent film à la télé. On peut le regarder.

5 Tu peux te raser et prendre ta douche. La salle de bains est libre.

6 Ah non, tu ne vas pas m'appeler à 23 heures !

7 Je reviens dans cinq minutes. Tu m'attends ?

Les nombres ordinaux

10 Complétez la liste avec les nombres ordinaux rencontrés dans l'unité.

▶ *Le premier mai, la deuxième rue à gauche…*

11 Voici quelques adresses de Parisiens. Dans quels arrondissements de Paris est-ce qu'ils habitent ?

M. Li, 6 rue de Jouy - 75004 Paris.

▶ *M. Li habite dans le quatrième arrondissement.*

1 M. Guy, 3, boulevard Sébastopol – 75001 Paris.

2 M. Lucot, 9, avenue Secrétan – 75019 Paris.

3 Mme Dut, 21, quai de Grenelle – 75015 Paris.

4 Mlle Martin, 7, rue Brézin – 75014 Paris.

5 M. King, 30, place d'Italie – 75013 Paris.

6 Mme Paul, 8 rue Duroc - 75007 Paris.

La formation

Pour former les nombres ordinaux, on ajoute -ième au nombre.
Quand le nombre se termine par -e, on supprime ce e.

deuxième	quatrième	dixième
troisième	dix-huitième	vingt et unième

un ▶ premier/première
neuf ▶ neuvième
quatre-vingts ▶ quatre-vingtième

On peut remplacer *deuxième* par *second/seconde* [səgɔ̃/səgɔ̃d].
Je voyage en seconde classe.

L'accord

Comme les adjectifs, les nombres ordinaux s'accordent avec le nom auquel ils se rapportent.
Ils n'ont qu'une forme pour le masculin et le féminin.
Le sixième sens, la sixième fille, les sixièmes étages.

Il y a une seule exception : premier ▶ première (comme *dernier/dernière*).

Mémento : § D5b

Grammaire

Le verbe *découvrir*

Allons découvrir le parc Astérix. Il est **ouvert** jusqu'à 22 heures !

Tu m'offres le billet ?

Découvrir se conjugue comme un verbe en -er au présent de l'indicatif et à l'impératif.

Infinitif	découvrir
Indicatif présent	je découvre nous découvrons ils découvrent
futur	je découvrirai
passé composé	j'ai découvert

Offrir et ouvrir se conjuguent sur le même modèle.

Mémento : § H4

⑫ **Créez votre propre fiche du verbe *découvrir* à partir du tableau ci-dessus.**

Les pronoms *y* et *en* remplaçant une expression de lieu

Désolé, je n'y vais pas, j'en viens. Je vais à Marne-la-Vallée.

C'est à côté de Disneyland, non ?

Excusez-moi, vous allez à Versailles ?

Oui, vous avez de la chance. J'y passe.

⑬ **Employez les pronoms *y* et *en* pour répondre aux questions suivantes.**

Est-ce que tu vas en Grèce cette année ? (comme tous les ans.)

▶ *Oui, j'**y** vais comme tous les ans.*

1 À quelle heure est-ce que tu es parti du bureau hier ? (vers 8 heures)
2 Comment est-ce que tu vas à la réunion ? (en métro)
3 Vous restez à Paris combien de temps ? (une bonne semaine)
4 Vous repartez de Paris quel jour ? (mercredi)
5 Vous allez au marché ? (non, venir du marché)
6 Vous êtes allés au cinéma ce soir ? (non)

• Le pronom y remplace des expressions de lieu introduites par la préposition à (indication de l'endroit où on est ou de l'endroit où on va).
Nous allons <u>à Paris</u>. Nous y allons.

• Le pronom en remplace des expressions de lieu introduites par la préposition de (indication de l'origine, de l'endroit d'où on vient).
Je viens <u>du Canada</u>. J'en viens.

Y remplace aussi des expressions de lieu introduites par d'autres prépositions : *dans, sur,* etc.
J'adore travailler <u>dans mon bureau</u>. J'adore y travailler.
J'ai posé mon livre <u>sur la table</u>, mais il n'y est plus.

• Les pronoms y et en occupent la même place dans la phrase que les pronoms COD.
Il y a <u>le parc Astérix</u>. Cécile y est allée. Moi, je n'y suis pas allé. Allez-y. N'en partez pas trop tôt.

Mémento : § E2

Unité 7

S'EXPRIMER

Vocabulaire

La ville

le syndicat d'initiative

la mairie   l'église   la poste

l'hôpital

le commissariat

la rue piétonne

le marché

le cinéma

le théâtre

① Reconnaissez chaque lieu. Qu'est-ce qu'on y fait ?

L'itinéraire

- S'il vous plaît, où se trouve la station de métro la plus proche ?
- Où est le rayon parfumerie, s'il vous plaît ?
- Je cherche la caisse, s'il vous plaît ?
- « Invalides », c'est quelle direction ?
- Je n'ai pas très bien compris. Qu'est-ce que je dois faire après le feu ?
- Pour la gare Saint-Lazare, c'est quel bus ?
- Le rayon photo est à quel étage ?

- Vous savez où c'est ?
- C'est à gauche ou à droite ?
- Je peux y aller à pied ?
- Est-ce qu'il y a une station de métro pas loin d'ici ?
- C'est direct ou est-ce qu'il faut changer ?
- Est-ce que vous pourriez me dire où sont les guichets ?
- Vous pouvez me dire comment on va à la poste ?
- Vous pouvez me dire où je peux trouver un parking ?

② Lisez les questions du tableau ci-dessus. Où est-ce qu'on peut les poser ? Classez-les.
   1 Dans la rue.
   2 Dans un magasin.
   3 Dans les transports en commun.

③ Complétez les trois listes avec d'autres questions.

④ Imaginez une réponse à chaque question.

⑤ Relisez le *Forum* et le document E d'*Agir-réagir*, puis complétez le tableau ci-dessous.

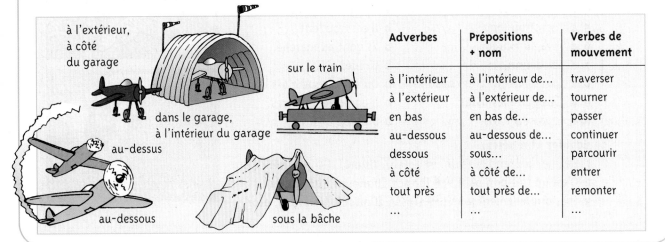

à l'extérieur, à côté du garage

sur le train

dans le garage, à l'intérieur du garage

au-dessus

au-dessous

sous la bâche

Adverbes	Prépositions + nom	Verbes de mouvement
à l'intérieur	à l'intérieur de...	traverser
à l'extérieur	à l'extérieur de...	tourner
en bas	en bas de...	passer
au-dessous	au-dessous de...	continuer
dessous	sous...	parcourir
à côté	à côté de...	entrer
tout près	tout près de...	remonter
...	...	...

cent quarante-trois

S'EXPRIMER

⑥ Complétez la fiche **V7**.

⑦ Jouez la scène à deux.
Utilisez le plan de la fiche **V7** ....
Vous êtes à la gare et vous voulez aller à la mairie/l'église/
l'hôpital, etc. Vous cherchez une pharmacie/une poste…
Vous demandez le chemin à un(e) passant(e).

Phonétique

Ordre ou conseil ?

① Écoutez les enregistrements. Repérez les ordres (courbe A) et les conseils (courbe B).

Demandez à quelqu'un d'autre.

A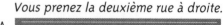

Vous prenez la deuxième rue à droite.

A

Demandez à quelqu'un d'autre.

B

Vous prenez la deuxième rue à droite.

B

② Écoutez et dites si les phrases suivantes sont des ordres ou des conseils.

1 Oublions les petites routes.
2 Tu téléphones à midi.
3 Demandons notre chemin à quelqu'un.
4 Tu descends à la station Pernety.
5 Donne-moi la carte.

6 Faites parler Cédric.
7 Arrêtons-nous ici.
8 Ne t'énerve pas.
9 Passe vers midi.
10 Mets ton manteau.

L'opposition entre voyelles orales et voyelles nasales

③ Écoutez et dites si vous entendez la phrase a ou la phrase b.

1 **a** Elle attend son mari.   **b** Elle entend son mari.
2 **a** Il l'a fait.   **b** Il en fait.
3 **a** C'est là.   **b** C'est lent.
4 **a** On a mangé.   **b** On en mangeait.
5 **a** Il est trop long.   **b** Il est trop lent.
6 **a** Il va au marché.   **b** Ils vont au marché.
7 **a** Les définis.   **b** L'indéfini.
8 **a** Qu'est-ce que c'est beau !   **b** Qu'est-ce que c'est bon !
9 **a** Il apporte les livres.   **b** Il emporte les livres.
10 **a** Il passe à Paris.   **b** Il pense à Paris.

④ Écoutez et répétez.

1 Hélène lui prend la main. → [mɛn], [lamɛ̃], [lɥipralamɛ̃], etc.
2 C'est un très bon pain ! → [bɔ̃pɛ], [bɔnpɛn], [bɔ̃pɛ̃], etc.
3 Elles ont tellement faim ! → [fɛ̃fɛ̃], [fɛnfɛn], [ɛlmãfɛ̃], etc.

S'EXPRIMER

Production orale

① Regardez les panneaux suivants. Où est-ce qu'on peut les rencontrer ?

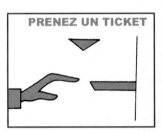

Ne gênez pas la fermeture des portes

Veuillez attacher vos ceintures

② Vous êtes dans un musée. Il y a les symboles suivants :

Qu'est-ce que vous pouvez dire :

1 si vous êtes le gardien du musée ?

2 si vous êtes avec un(e) ami(e) : il/elle veut entrer avec son chien, il/elle photographie les tableaux et il/elle fume ?

Aidez-vous des *Outils.*

③ Imaginez la situation et jouez la scène à deux. Un(e) ami(e) français(e) a perdu ses clés entre chez lui/elle et le bureau. **Vous voulez l'aider.** ....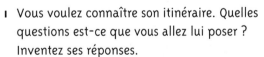

1 Vous voulez connaître son itinéraire. Quelles questions est-ce que vous allez lui poser ? Inventez ses réponses.

▶ *Est-ce que tu es venu(e) à pied ou ... ?*

2 Il/Elle n'a peut-être pas perdu ses clés. Elles sont peut-être dans une poche ou dans un sac. Quelles questions est-ce que vous lui posez ? Qu'est-ce qu'il/elle peut répondre ?

3 Finalement, vous retrouvez les clés (sur le trottoir, dans son sac...). Quels conseils est-ce que vous donnez à votre ami(e) ?

4 Jouez toute la scène devant la classe. N'oubliez pas de faire des gestes.

S'EXPRIMER

Production écrite

■ Claude Monet (1840 Paris – 1926 Giverny)

À Paris, les œuvres du grand peintre impressionniste se trouvent au musée d'Orsay, au musée Marmottan et au musée de l'Orangerie.

b Monet a longtemps vécu à Giverny, à mi-chemin entre Paris et Rouen. Aujourd'hui, on peut visiter sa maison et son jardin.

a *Impression, soleil levant* (1872, musée Marmottan, Paris). Le titre de ce tableau a donné le nom d'*impressionnisme* à ce nouveau courant de peinture.

c Monet a peint plusieurs fois les mêmes lieux, entre Paris et Rouen. On peut les retrouver, mais ses tableaux sont plus beaux que la réalité.

① **Un ami vous a envoyé le message suivant.**

> Je vais passer deux jours à Paris le mois prochain.
> Tu sais que je suis fou de Claude Monet.
> Qu'est-ce que tu peux me conseiller ? Merci.

Proposez-lui un programme à partir de la documentation ci-dessus.

1 Regardez les documents et lisez les légendes des photos.

2 Imaginez que vous êtes à la place de votre ami :
   a Est-ce que vous restez à Paris ou est-ce que vous allez aussi à Giverny ?
   b Est-ce que vous voulez seulement voir les tableaux de Monet ou est-ce que vous voulez aussi voir ses lieux préférés ?

3 Giverny est à 80 km de Paris. C'est une belle excursion quand il fait beau, mais, quand il pleut, c'est autre chose ! Rouen est 60 km plus loin. Quels conseils est-ce que vous donnez à votre ami ?

4 Réfléchissez. Qu'est-ce qu'on peut voir en deux jours ? Qu'est-ce que vous allez proposer pour le premier jour ? et pour le second jour ?

5 Rédigez le programme. Faites des propositions et donnez des conseils à chaque fois.

② **Écrivez un mél à des amis français : vous les avez invités à passer le week-end chez vous, vous vouliez aller les chercher à la gare, mais votre voiture est en panne.**

Vous leur écrivez pour :
– confirmer votre invitation ;
– vous excuser et dire que vous ne pouvez pas aller les chercher ;
– leur expliquer le chemin pour venir chez vous : en transports en commun puis la partie du chemin à faire à pied ;
– leur conseiller de prendre un taxi ;
– leur demander de vous apporter quelque chose d'impossible à trouver dans votre pays.

❶ Récréation

➡ Comparez les deux plans et trouvez les cinq différences. Vérifiez avec votre voisin(e).

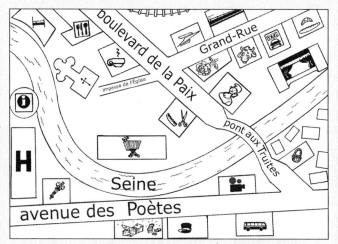

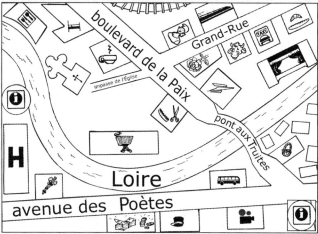

❷ Apprendre à apprendre

➡ Il y a plusieurs façons de donner des ordres et des conseils.

Pour la première fois, Thomas et son amie vont prendre la voiture tout seuls. Thomas discute avec son grand-père.

LE GRAND-PÈRE : Avant de partir, prends un bon déjeuner. Ah… et ne partez pas trop tard. Il fait chaud en ce moment.

THOMAS : Oui, grand-père.

LE GRAND-PÈRE : Et vous vous arrêterez souvent, hein !

THOMAS : Mais, grand-père, il y a juste 100 km !

LE GRAND-PÈRE : Ça ne fait rien… Et vous ne devez pas rouler trop vite même s'il n'y a pas d'embouteillage.

THOMAS : Oui, grand-père.

LE GRAND-PÈRE : Et, sur les petites routes, il ne faut pas doubler. Enfin, quand vous arriverez, téléphone-moi.

THOMAS : Mais oui… c'est promis grand-père.

1 Lisez le dialogue.
  a Relevez les six conseils du grand-père à Thomas.
  b Reformulez les conseils du grand-père. Changez la forme verbale utilisée.
2 Sur le même modèle, imaginez les conseils d'une mère à sa fille : Élise (15 ans) part pour un séjour linguistique.

> Notez les différentes manières de demander quelque chose :
> – très poliment : *pourriez-vous/pourrais-tu…*
> – poliment : *pouvez-vous/peux-tu…*
> – plus directement : *fermez la porte/ferme la porte…*
> Il faut toujours ajouter *s'il te plaît/s'il vous plaît.*

❸ En toute logique

➡ Ces cinq personnes veulent fermer la fenêtre. Comment est-ce qu'elles le demandent ? Trouvez plusieurs formulations possibles.
1 Un professeur demande à un élève.
2 Un élève demande à un professeur.
3 Une femme demande à son collègue de travail.
4 Un employé demande à son patron.
5 Une mère demande à son enfant.

❹ Projet

➡ Vous travaillez dans un office du tourisme. Vous organisez des visites guidées de votre ville.
1 Par groupes de quatre, proposez un itinéraire le plus complet et le plus rapide possible pour parcourir votre ville et visiter les principaux monuments et curiosités.
2 Rédigez un texte d'une dizaine de lignes qui pourra être distribué aux touristes (relisez le texte p. 139).
3 Présentez oralement l'itinéraire aux touristes (les autres groupes). Les touristes posent des questions…

❺ Noir sur blanc

➡ Remplacez les 🍎 par *a, à, e, é* ou *è*.
– Où est-ce que tu pars c🍎t 🍎t 🍎 ?
– Je vais aller 🍎 la Roch🍎lle cette ann🍎e. Mes amis ont ach🍎t🍎 un appartement pr🍎s de la m🍎r.
– Ça va être tr🍎s sympa. Ton ami🍎 t'accompagne ?
– Elle h🍎site. Elle 🍎 beaucoup de travail. Ou bien elle part avec moi 🍎 la Roch🍎lle puis elle va rendre visite 🍎 sa m🍎re, ou bien elle reste ici pour pr🍎parer son concours.

147

7 Comportements

Façons de parler

L'impératif : poli ou impoli ?

• Il est souvent difficile de trouver le mot juste pour proposer ou demander quelque chose, pour accepter ou refuser, pour s'adresser ou répondre à quelqu'un.
En français, l'impératif peut paraître agressif.
On l'emploie surtout :
– pour donner des consignes (*Levez les bras, Ouvrez votre cahier, Prenez la première rue à droite*) ;
– pour exprimer une interdiction (*Ne stationnez pas devant la porte*) ;
– pour formuler un ordre écrit (*Compostez votre billet avant de monter dans le train*).
• Parfois, l'impératif a un caractère très humain.
On l'utilise pour encourager un ami, le rassurer ou le consoler :
– *Ne t'inquiète pas.*
– *Souris.*
– *Calme-toi.*
– *Ne pleure pas.*

1 Classez les expressions de la plus agressive à la plus polie.

1 a La porte !
  b Fermez la porte !
  c Vous pouvez fermer la porte, s'il vous plaît ?
  d S'il vous plaît, pourriez-vous fermer la porte ?
  e Veuillez fermer la porte, s'il vous plaît.
  f Fermez la porte, je vous prie.
2 a Silence !
  b Taisez-vous.
  c Voulez-vous vous taire.
  d Chut !
  e S'il vous plaît, on ne s'entend plus !
  f Un peu moins de bruit, s'il vous plaît.
  g Est-ce que vous pourriez parler moins fort, s'il vous plaît ?
  h S'il vous plaît, vous pouvez vous taire un peu !
  i La ferme !

🌐 Lisez l'encadré. Est-ce que l'impératif a la même valeur dans votre langue ?

2 **Voici trois scènes de film.**
Pour chaque scène, choisissez la réplique la plus polie et ajoutez quelques répliques.
À trois, jouez la scène : Anna, la vendeuse et le/la cinéaste. Le/la cinéaste donne des indications pour trouver la bonne intonation.

Scène 1
– Mais enfin, madame, donnez-moi cette robe, je veux l'essayer !
– S'il vous plaît, madame, pourriez-vous me montrer ce modèle en 40, je voudrais l'essayer ?
– Je voudrais essayer ce modèle en 40, s'il vous plaît.

Scène 2
– Raccourcissez-la pour ce soir !
– Vous pouvez la raccourcir pour ce soir, s'il vous plaît ?
– Vous serait-il possible de la raccourcir pour ce soir, je vous prie ?

Scène 3
– D'accord, mais alors, dites-moi pourquoi vous achetez une robe si originale.
– OK, mais vous, vous me dites pourquoi vous achetez une robe si originale !
– Entendu, mais, entre nous, vous pourriez me dire pourquoi vous achetez une robe si originale ?

Cadres de
Déplacements en Île-de-Fran L

▼ Ⓐ Le tramway à Saint-Denis.

Ⓑ La ligne 14 (Météor) est un métro automatique sans conducteur. Elle accueille 200 000 voyageurs par jour. ▶

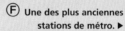

▲ Ⓒ Paris à pied, en vélo ou en voiture.

Ⓕ Une des plus anciennes stations de métro. ▶

▲ Ⓓ Une piste cyclable, à côté d'une voie réservée aux autobus.

▲ Ⓔ Orlyval relie Paris et l'aéroport d'Orly. Ici, il franchit l'autoroute du Sud (A6).

1 Les photos montrent plusieurs types de transport. Classez-les selon vos préférences.

🌍 Vous voulez développer l'un de ces transports dans votre pays.
Lequel choisissez-vous ? Pour quels usages ?

2 Regardez l'encadré ci-contre et dites comment les Français se déplacent le plus souvent. Est-ce que c'est la même chose chez vous ?

Les Français se déplacent.

En 1997, ils ont utilisé :
– l'avion : 1,7 %
– le train : 8,82 %
– la voiture : 84 %
(69 % des Français ont une voiture, mais 47 % des Parisiens seulement.)

Ils prennent les transports en commun.

En 1998, ils ont utilisé :
– le métro : 1 156 millions (à Paris)
– le bus : 850 millions (dont 350 millions à Paris)
– le RER : 367 millions (en Île-de-France)
– le tramway : 25 millions (en France)

Que font-ils pendant le trajet ?

Dans le train ou le RER, pendant les trajets Paris-banlieue :
– ils lisent : 50,8 %
– ils ne font rien : 23,6 %
– ils dorment : 8,1 %
– ils écoutent de la musique : 6 %
– ils discutent : 5,4 %
– ils travaillent : 2,7 %

🌍 Faites la liste des différents types de transport que vous utilisez dans votre vie quotidienne. Puis décrivez vos comportements.
Que faites-vous lorsque vous êtes en voiture, en bus... ?

🌍 Faites la liste de trois lieux que vous aimez dans votre ville. Faites-les découvrir à un(e) ami(e).
Dites-lui : où il/elle doit commencer, comment y aller, ce qu'il faut regarder, écouter, goûter, photographier.

Point-DELF

Pour aller plus loi...

DELF unité A2 – Oral 1
Présentation et défense d'un point de vue

Observez le document ci-dessous et décrivez-le.

1 Quel est le problème ?

2 Qu'en pensez-vous ?

Pour préparer l'épreuve

Avant de faire votre exposé, répondez aux questions suivantes.

1 De quel type de document est-ce qu'il s'agit ?

2 Où est-ce que la scène a lieu ? Qu'est-ce que les personnages font ? Pourquoi est-ce que les gens disent *chut !!!* au jeune couple ?

3 Est-ce que vous trouvez la situation amusante ?

4 Est-ce que vous avez déjà navigué sur Internet ?

5 À votre avis, dans le futur, est-ce que tout le monde sera branché sur Internet ? Quels sont les avantages et les risques ?

DELF unité A2 – Écrit 1
Identification des points de vue exprimés dans un document

1 Lisez les témoignages ci-dessous.

> Une société de téléphones portables vous propose trente minutes de communication gratuite par mois. En échange, vous devrez écouter des messages publicitaires de 10 secondes toutes les 3 minutes. Est-ce que vous êtes intéressé(e) par une telle proposition ?

• Aude Belon, 24 ans, comédienne

« Ça ne m'intéresse pas ! Quand je dois appeler d'urgence, pour un accident par exemple, je ne veux pas être coupée par une pub toutes les trois minutes, c'est terrible ! La communication, c'est aussi un moment d'intimité. Quand on met de la publicité, cela devient impossible. Dans le domaine professionnel, si quelqu'un m'appelle pour un casting, quand il entendra la pub, il raccrochera le téléphone, c'est sûr. »

• Pascal Guetty, 39 ans, agent SNCF

« Je n'ai pas de portable. Pour moi, ce n'est pas utile. Mais quand ce sera gratuit, je veux bien essayer. La pub ne me dérangera pas trop parce que je ne suis pas très bavard au téléphone. Mais, sur de longues conversations, les interruptions publicitaires peuvent être nombreuses. Ça prendra du temps et ça peut être gênant. »

• Hamid Kamala, 21 ans, étudiant

« Personnellement, ça me gêne. Imaginez un instant : vous appelez votre mère et, au milieu de la conversation, vous êtes coupé par une pub pour le saucisson. C'est vraiment pas possible ! À mon avis, ce produit ne marchera pas en France. Les prix sont assez bas, on peut se payer un portable normal. »

• Lucas Fillipo, 24 ans, traducteur

« Moi, je veux bien échanger mon portable contre un portable gratuit : actuellement, j'ai un abonnement pour téléphoner dans toute l'Europe et ça me coûte entre 150 et 200 euros par mois. Dix secondes de pub, ce n'est pas énorme. Et , comme je téléphone beaucoup, ça peut être intéressant. Je m'habituerai…. Mais est-ce que ça marche aussi pour les communications internationales ? »

3 Dites si les affirmations suivantes sont vraies ou fausses. Justifiez votre réponse.

1 Pour **Hamid**, cela peut être très embarrassant dans certaines situations.

2 **Pascal** parle beaucoup au téléphone.

3 **Aude** utilise son portable en cas d'urgence.

4 **Lucas** utilise beaucoup son portable.

5 Pour **Aude**, on ne peut pas accepter la publicité au téléphone parce que cela invite à la consommation.

6 **Lucas** veut savoir si ce sera gratuit aussi quand il téléphonera à l'étranger.

7 Pour **Hamid**, les portables sont encore très chers.

8 Pour **Pascal**, l'inconvénient, c'est de perdre du temps à écouter de la publicité.

2 Dites si chaque opinion est :

1 nettement favorable ; **2** plutôt favorable ;

3 totalement défavorable ; **4** plutôt défavorable.
Pour chaque témoignage, justifiez votre réponse.

4 À votre tour, rédigez un texte de cent mots environ pour donner votre opinion sur cette proposition commerciale.

cent cinquante

150

Unité 8

SORTIES

Contrat d'apprentissage

■ communicatif

– réserver une table au restaurant

– commander quelque chose (au restaurant)

– demander l'addition

– exprimer la quantité

– comparer et choisir

– exprimer ce qu'on souhaiterait faire, proposer de faire quelque chose

– comprendre, proposer une recette de cuisine

■ linguistique

– le conditionnel présent

– l'expression de la quantité (2)

– le pronom *en* et l'expression de la quantité

– l'alimentation (2)

■ interculturel

– savoir-vivre : au restaurant, chez des amis

– gastronomie et restauration populaire

Aude et Georges aimeraient bien inviter leurs amis un soir. Mais Cécile et Pascal travaillent beaucoup en semaine et ils sont fatigués. Cependant, ils veulent aider leurs amis à profiter au mieux de leur séjour en France. Alors, ils leur proposent d'aller voir différents spectacles sans eux. Finalement, les amis sortent ensemble au restaurant et Cécile et Pascal proposent de passer le week-end en Normandie.

SORTIES

Forum

Regardez la photo.

À votre avis, qu'est-ce qu'on mange dans ce restaurant ?

En France, de quoi est-ce qu'un menu se compose en général ?

Regardez les personnages. Faites-les parler.

– *Monsieur, la carte, s'il vous plaît.*

– *Est-ce qu'on pourrait avoir encore une carafe d'eau, s'il vous plaît ?*

– *Qu'est-ce que vous pouvez nous conseiller ?*

– *Vous venez souvent ici ?*

– *Quelle est la spécialité de ce restaurant ?*

Aujourd'hui le chef propose :

Frisée aux lardons
Œufs mimosa

Raie au beurre noir
Navarin

Iles flottantes
avec langues de chat
Poires Belle Hélène

cent cinquante-deux

1

- Bonsoir monsieur, bonsoir madame. Vous avez réservé ?
- Non, nous venons juste de nous décider…
- Pour deux personnes ? fumeurs ?
- Nous sommes deux. Une table non fumeur, de préférence.
- Très bien. Est-ce que cette petite table près de la fenêtre vous convient ?
- Parfaitement !

2

- Vous avez choisi ?
- D'abord, une question. Le couscous, qu'est-ce que c'est ?
- Le couscous ? C'est un plat d'Afrique du Nord, du Maghreb : il y a toujours de la semoule, du bouillon de légumes – carottes, courgettes, tomates – des pois chiches, et c'est servi avec de la viande. Chez nous, c'est avec du poulet, du mouton, des brochettes d'agneau, des merguez.
- Et c'est quoi, les merguez ?
- Des saucisses de bœuf.
- C'est sûrement très bon.
- En tout cas, aujourd'hui, le couscous est un des plats préférés des Français.

3

- Vous avez terminé, messieurs dames ?
- Oui, oui.
- Est-ce que vous prendrez des cafés ?
- Vous avez du déca ?
- Bien sûr, madame.
- Alors je prends un déca…
- … et trois cafés, avec l'addition, s'il vous plaît.

❶ **Regardez** le dessin et **imaginez**.
1 Qui parle ?
2 Quelle est la situation ?

❷ **Écoutez** le dialogue et **répondez**.
1 Quel est le nom de la dame ?
2 Qu'est-ce qu'elle veut ?
3 Quand est-ce qu'elle veut dîner ?
4 Jusqu'à quelle heure est-ce qu'on lui garde une table ?

❸ **Écoutez** les dialogues 1 et 2, puis **répondez**.
1 Est-ce qu'on peut fumer au restaurant en France ?
2 Est-ce que les plats préférés des Français sont toujours d'origine française ?

❹ **Réfléchissez.** Quels plats d'origine française est-ce qu'on aime dans votre pays ?

❺ **Réécoutez** tous les dialogues. **Repérez** les formules :
1 pour réserver une table dans un restaurant ;
2 pour proposer une table à des clients ;
3 pour demander une explication ;
4 pour demander un café décaféiné.

❻ **Lisez** les propositions du chef, p. 152.
1 Qu'est-ce que vous comprenez ?
2 Inventez une explication pour les plats inconnus.
3 Quelles questions est-ce que vous pourriez poser au serveur ?

❼ **Jouez** la scène à deux. Vous êtes au restaurant avec un(e) ami(e) français(e) dans votre pays. Il/Elle vous pose des questions sur certains plats. Vous lui donnez des explications.

A On pourrait sortir...

1 **Lisez les questions suivantes.**

1 Qu'est-ce que Georges et Aude ont envie de faire ? Qu'est-ce qu'ils proposent ?

2 Comment est-ce que Cécile et Pascal réagissent ?

3 Qu'est-ce que Georges veut savoir ?

4 Qu'est-ce que Pascal recommande ?

2 **Écoutez le dialogue et répondez aux questions de l'exercice 1.** ....

3 **Lisez le texte pour vérifier vos réponses.**

4 **Relevez les formes verbales dans les répliques exprimant un souhait ou une suggestion.**

▶ *Nous aimerions, on pourrait...*

5 **Imaginez et jouez la scène à deux.** ....
Des amis français passent des vacances chez vous. Le premier soir, vous voulez absolument les inviter et vous leur proposez une sortie. Ils sont fatigués, mais vous insistez.

AUDE :	Nous aimerions vous inviter un soir. On pourrait aller au théâtre et finir la soirée au restaurant...
PASCAL :	Ah ça, c'est une excellente idée !
GEORGES :	Qu'est-ce qui vous ferait plaisir ?
CÉCILE :	En semaine, aller au restaurant et à un spectacle, c'est peut-être beaucoup. Il faut travailler le lendemain.
PASCAL :	Nous pourrions aller tout simplement au restaurant. Ça nous permettrait de parler un peu. J'aime bien le théâtre, mais ce n'est pas très convivial.
CÉCILE :	Pascal et moi, on est assez fatigués en ce moment, mais vous pourriez aller au spectacle un soir sans nous.
AUDE :	Ce serait dommage...
PASCAL :	Oui, bien sûr, mais nous avons tellement de choses à faire. Profitez de votre séjour à Paris !
GEORGES :	Qu'est-ce que tu nous recommanderais comme spectacle ?
PASCAL :	Je ne sais pas. Je vous recommanderais peut-être un spectacle de chansonniers. C'est quelque chose de bien français. C'est drôle et on y apprend toujours quelque chose : on y découvre les petits défauts des Français...
GEORGES :	Eh bien, d'accord.
AUDE :	Et on dîne un soir ensemble au restaurant...

Unité 8

AGIR – RÉAGIR

B L'art d'utiliser les restes...

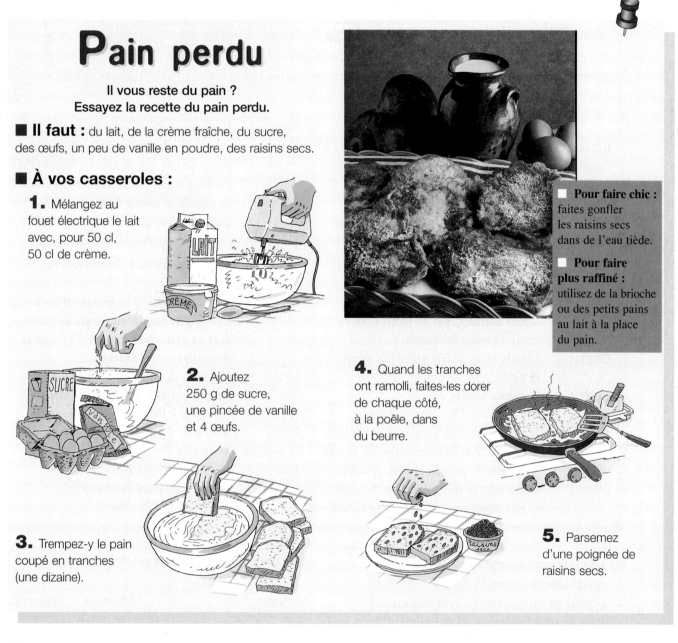

Pain perdu

Il vous reste du pain ?
Essayez la recette du pain perdu.

■ **Il faut :** du lait, de la crème fraîche, du sucre, des œufs, un peu de vanille en poudre, des raisins secs.

■ **À vos casseroles :**

1. Mélangez au fouet électrique le lait avec, pour 50 cl, 50 cl de crème.

2. Ajoutez 250 g de sucre, une pincée de vanille et 4 œufs.

3. Trempez-y le pain coupé en tranches (une dizaine).

4. Quand les tranches ont ramolli, faites-les dorer de chaque côté, à la poêle, dans du beurre.

5. Parsemez d'une poignée de raisins secs.

■ **Pour faire chic :** faites gonfler les raisins secs dans de l'eau tiède.

■ **Pour faire plus raffiné :** utilisez de la brioche ou des petits pains au lait à la place du pain.

---

1 Observez le document ci-dessus.
  1 De quoi est-ce qu'il s'agit ?
  2 Où est-ce qu'on trouve ce type de documents ?
  3 À quel public est-ce qu'il s'adresse ?

2 Lisez le texte.
  1 En combien de parties est-ce qu'il est divisé ?
  2 Classez les parties selon leur importance.
  3 Lesquelles est-ce qu'on pourrait supprimer ?

3 Faites la liste des ingrédients nécessaires à la préparation et précisez les quantités quand c'est possible.
  ▶ *De la vanille : **une pincée**.*
    De la crème fraîche : ...

4 Relevez le nom des ustensiles de cuisine utilisés pour la préparation et les verbes qui désignent les opérations à effectuer.

AGIR – RÉAGIR

C Au restaurant

1 Écoutez les trois courts dialogues et donnez-leur un titre. ....

---

1 _____

AUDE : La carte est magnifique ! Ça va être difficile de choisir.

GEORGES : On mange à la carte ou on prend le menu ?

PASCAL : Les menus sont très bien, et c'est un peu moins cher.

AUDE : Les menus ne sont pas trop copieux ?

CÉCILE : Non, non. Les parts ne sont pas énormes.

AUDE : Alors prenons le menu...

2 _____

LE SERVEUR : Vous avez choisi ?

PASCAL : Nous étudions encore la carte...

AUDE : Comme entrée... pas de homard, on en mange beaucoup au Canada.

CÉCILE : J'hésite entre le foie gras et la terrine du pêcheur...

GEORGES : Et comme boisson ?

AUDE : Une bouteille d'eau pour commencer.

PASCAL : Je vous propose de prendre un vin léger. Une bouteille de Sancerre rouge. Ça va avec tout : avec le poisson et avec la viande.

CÉCILE : Finalement, je vais prendre du foie gras, on n'en mange presque jamais à la maison.

PASCAL : Une terrine du pêcheur, pour moi.

AUDE : Je vais prendre des crudités, c'est le plus léger. Depuis que je suis en France, j'ai l'impression que je n'ai jamais autant mangé !

GEORGES : Je vais faire comme Cécile : je vais goûter au foie gras.

3 _____

GEORGES : Je suppose que nous prenons tous du fromage.

AUDE : En tout cas moi, j'en prends. Il n'y a rien de plus beau qu'un plateau de fromages dans un restaurant français ! Et avec ce merveilleux petit Sancerre...

LE SERVEUR : Madame, qu'est-ce que je vous sers ?

AUDE : Un morceau de camembert, s'il vous plaît.

LE SERVEUR : Comme ça ? Un peu plus ? Un peu moins ?

AUDE : Non, non. C'est trop. Voilà, merci.

LE SERVEUR : Et avec ça ?

AUDE : Un peu de reblochon.

LE SERVEUR : Un morceau grand comme ça ?

AUDE : Oui, c'est parfait. Merci.

---

2 Lisez les trois dialogues puis répondez aux questions suivantes.

1 Aude ne veut pas de homard. Pourquoi ?

2 Cécile choisit le foie gras. Pourquoi ?

3 Quelles répliques vous ont permis de répondre ? Notez-les.

3 Réfléchissez. Qu'est-ce que *en* représente dans les deux répliques de l'exercice 2 ? Et vous, est-ce que vous mangez souvent du foie gras ou du homard ?

4 Repérez les indications de quantité dans les trois dialogues et classez-les dans le tableau.

Complétez le tableau avec des expressions que vous connaissez.

Noms	Adverbes	Adjectifs
une bouteille de/d' (eau)	*un peu plus*	*copieux*
...	*beaucoup*	...

5 Observez l'attitude d'Aude.

1 Est-ce qu'elle fait attention à ce qu'elle mange ?

2 Est-ce qu'elle est gourmande ? Justifiez votre réponse.

3 Et vous, est-ce que vous êtes gourmand(e) ? Donnez des exemples.

Unité 8

D On pourrait aller en Normandie !

1 Écoutez le dialogue. Quel est le sujet de la conversation ? ......

2 Réécoutez et prenez des notes.

   1 Qu'est-ce que Cécile et Pascal proposent ?
   2 Qu'est-ce qui intéresse Aude et Georges ?

3 Réfléchissez. Dans votre langue, est-ce qu'il y a un seul mot ou plusieurs mots pour désigner *la culture des musées et la culture des pommiers* ?

4 Lisez le dialogue. Pourquoi est-ce que Cécile propose de partir en fin de matinée ?

5 Regardez la carte de France. Relevez les activités agricoles et industrielles.

6 Imaginez qu'on vous invite à passer trois jours en France. Quel serait le programme de vos rêves ?
   ▶ *J'aimerais...*

CÉCILE : Qu'est-ce que vous voulez faire le week-end prochain ?

AUDE : Nous ne savons pas...

PASCAL : On pourrait aller en Normandie ! Vous ne connaissez pas encore notre petite maison à côté de Honfleur.

CÉCILE : On vous ferait visiter la région, la côte normande, le port de Honfleur.

AUDE : Oh oui ! C'est une bonne idée. J'aimerais bien découvrir de nouveaux paysages, d'autres aspects de la France. Il n'y a pas que la culture des musées : la culture des pommiers aussi, ça m'intéresse !

GEORGES : Moi, ça me plairait bien d'aller voir le port industriel du Havre et surtout le pont de Normandie.

CÉDRIC : Ce serait sympa. Mais c'est loin, la Normandie ?

PASCAL : C'est à 190 km de Paris, c'est-à-dire à 175 km de chez nous, et nous avons l'autoroute jusqu'au bout !

CÉCILE : Allez, c'est décidé. Nous partirons vendredi en fin de matinée, avant les Parisiens. On pourra déjeuner vers 1 heure sur les bords de la Seine ou à Honfleur même.

Grammaire

L'expression de la quantité (2)

1 **Révisez. Complétez le texte suivant.**

Au petit déjeuner, les Français boivent … café, … thé ou … chocolat. Ils mangent … croissants ou … pain avec … beurre et … confiture. Ils ne mangent pas … charcuterie ou … fromage le matin. Bernard, lui, adore … céréales avec un peu … lait et beaucoup … sucre.

2 **Retrouvez la règle.**

Pour une quantité indéterminée, on emploie … . Pour une quantité déterminée ou nulle, on emploie … .

3 **Observez le texte suivant.**

Pensez à votre santé. Mangez bien et ne travaillez pas trop !

Il ne faut pas manger trop de viande. Il faut boire beaucoup d'eau. Souvent, il n'y a pas assez de vitamines dans notre alimentation, parce qu'on consomme trop peu de fruits. N'oubliez donc pas de manger assez de fruits et un peu de légumes.

Pour le travail, c'est la même chose : il faut travailler assez. On peut travailler peu ou travailler beaucoup selon ses goûts, mais il ne faut pas exagérer : travailler trop ou travailler trop peu, c'est mauvais pour la santé !

4 **Relevez et classez les expressions de quantité dans le tableau suivant.**

Quantité		avec un nom	avec un verbe
excessive	+ +	*trop de viande*	*travailler trop*
importante	+	*beaucoup d'eau*	…
suffisante	=	…	…
petite	-	…	…
insuffisante	- -	*trop peu de fruits*	

5 **Complétez les phrases suivantes avec les expressions de quantité qui conviennent.**

1 Nous voulions aller en Bretagne, mais le voyage est … cher et nous avons… argent.

2 La vie dans les grandes villes n'est pas facile. D'un côté, il y a … voitures, et de l'autre, il n'y a pas … transports en commun.

3 Nous travaillons … que nos parents, mais nous n'avons pas … argent qu'eux.

4 Je voyage …, j'ai … temps pour moi et je ne fais pas … sport.

5 Alain est gourmand, et il est … gros. Au petit déjeuner, il met … beurre sur ses tartines, il prend aussi … confiture.
Au déjeuner, il ne prend pas … salade, il préfère le fromage. Comme dessert, il prend toujours … gâteaux. Il ne mange pas … fruits.

On emploie des adverbes de quantité :

• **pour exprimer la quantité**

– avec des noms : *trop de* fromage, *beaucoup de* fromage ;

– avec des verbes : *manger trop*, *manger beaucoup* ;

– avec des adjectifs : *un repas trop copieux, un chalet assez grand, une veste peu chaude.*

 Un manteau très large (et non pas *beaucoup*).

• **pour comparer**   –   +   =

– avec des noms

Je prends   *moins de fruits*   *plus de fruits*   *autant de fruits*   *que toi.*

– avec des verbes

Je travaille   *moins*   *plus*   *autant*   *que toi.*

Mémento : § D5c, c3

Le pronom *en* et l'expression de la quantité

6 Lisez les exemples suivants puis répondez aux questions.

a – Vous prenez de l'eau ? – Oui, j'**en** prends.

b – Vous prenez beaucoup d'eau ?
 – Oui, j'**en** prends beaucoup.

c – Vous buvez du vin ? – Non, je n'**en** bois pas.

d – Tu as acheté des tomates ? – Oui, j'**en** ai acheté sur le marché. J'**en** ai pris deux kilos.

e – Vous voulez combien d'œufs ?
 – J'**en** veux six.

f – Tu veux un morceau de fromage ?
 – Oui, j'**en** veux bien un petit morceau.

g – Tu as mangé beaucoup de foie gras ?
 – Non, je n'**en** ai pas mangé beaucoup.

h – Tu prends autant de salade que moi ?
 – Non, j'**en** prends moins que toi.

1 Dans chaque phrase, qu'est-ce que le pronom *en* remplace ?

2 Distinguez les quantités déterminées et les quantités indéterminées.

3 Comment est-ce qu'on précise la quantité en relation avec *en* ?

Le pronom en remplace un nom précédé par un article partitif ou par une autre expression de quantité contenant de.
– *Tu veux <u>du lait</u> ?* – *Oui, j'en veux.*
Il est possible de préciser la quantité.
– *Tu as pris <u>du gâteau</u> ?*
– *Oui, j'en ai pris deux parts.*

Mémento : § E2

7 Relisez la recette (document B d'*Agir-réagir*), puis répondez aux questions.

1 Est-ce qu'il faut du sel dans la recette du pain perdu ?

2 Il faut quelle quantité de sucre ?

3 Il faut combien d'œufs ?

4 Est-ce qu'on met autant de lait que de crème ?

5 On met quelle quantité de vanille ?

6 Est-ce qu'il faut beaucoup de raisins secs ?

8 Répondez aux questions sur vos habitudes.

1 Est-ce que vous buvez du lait ?

2 Vous buvez beaucoup de thé ?

3 Quelle quantité de sucre est-ce que vous mettez dans votre café ?

4 Vous mangez peu ou beaucoup de légumes ?

5 Vous avez déjà mangé du pain perdu ?

6 Est-ce que vous lisez régulièrement des journaux français ?

7 Est-ce que vous achetez beaucoup de produits français ?

9 Marie téléphone à son mari et lui demande de faire des courses. Complétez le dialogue.

– Alors, tu veux bien faire les courses ?

– D'accord, qu'est-ce que je prends ?

– Des légumes. Il … faut … kilos environ pour faire la soupe.

– D'accord, mais dis-moi plus exactement quels légumes et combien je dois … prendre.

– Alors, prends … carottes, … poireaux, … oignons et … kilo … pommes de terre. Il faudrait aussi … fromage, … comté par exemple.

– J'… prends combien ?

– Oh, n'… prends pas trop. N'oublie pas d'acheter aussi … beurre et … farine.

– Il … faut combien ?

– Du beurre, il … faut … ; et de la farine, il … faut … . Il faudra aussi … citrons. Prends-… … et puis … eau minérale.

– J'… achète combien de bouteilles ?

– Comme tu veux, pour la semaine.

– D'accord, à tout à l'heure.

– Merci, c'est gentil.

Grammaire

Le conditionnel présent

⑩ **Relisez les documents A et D d'*Agir-réagir*. Retrouvez les verbes et complétez les phrases au conditionnel.**

Nous … vous inviter.

▶ *Nous **aimerions** vous inviter.*

1 Nous … aller au restaurant.

2 Ça nous … de parler.

3 Vous … aller au spectacle.

4 On … aller en Normandie.

5 On vous … visiter la région.

6 J'… découvrir de nouveaux paysages.

7 Ce … sympa d'aller en Normandie.

⑪ **Observez la règle de formation du conditionnel dans le tableau ci-dessous puis retrouvez les terminaisons du conditionnel et donnez un exemple.**

Le conditionnel présent			G14
Infinitif	**Futur**	**Conditionnel**	
aimer	j'aimer -ai	j'aimer -ais	
envoyer	tu …	tu …	
appeler	il/elle …	il/elle …	
venir	nous …	nous …	
aller	vous …	vous …	
essayer	ils/elles …	ils/elles …	

Mémento : § G4

• Les formes

Il n'y a aucune exception pour former le présent du conditionnel.
Le radical est toujours le radical du futur.
Les terminaisons sont toujours les terminaisons de l'imparfait.

• Les emplois

Par politesse, on emploie souvent le conditionnel pour exprimer une demande.
Je voudrais une baguette, s'il vous plaît.
On utilise aussi le conditionnel pour faire une suggestion, une proposition ou exprimer une possibilité.
On pourrait sortir demain soir. J'irais bien au cinéma.

Mémento : § F3b

⑫ **Complétez, dans la fiche G14, la partie 2 sur le conditionnel.**

⑬ **Formulez les demandes suivantes d'une manière plus polie.**

1 Tu peux m'aider ?

2 Vous devez payer.

3 Nous voulons partir demain.

4 Tu me vends ta voiture ?

5 Vous avez envie de faire les courses avec moi ?

⑭ **Mettez les verbes entre parenthèses au conditionnel.**

Vous (pouvoir) me passer le pain, s'il vous plaît ?

▶ *Vous pourriez me passer le pain, s'il vous plaît ?*

1 Le temps est magnifique : je (aller) bien au bord de la mer !

2 Vous (devoir) voir ce film, il est extraordinaire !

3 Ce (être) super de dîner ensemble, non ?

4 Nous (pouvoir) passer les vacances d'hiver dans les Alpes. Je (faire) du ski et toi, tu (faire) de longues promenades dans la neige.

5 Ils (devoir) partir en vacances à la campagne. Ça (faire) beaucoup de bien à Marie.

⑮ **Complétez le texte suivant avec les formes qui conviennent. Inventez une suite.**

– Qu'est-ce qu'on fait pendant les vacances de Pâques ?

– Je ne sais pas. Je *voudrais* bien partir pendant quelques jours. J'ai envie de faire du ski.

– Oh oui ! On (pouvoir aller) à Chamonix. On (habiter) chez Joseph et Jeannette. Le matin, je (prendre) des leçons avec un moniteur sympathique et tu (travailler) un peu. L'après-midi, nous (se promener) ensemble. Et le soir…

⑯ **Complétez toutes vos fiches de conjugaison en indiquant le conditionnel des verbes.**

cent soixante

Vocabulaire

L'alimentation (2)

① Classez les produits en deux catégories : fruits ou légumes.

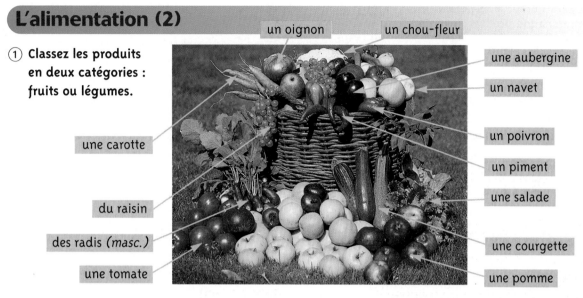

un oignon
un chou-fleur
une aubergine
un navet
un poivron
un piment
une salade
une courgette
une pomme
une carotte
du raisin
des radis (masc.)
une tomate

② Quels fruits et quels légumes est-ce qu'on ne trouve pas chez vous ? Complétez les catégories avec des produits de votre pays.

③ Bœuf, mouton, poulet, porc, lapin : quelles sortes de viande est-ce que vous mangez/ne mangez pas dans votre pays ?

④ Sous quelle forme est-ce qu'on achète les produits suivants ? Aidez-vous du tableau.
Gâteau ▶ *une part* de gâteau.
1 Gâteau. 2 Pâté. 3 Saucisson. 4 Petits pois. 5 Riz.
6 Fromage. 7 Mayonnaise. 8 Moutarde. 9 Huile.
10 Lait. 11 Chocolat. 12 Eau. 13 Pain.

⑤ Complétez la partie 2 de la fiche **V3** et la fiche **V8** .

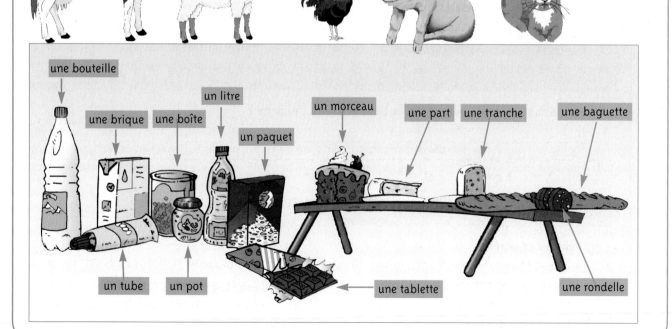

une bouteille
une brique
une boîte
un litre
un paquet
un morceau
une part
une tranche
une baguette
un tube
un pot
une tablette
une rondelle

S'EXPRIMER

⑥ Quels sont les produits qu'on peut acheter « à la coupe » ? Pour chaque produit, inventez un mini-dialogue sur le modèle suivant. ....

▶ — Vous pouvez me donner une tranche de pâté, s'il vous plaît ?
— Voilà, madame. 150 grammes. Ça fait 1 euro 20.
— Très bien. Merci, monsieur.

⑦ Jouez la scène à deux ou trois. Faites les courses. Votre groupe de français organise un pique-nique. Qu'est-ce que vous allez acheter ? ......

▶ — On pourrait acheter des jus de fruits.
— Nous sommes dix-sept. On en prend combien ?
— On en prend six bouteilles. Deux bouteilles de...

Phonétique

Donner une explication

① Écoutez une première fois l'enregistrement.
1 Observez les courbes intonatives.

Nous pourrions aller au restaurant, ça nous permettrait de parler un peu.

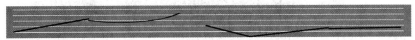

2 Réécoutez l'enregistrement et faites un signe de la main à la fin de la première partie de l'énoncé.
3 Lisez la phrase à voix haute. Respectez bien l'intonation.

② Écoutez et répétez les phrases. Respectez bien l'intonation.
1 Je vous recommanderais un spectacle de chansonniers. C'est quelque chose de bien français.
2 La carte est magnifique ! Ça va être difficile de choisir.
3 Comme entrée... pas de homard, on en mange beaucoup au Canada.
4 Une bouteille de Sancerre rouge. Ça va avec tout.
5 Je vais prendre du foie gras, on n'en mange presque jamais à la maison.
6 Je vais faire comme Cécile : je vais goûter au foie gras.

Les oppositions de sons
[p] et [b], [t] et [d], [k] et [g], [f] et [v], [s] et [z], [ʃ] et [ʒ]

③ Écoutez et dites si vous entendez l'énoncé a ou l'énoncé b.

	1	2	3	4	5	6	7	8	9	10	11
a	boissons	nous avons	les dés	vin	ils vont	goûte	un bon vin	on verra	deux heures	les gens	rouge
b	poissons	nous savons	l'été	fin	ils font	coûte	un bon bain	on paiera	deux sœurs	les champs	rousse

Les sons [z], [v], [ʒ], [ʀ]

④ Écoutez et répétez.
1 Douze ➜ [uzu], [azzu], [us], [muz], [duz].
2 Quelque chose ➜ [oːz], [ʃos], [zoz], [ʃoz],etc.
3 Vous avez choisi ? ➜ [azi], [wazi], [ʃwasi], etc.
4 Du vin rouge ➜ [uʒ], [ʀus], [ʀuʃ], [ʀuʒ], etc.
5 Une rose rouge ➜ [yn ʀoz ʀuz], [yn ʀɔsʀuʃ], [ʀoz ʀuʒ], [yn ʀoʃ ʀus], [yn ʀoz ʀuːʒ].

S'EXPRIMER

Production orale

① Lisez les *Outils pour donner son avis*. Qu'est-ce que vous préférez comme genre de spectacle ?

② Lisez les *Outils pour réserver des places à un spectacle*. Pour quels spectacles peut-on les utiliser ? Classez-les puis complétez la liste.

③ Lisez les pages extraites d'un site Internet. Où est-ce que vous auriez envie de dîner ? Qu'est-ce que vous auriez envie de voir ? Pourquoi ?

OUTILS POUR... | donner son avis

- J'aime bien le cinéma.
- J'aime mieux le théâtre.
- Je préfère la musique classique.
- Je n'aime pas trop le jazz.
- Je n'aime pas (du tout) les chansonniers.
- Je déteste les spectacles de variétés.

TAXI 2
De Gérard KRAWCZYK avec Sami Naceri.

Daniel et Émilien sont partis pour de nouvelles aventures : retrouver le ministre de la Défense japonais... pour un rendez-vous très spécial.

Histoire / Anecdote / Vos Avis / Salles & Horaires

LA MUSIQUE DE MON COEUR
De Wes CRAVEN avec Meryl Streep, Aidan Quinn

Abandonnée par son mari, Roberta devient prof de violon dans un des quartiers les plus difficiles de New York, East Harlem.

Histoire / Anecdote / Vos Avis / Salles & Horaires

LES FRERES FALLS
De Michael POLISH avec Michael Polish, Mark Polish

Frères jumeaux siamois, Blake et Francis vont fêter leur anniversaire dans un petit hôtel minable. Ils espèrent encore retrouver leur mère... Celle-ci les a abandonnés à la naissance.

Histoire / Anecdote / Vos Avis / Salles & Horaires

- **Lucas Carton**
  9, place de la Madeleine - 75008 Paris
  Tél : 01 42 65 22 90
  Superbe décor 1900, avec l'exceptionnelle cuisine d'Alain Senderens.
  Prix : 150 euros. Métro : Madeleine
- **Café Marly**
  93, rue de Rivoli - 75001 Paris - Tél : 01 49 26 06 60
  À l'intérieur du Louvre, face à la pyramide, un café branché pour dîner ou boire un verre.
  Prix :15 à 50 euros. Métro : Palais du Louvre
- **Planet Hollywood**
  78, av. des Champs-Elysées - 75008 Paris
  Tél : 01 53 83 78 27
  Ce restaurant américain est un véritable musée du cinéma américain.
  Prix : environ 25 euros. Métro : George V
- **Yugaraj**
  14, rue Dauphine - 75005 Paris - 01 43 26 44 91
  Le meilleur restaurant indien de Paris.
  Prix : menus à 20 et 25 euros - à la carte environ 30 euros
  Ouvert 7j/7 sauf lundi. Métro : Odéon

④ **Imaginez la situation à deux.**

  1 Vous voulez sortir avec votre voisin(e). Mettez-vous d'accord sur le jour, l'heure et le choix de la sortie : restaurant, théâtre, cinéma, concert, etc.
    ▶ — *J'aimerais ...*
    — *Moi, je préfère...*
    — *On pourrait peut-être...*
  2 Vous voulez réserver par téléphone.
    a Formulez les questions et préparez les réponses.
    b Complétez le dialogue entre le service des réservations/le restaurateur et vous.
    c Jouez la scène avec votre voisin(e).

OUTILS POUR... | réserver des places à un spectacle

- Je voudrais trois places pour la séance de 16 heures/pour la représentation de 21 heures.
- Je voudrais des places loin de l'écran/pas trop loin de la scène.
- Quels sont les meilleures places ?
- Vous voulez des places à quel prix ? 12, 23 ou 42 euros ?
- Les places les moins chères.
- C'est à quel nom ?
- Où est-ce qu'on doit retirer les billets ?
- Il faudra retirer vos places à la caisse une demi-heure avant le début de la pièce.

cent soixante-trois

Production écrite

Coquilles Saint-Jacques au gril

Voici une excellente recette simple et rapide pour apprécier les coquilles Saint-Jacques. C'est léger, c'est frais, et ça ne fait pas grossir parce que les coquilles Saint-Jacques ont très peu de calories.

Pour 2 personnes
8 noix de coquilles Saint-Jacques
2 citrons verts
2 branches de cerfeuil
1 cuillère à soupe d'huile de tournesol
sel et poivre

Préparation : 5 minutes
Cuisson : 1 à 2 minutes

1. Faites griller les noix de coquilles Saint-Jacques sur un gril bien chaud, légèrement huilé, trente secondes de chaque côté. Salez, poivrez.

2. Arrosez-les du jus d'un citron vert, puis saupoudrez-les avec le cerfeuil haché bien fin.

3. Servez aussitôt avec un quartier de citron vert.

L'aiguille rouge

Dans un grand verre, verser deux doigts de grenadine. Ajouter trois glaçons puis un doigt de gin. Remplir avec du jus de pamplemousse.

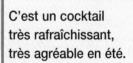

C'est un cocktail très rafraîchissant, très agréable en été.

Attention : Il ne faut pas mettre trop de gin pour garder le goût de la grenadine.

① **Lisez les deux recettes ci-dessus.**

② **À votre tour, donnez la recette d'un plat typique de votre pays ou de votre cocktail préféré.**
  1 Choisissez une recette facile à faire et réfléchissez :
    a Est-ce qu'on peut acheter tous les ingrédients nécessaires en France ?
    b Est-ce que les Français ont tous les ustensiles nécessaires ?
  2 Faites la liste des ingrédients, puis écrivez la recette. Donnez des conseils pour bien la réussir.
  3 Donnez des informations intéressantes :
    a À quelle occasion est-ce qu'on sert ce plat dans votre pays ?
    b Comment est-ce qu'on peut décorer le plat ?
    c Qu'est-ce qu'on boit avec ce plat ?

③ **On vous a fait cadeau d'une boîte de foie gras et vous voulez préparer un dîner à la française.**
  1 Vous envoyez un mél à un(e) ami(e) français(e) pour lui demander des conseils.
    ▶ *Comment est-ce qu'il faut servir le foie gras ? Qu'est-ce qu'on sert comme boisson avec ? Quel menu est-ce qu'on peut offrir à ses invités ?...*
  2 Votre ami(e) vous répond. Rédigez son message.

❶ Récréation

➠ **À la manière... d'une recette de cuisine.**

Donnez votre recette pour être de bonne humeur et en excellente forme physique toute l'année. Utilisez les ingrédients et les expressions de quantité ci-dessous.

Ingrédients : des amis — du soleil — des légumes frais — de l'eau — des congés — des excursions — du travail — des problèmes — des rencontres — des soirées — télévision — des dîners au restaurant — des embouteillages — des randonnées — des coups de téléphone...

Quantités : un peu de — beaucoup de — énormément de — quelques — pas trop de...

▶ *Pour être en forme toute l'année, je te conseille de voir des amis, de profiter du soleil...*

❷ Apprendre à apprendre

➠ **Contenus, contenants, poids et mesures.**

Vous voulez acheter les produits de la liste suivante. Trouvez, dans l'encadré, les mots pour dire combien vous en voulez.

Du pain, du beurre, du chocolat, de l'eau minérale, de la confiture, des bonbons, des chaussettes, des gâteaux, des lunettes, des mouchoirs, des œufs, des tomates, des timbres, du jambon, du saucisson, du sucre, de la mayonnaise et des jus de fruits.

une baguette	un morceau	un pot
une boîte	une brique	une rondelle
un carnet	une paire	un sachet
une douzaine	un paquet	une tablette
une livre	une plaquette	une tranche
une bouteille	une pochette	un tube

▶ *Je voudrais deux baguettes de pain, une plaquette de beurre, trois tablettes de chocolat...*

❸ En toute logique

➠ **Où est-ce que vous faites les courses ?**

1 Classez les mots suivants dans le tableau ci-dessous. Comparez vos réponses avec celles de vos voisin(e)s.

Le fromage — la boucherie — le charcutier — la poissonnerie — les médicaments — le boucher — la fromagerie — le poissonnier, — la pharmacie — le pain — la viande — la boulangerie — le fromager — le poisson — la pharmacienne — la charcuterie — le saucisson — la boulangère.

Produit	Profession	Magasin
livres	*libraire*	*librairie*
....	....	....

2 En général, comment se terminent les noms de magasin ? Est-ce qu'ils sont masculins ou féminins ?

❹ Projet

➠ **Vous êtes invité(e) au salon de l'agriculture à Paris. Vous devez présenter les produits et les spécialités gastronomiques de votre région.**

1 Négociez la situation proposée : choisissez une région, faites la liste des produits et des spécialités à présenter. Dites comment vous allez les présenter (faire la cuisine devant le public, faire goûter, décorer le stand, etc.).

2 Préparez un petit dépliant de présentation. N'oubliez pas de prévoir des photos, des cartes et, bien sûr, des recettes.

3 Vous êtes au salon et vous tenez le stand. Vous essayez d'intéresser les visiteurs ; des visiteurs veulent goûter et posent des questions. Préparez et jouez la scène.

❺ Noir sur blanc

➠ **Lisez puis répétez la phrase suivante.**

Quand Patrick Bedeguet voit Sacha Fezejet à l'Opéra Bastille, // ils parlent tous deux de leurs petites amies, // Kagalina Vifi et Suzana Chageaux.

Faites la liste de vos courses en français, pour vous entraîner.

Comportements
Savoir-vivre
au restaurant
chez des amis

1 **Au restaurant.**

À votre avis, est-ce que les attitudes suivantes sont
normales ou choquantes ?

1 Quand on entre dans un restaurant, on choisit sa place.
On y va directement et on s'installe.

2 Pour appeler le serveur, on tape dans ses mains en
disant : *Hep ! garçon !*

3 Quand on déjeune à plusieurs au restaurant, le serveur
apporte une addition séparée pour chaque convive.

4 Pour avoir de l'eau du robinet, on demande : *Et une
carafe d'eau, s'il vous plaît !* Sinon, on peut commander
de l'eau minérale (gazeuse ou plate).

5 On peut demander de l'eau en carafe et du pain à
volonté. C'est gratuit.

2 **Chez des amis.**

**Observez ces dessins et analysez les
comportements des différents personnages.**

1 Qu'est-ce qui ne va pas dans les dessins A et B ?

2 Quelle règle pouvez-vous formuler à partir du dessin C ?

3 Complétez les bulles du dessin D.

Comme vous le savez, les règles de savoir-
vivre ne sont pas écrites.
**Qu'est-ce qu'un étranger doit apprendre pour se
comporter poliment dans un restaurant de votre
pays ? Proposez quelques règles.**

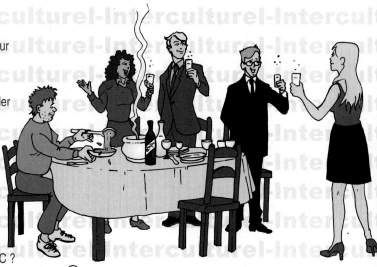

Ⓐ

Ⓑ

Ⓒ

Voilà le fromage.
Servez-vous.

Vous voulez
de l'eau ?

Ⓓ

...

...

Vous reprenez
du gâteau ?

...

Vous connaissez les manières de se
comporter pendant un repas dans un
autre pays.
En petits groupes, décrivez les règles de
savoir-vivre à table, en précisant dans
quel pays elles s'appliquent.
Présentez-les aux autres groupes.

8

Cadres de vie
Gastronomie et restauration populaire

Les Français et la nourriture

• Les Français prennent 20 % de leurs repas à l'extérieur : dans un restaurant d'entreprise, dans un café ou un restaurant.

• En 1997, ils ont mangé 8 fois plus de sandwichs que de hamburgers et pris un repas sur quatre dans une chaîne de restauration (trois sur quatre aux États-Unis).

• En moyenne, ils consacrent 17 minutes à leur petit-déjeuner, 33 minutes à leur déjeuner, 38 minutes à leur dîner. 39 % d'entre eux grignotent entre les repas.

• Sur une île déserte, 59 % des Français emporteraient du fromage, 58 % des légumes, 21 % des tartines beurrées, 16 % du saucisson….

1 Regardez les photos.

   1 Donnez une légende pour chaque photo.

   2 Quels restaurants proposent les plats suivants ?

1 Choucroute :	11,0 €
2 Bœuf-carottes :	6,0 €
3 Sandwich œuf-jambon-salade :	3,5 €
4 Plat du jour : endives au jambon :	4,5 €
5 Poulet à l'ananas :	6,8 €
6 Filet de bœuf aux morilles :	23,0 €

🌎 **Quels sont les différents types de restaurants dans votre pays ?**

Qu'est-ce qu'on y mange ? Quel budget est-ce qu'il faut prévoir pour se nourrir pendant une semaine si l'on prend ses repas à l'extérieur ?

2 Lisez l'encadré.

   1 Vous venez de prendre connaissance de quelques habitudes des Français. Qu'est-ce que vous en pensez ? Qu'est-ce qui est semblable dans votre pays ? Qu'est-ce qui est différent ? Qu'est-ce qui vous plaît ? Qu'est-ce qui vous déplaît ? Pourquoi ?

   2 Et vous, si vous partiez dans une île déserte, quels aliments est-ce que vous emporteriez ?

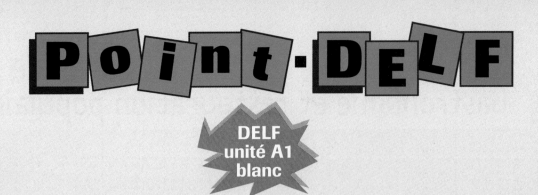

Point·DELF

**DELF
unité A1
blanc**

DELF unité A1 – Oral 1
Questionnaire de compréhension orale

Monique, Christine et Agnès sont interrogées sur l'équilibre alimentaire des enfants. Écoutez l'interview. Répondez aux questions. ....

1 Pour les personnes interrogées, qu'est-ce que *manger équilibré* veut dire ?

2 Est-ce que les trois personnes interrogées parlent de leurs enfants ?

3 D'après un des témoignages, qu'est-ce qu'il faut apprendre aux enfants dès leur plus jeune âge ?

4 Qu'est-ce que les enfants aiment surtout manger et qu'est-ce qu'ils n'aiment pas ?

5 Est-ce que les enfants ont le même comportement à la maison et en dehors de chez eux ?

6 D'après vous, quelle personne a la meilleure opinion sur le comportement alimentaire des enfants ? Justifiez votre réponse.

DELF unité A1 – Oral 2
Simulation de conversation

Imaginez le dialogue correspondant à la situation suivante. Jouez la scène à deux.

Il y a un mois, vous avez prévu de partir en vacances avec un(e) ami(e). Vous avez réservé un voyage d'une semaine en Grèce, pour deux personnes. Une semaine avant le départ, vous ne voulez plus partir. Vous l'annoncez à votre ami(e). Vous lui expliquez pourquoi, vous lui proposez d'autres dates, un autre lieu et un autre style de vacances. Il/Elle n'est pas d'accord.

DELF unité A1 – Écrit
Rédaction d'une lettre amicale

Vous venez de recevoir cette lettre de votre amie Claude. Rédigez une réponse à cette lettre.
Racontez-lui votre déménagement et votre arrivée dans une nouvelle ville. Expliquez comment vous êtes logé(e), quelles sont vos activités, si vous avez des amis, etc. Vous donnez votre nouvelle adresse, postale et électronique, et votre numéro de téléphone à Claude.

Grenoble, le 2 septembre

Cher/Chère ...

Ça y est. Je suis installée à Grenoble. J'ai trouvé une chambre en ville. Elle est un peu chère mais elle est très confortable et, surtout, c'est à côté de la fac. Du balcon, sur la gauche, on voit les montagnes et en bas il y a un jardin. Comme tu vois, ça change de Paris !

Les cours m'intéressent et j'ai déjà un petit groupe d'amis. Il y a en particulier deux Canadiens qui sont vraiment sympas. Le week-end nous sortons ensemble. La semaine dernière, nous sommes allés skier à Chamrousse. On s'est amusés comme des fous.

Tu pourrais venir me voir pendant les vacances de Noël. Ça te plairait ?

Et toi ? Tu te plais dans cette nouvelle ville ? Qu'est-ce que tu as fait de ton ancien appartement ? Finalement est-ce que ton ami t'a suivi ? Raconte-moi tout...

Bien amicalement. À bientôt,

Claude

P.S. Je n'ai toujours pas ta nouvelle adresse, alors j'envoie cette lettre chez tes parents.

Unité 9
WEEK-END

Contrat d'apprentissage

■ communicatif

– suggérer de faire quelque chose, proposer quelque chose

– dire qu'on est d'accord, pas d'accord

– donner des arguments

– donner son avis, porter un jugement sur quelqu'un

ou sur quelque chose

■ linguistique

– le subjonctif présent (formes)

– les déclencheurs du subjonctif *il faut que* et *pour que*

– les relatifs *qui*, *que*, *où*, *dont*

– les pronoms *y* et *en* remplaçant un complément indirect

– les loisirs

– les noms de pays

■ interculturel

– partir en week-end

– perspectives francophones

Les deux couples arrivent à Pennedépie, en Normandie, dans la maison de campagne de Pascal et Cécile. C'est l'occasion de découvrir une autre image de la France : le bocage normand, les plages, et surtout les gens et la vie en province. Pendant le week-end, on bricole, on va au marché, on se promène, on visite la région, on rend visite aux voisins, on les invite et on parle d'autre chose que de la vie de tous les jours...

WEEK-END

Regardez la photo. Où est-ce que nous sommes ?
Des amis passent le week-end dans cette maison.
Imaginez leurs conversations et leurs activités.
Faites-les parler.

– *Est-ce que quelqu'un a envie de se promener ?*

– *Qu'est-ce qu'on pourrait faire ce soir ?*

– *Qui est-ce qu'on pourrait inviter ?*

– *Qu'est-ce que vous aimez à la campagne ?*

– *Les fleurs de votre jardin sont belles cette année !*

– *Vous avez eu des problèmes avec la tempête de février ?*

– *Nous avons de nouveaux voisins. On pourrait les inviter à prendre l'apéritif pour faire leur connaissance…*

Forum

Unité 9

1 Regardez les différentes scènes sur la page de gauche. Écoutez les dialogues. À quelles scènes est-ce qu'ils correspondent ?

2 Donnez votre avis.
1 Quels jours de la semaine est-ce que les scènes se passent ? Pourquoi ?
2 Est-ce que les personnes habitent normalement à la campagne ? Justifiez votre réponse.

3 Relevez dans les dialogues les expressions utilisées pour suggérer quelque chose à quelqu'un.

1

■ *Tiens, il y a une brocante à Villerville. On pourrait peut-être y aller… Qu'est-ce que tu en penses ?*

● *Oh, tu sais, les brocantes, c'est toujours la même chose. Qu'est-ce que tu veux encore acheter ?*

■ *Je ne parle pas d'acheter quelque chose. Je voulais sortir un peu, c'est tout.*

● *Ah ! Si c'est ça, d'accord. Allons-y.*

2

■ *Il faut faire des courses. Tu ne pourrais pas y aller, toi ?*

● *Pourquoi moi ? Je n'ai pas le temps.*

■ *Je n'ai pas plus de temps que toi. Et je n'ai pas de voiture !*

● *D'accord, j'ai compris. Mais on peut y aller ensemble, ça ira plus vite.*

■ *C'est une excellente idée !*

3

■ *Excusez ma curiosité. Qu'est-ce que vous faites dans la vie, déjà ?*

● *Je suis coiffeur, vous le savez bien. Pourquoi ?*

■ *Comme ça… Je vous regardais tailler votre haie… Tailler les branches et couper les cheveux, ce n'est pas la même chose !*

● *Oui, je sais. Le jardinage, ce n'est pas mon fort !*

■ *Écoutez, entre voisins, il faut s'entraider. Je vous taille votre haie et vous me coupez les cheveux.*

● *Vous n'avez rien à perdre, j'ai tout à y gagner. J'accepte votre proposition. Chacun son métier !*

4 Regardez l'illustration. Imaginez la situation.

4

■ *Je vais sortir le chien. Tu m'accompagnes ?*

● *J'ai beaucoup trop de travail. Il faut que je finisse avant lundi.*

■ *Est-ce que je peux t'aider ?*

● *Tu pourrais m'inviter au restaurant ce soir. Je n'aurais pas de cuisine à faire et nous passerions la soirée ensemble.*

■ *Eh bien, d'accord, mais c'est moi qui choisis le restaurant !*

● *D'accord.*

5 Écoutez le dialogue et répondez.
1 De quoi est-ce qu'il s'agit ?
2 Pourquoi est-ce que Nadine rit ?

6 Réécoutez le dialogue et prenez des notes, puis jouez la scène à deux. Vous pouvez modifier le texte !

AGIR - RÉAGIR - AGIR - RÉAGI

A Arrivée à la maison de campagne

1 Écoutez le dialogue. Qu'est-ce que Pascal et Aude ont prévu pour le week-end ? .... 📼

2 Lisez le dialogue, puis répondez aux questions. Notez les répliques qui donnent les réponses.

   1 Quels travaux est-ce que Pascal doit faire dans sa maison de campagne ?

   2 Pourquoi est-ce que Pascal passe tant de temps à travailler dans sa maison de campagne ?

   3 Quelles activités est-ce que Cécile et Pascal proposent à leurs amis ?

3 Discutez. Est-ce que vous aimeriez avoir une maison de campagne ? Pourquoi ?

4 Relevez les phrases qui contiennent les expressions *il faut que* ou *pour que*. Quel est l'infinitif des verbes qui suivent ces expressions ?

5 Réfléchissez.

   1 Qu'est-ce que les expressions *il faut que* et *pour que* expriment ?

   2 Après les expressions *il faut que* et *pour que*, est-ce que l'action exprimée est déjà réalisée ou est-ce qu'il s'agit d'une action à venir ?

PASCAL :	Nous sommes arrivés !
AUDE :	Ah ! Voilà la fameuse maison de campagne de Pennedépie. C'est très joli : cette vieille maison, le jardin…
PASCAL :	C'est agréable – oui –, mais c'est aussi du travail. Cette année, il faut que nous refassions toutes les peintures.
GEORGES :	Oh ! je connais ça. Et pour que tu fasses du bon travail, il faut qu'il fasse beau, qu'il n'y ait pas trop de soleil, que les voisins puissent te prêter leur échelle… Mais dis-moi, Pascal, tu fais la peinture tout seul ?
PASCAL :	En gros, oui. Avec Cécile, bien sûr.
GEORGES :	Il faut vraiment que tu tiennes à ta maison pour y passer tant de temps !

PASCAL :	C'est aussi une question d'argent. J'ai des loisirs qui coûtent cher. Il faut bien que je fasse des économies. Mais parlons d'autre chose. Ce week-end, je ne travaille pas !
CÉCILE :	On vous a préparé un petit programme pour que vous ayez une idée de la région. Mais d'abord, il faut que vous fassiez la connaissance de nos voisins. On pensait les inviter à dîner…
PASCAL :	Et demain matin, il faut absolument que vous alliez au marché du village. L'après-midi, on vous montrera la côte.
AUDE :	Formidable !
GEORGES :	Dites, vous n'avez pas prévu quelques heures de repos dans l'emploi du temps ?

B Au marché

1 Lisez les questions suivantes. Écoutez le
dialogue, puis répondez. .... 🔲

I Pourquoi est-ce qu'il y a beaucoup de monde ?

2 Qu'est-ce qu'on peut acheter sur ce marché ?

3 Qu'est-ce qu'on fait avec de la crème fraîche ?

4 Un livarot, qu'est-ce que c'est ?

**Le samedi matin, tout le monde se retrouve
au marché.**

AUDE : Qu'est-ce qu'il y a comme monde !

GEORGES : Bien sûr, c'est le jour où les Parisiens
font leurs courses pour la semaine :
beurre, crème fraîche, fromage...

AUDE : C'est ça, la fameuse crème fraîche dont
on a besoin pour faire les sauces ?

GEORGES : Et là, regarde tous ces fromages dont
nous rêvons au Canada !

CÉCILE : Vous êtes drôles. Je ne connaissais pas
encore de gens qui rêvent de fromage !

AUDE : Tu peux te moquer de nous ! Aide-moi
plutôt. Ce fromage, c'est quoi ?

CÉCILE : Celui-là ? le fromage orange que le
monsieur prend ? C'est un livarot. C'est
un fromage qui a du goût, mais qui sent
un peu fort. Tu veux goûter ?

AUDE : Pourquoi pas !

CÉCILE : Bonjour, monsieur. Est-ce que je pourrais
avoir la moitié de ce magnifique livarot
s'il vous plaît ?

LE FROMAGER : Bien sûr. Il sera parfait, vous verrez.

AUDE : Ça alors ! Dis-moi, là-bas, qu'est-ce
que c'est ?

CÉCILE : Le marché aux vêtements. Il n'y a pas
que des produits alimentaires, c'est
un marché où on trouve de tout :
on peut s'acheter des chaussures,
un pantalon ou un chapeau. Mais moi,
je préfère m'habiller dans un magasin.

---

2 Lisez le dialogue. Retrouvez ce qui surprend Aude.

3 Citez les fromages français que vous connaissez.

4 Observez l'emploi des formes *qui, que, où, dont*
dans les phrases suivantes.

a Regarde tous ces fromages **dont** nous rêvons
au Canada.

b Le fromage **que** le monsieur prend.

c Le livarot est un fromage **qui** a du goût, mais
qui sent un peu fort.

d C'est un marché **où** on trouve de tout.

I Qu'est-ce que les mots en gras remplacent ?

2 Reformulez les phrases sans les employer.
*C'est la fameuse crème fraîche **dont** on a besoin
pour faire les sauces ?*

▶ *C'est la fameuse crème fraîche. On a besoin
de cette fameuse crème fraîche pour faire
les sauces ?*

5 Jouez. Chassez les intrus. Qu'est-ce qu'on ne
peut pas acheter au marché ?

I Du poisson.   **7** Un pantalon.

2 Une bicyclette.   **8** Un ordinateur.

3 Des lunettes.   **9** De l'essence.

4 De la viande.   **10** De l'huile.

5 Des chaussures.   **11** Du pain.

6 Des timbres.   **12** Des tasses.

6 Comparez. Est-ce que les marchés de votre
pays ressemblent aux marchés français ?
Quelles sont les différences ?

C Plurilinguisme

1 Écoutez le dialogue et complétez la grille.

	Aude	Petru	Amadou	Béatrice
Pays d'origine	......	......	......	......
Pays d'adoption	......	......	......	......
Langues parlées	......	......	......	......

2 Citez des pays où on parle français.

3 Lisez le dialogue. Notez les arguments en faveur du plurilinguisme et en faveur du français.

4 Réfléchissez. Que pensez-vous du plurilinguisme ? Pourquoi est-ce que vous apprenez le français ?

5 Relevez les répliques avec les verbes *se servir de, avoir besoin de, s'habituer à, tenir à.*
   1 Qu'est-ce que les pronoms *en* ou *y* remplacent ?
   2 Retrouvez la règle.

6 Regardez le portfolio p. 187 pour évaluer vos compétences en français.

Cécile et Pascal ont invité un ami roumain installé depuis peu à Paris, une fonctionnaire européenne luxembourgeoise qui travaille à Bruxelles et un étudiant camerounais qui fait ses études à la Sorbonne...

BÉATRICE : Ça fait plaisir de discuter en français. À Bruxelles, je parle anglais avec mes collègues. Pourtant, je parle l'allemand, le français, et bien sûr le luxembourgeois. Mais l'anglais est notre langue étrangère commune, alors...

AMADOU : Vous savez, l'anglais, on s'en sert aussi beaucoup en Afrique. Tout le monde n'est pas francophone !

AUDE : C'est pareil pour nous, au Canada. Il faut bien qu'on s'y habitue, même au Québec ! Mais on préfère parler français, c'est sûr !

PETRU : Il ne faut pas comparer. L'anglais est utile et il est absurde de dire le contraire. Moi aussi, en Roumanie, j'ai appris l'anglais parce que j'en avais besoin pour le travail. Mais quand je rencontre quelqu'un qui parle français, j'ai un peu l'impression de rencontrer une connaissance.

PASCAL : Vous dites ça pour nous faire plaisir !

PETRU : Pas du tout. Parler français, c'est aussi une manière de penser, une manière d'être.

GEORGES : Mais pour les affaires, c'est l'anglais.

BÉATRICE : Pas seulement. On fait aussi des affaires en français, en espagnol ou en allemand !

AUDE : C'est vrai ! Moi, je suis bien contente d'être une Canadienne bilingue ! Les langues, c'est une richesse.

AMADOU : L'Afrique l'a compris. Nous avons notre langue maternelle, c'est le douala pour moi, et puis des langues officielles : au Cameroun, le français et l'anglais.

PASCAL : Nous aussi, nous voulons le plurilinguisme en Europe, pour qu'on puisse se comprendre sans perdre notre identité.

CÉCILE : Oui et on y tient beaucoup !

AUDE : En tout cas, ici on a tous l'air de bien s'entendre. Alors, à notre santé !

AGIR - RÉAGIR - AGIR - RÉAGIR

D Honfleur et sa région

À la découverte de la Côte de Grâce

Deauville-Honfleur
Nous vous proposons ce parcours de 15 km pour découvrir un aspect charmant de la côte normande : au milieu d'une végétation magnifique, ce trajet offre de nombreux points de vue sur l'estuaire de la Seine. Tout au long du parcours, vous pourrez admirer de belles propriétés normandes typiques.

Le pont de Normandie
Il a fallu sept ans pour construire ce pont qui relie Le Havre à Honfleur. D'une longueur totale de 2141 m, c'est un des plus grands ponts à haubans du monde. La chaussée portée par des pylônes de 215 m de haut se trouve à 60 m au-dessus de la Seine.

Honfleur
Honfleur est une charmante petite ville du Calvados située sur la rive gauche de l'estuaire de la Seine, à 190 km de Paris. Elle a inspiré des écrivains comme Baudelaire ou Musset, mais surtout des peintres : Boudin, Courbet, Monet, Dufy, etc. Aujourd'hui encore, les peintres y sont nombreux, et c'est très agréable.
On doit visiter l'église Sainte-Catherine et son clocher ainsi que le Vieux Bassin, c'est-à-dire le vieux port avec ses quais pittoresques et ses hautes façades typiques

souvent recouvertes d'ardoises. Samuel de Champlain est parti de Honfleur pour fonder le Québec en 1608. C'est pourquoi on parlait, à cette époque, du « Canada, colonie normande ».

Pont-L'Évêque
Cette petite ville de moins de 4 000 habitants (où habitent les Pontépiscopiens) est située à environ 15 km de Honfleur. Elle possède quelques beaux bâtiments anciens, mais c'est surtout la ville du fameux fromage qui porte son nom : un délicieux fromage à pâte molle, au lait de vache, de forme carrée et dont la croûte est d'une belle couleur jaune. Deux autres célèbres fromages normands, le camembert et le livarot, portent également le nom de leur premier lieu de production.

1 Regardez et lisez cette page de guide touristique.

2 Donnez votre opinion. Dans les textes ci-dessus, qu'est-ce qui correspond le mieux à votre image de la France ? le moins bien ? Pour quelle raison ? Est-ce que votre opinion a changé depuis le début de l'année ?

3 Relevez, pour chaque texte, les éléments de présentation objectifs et les éléments de présentation subjectifs (l'opinion des auteurs).

4 Discutez. Qu'est-ce que vous aimeriez visiter ? Pourquoi ?

cent soixante-quinze

175

CONNAÎTRE ET

Grammaire

Le subjonctif

① **Relisez la partie A d'*Agir-réagir*.**

1 Vous avez découvert la règle :
Après les expressions *il faut que* et *pour que*, l'emploi du subjonctif est obligatoire.

2 Relevez les formes du subjonctif du verbe *faire* employées dans le dialogue et classez-les dans le tableau suivant :

Il faut que je …   que nous …
que tu …   que vous …
qu'il/elle …   qu'ils/elles *fassent*

② **Retrouvez les terminaisons du subjonctif présent : elles sont les mêmes pour tous les verbes, sauf pour *avoir* et *être*.**
Je : -e ▶ que je découvre.

③ **Complétez la fiche** **G16** **sur le subjonctif.**

④ **Retrouvez le changement de radical des verbes suivants au présent de l'indicatif et au subjonctif.**
1 Payer. **2** Acheter. **3** Venir. **4** Prendre.

Le subjonctif présent   G16

1 Les terminaisons

Il faut   que je *dis-e*   que nous …
que tu …   que vous …
qu'il/elle …   qu'ils/elles …

▯ Attention aux deux exceptions :
Être : que je sois, que tu sois, qu'il soit, que nous soyons, que vous soyez, qu'ils soient.
Avoir : que j'aie, que tu aies, qu'il ait, que nous ayons, que vous ayez, qu'ils aient.

2 Le radical

• Le subjonctif se forme généralement sur le radical de la 3e personne du pluriel du présent de l'indicatif :

Infinitif	Indicatif présent	Subjonctif
tenir	ils/elles tiennent	que je tienne
devoir	ils/elles doivent	que je doive

▯ Il y a de nombreuses exceptions :

pouvoir	ils/elles peuvent	que je puisse
faire	ils/elles font	que je fasse
aller	ils/elles vont	que j'aille
savoir	ils/elles savent	que je sache

• Quand un verbe change de radical à la 1re **et** à la 2e personne du pluriel du présent de l'indicatif, on retrouve le même changement au subjonctif :

Infinitif	Indicatif présent	Subjonctif
appeler	ils/elles appellent	que j'appelle
		que tu appelles
		qu'il/elle appelle
	nous appelons	que nous appelions
	vous appelez	que vous appeliez
		qu'ils/elles appellent

Mémento : § F3c, G4

5 Mettez les verbes au subjonctif.

1 Est-ce que tu peux me prêter ton portable pour que je (téléphoner) à la maison ?

2 Il faut que nous vous (donner) les clés pour que vous (pouvoir) entrer.

3 Tu me donnes ton numéro de téléphone pour que je (savoir) où t'appeler.

4 Il va pleuvoir ce soir. Il ne faut pas que vous (oublier) vos parapluies.

5 Excuse-moi, mais je ne peux pas sortir. Il faut que je (finir) mon travail d'abord.

6 Complétez, dans les fiches G1 à G11, les parties sur le subjonctif.

Construction avec un infinitif pour remplacer un subjonctif

• On remplace souvent les constructions avec un subjonctif par des constructions avec un infinitif, mais le sujet de la phrase doit rester clair. C'est toujours le cas quand les deux verbes ont le même sujet :

Tu tiens à ta maison pour y passer tant de temps (= pour que tu y passes). Un seul sujet ▶ l'infinitif.
On a préparé un programme pour que vous ayez une idée de la région. Deux sujets ▶ le subjonctif.

• Après il faut, quand le sujet du verbe à l'infinitif n'est pas clair, on doit utiliser le subjonctif :

Il faut partir ▶ *Il faut que nous partions.*   *Il faut qu'il parte.*
                    Il faut que vous partiez.   *Il faut que tu partes.*

7 Rédigez les phrases. Utilisez la construction qui convient : l'infinitif ou le subjonctif.

1 Pour (tu – faire) cette recette, tu dois prendre quatre œufs bien frais.

2 Il ne faut pas (mon père – nous voir ensemble). Tu restes là, il faut (je – partir).

3 Il faut (les journalistes – écrire) de bons articles pour (les gens – être bien informés).

4 Il faut (tu – être riche) pour (tu – pouvoir acheter) une voiture aussi chère !

Les pronoms relatifs *qui, que, où, dont*

8 Reprenez l'exercice 4 du document B d'*Agir-réagir*. Qui, que, où, dont remplacent quoi ?

1 Un complément d'objet direct. **2** Un complément introduit par *de*. **3** Un sujet. **4** Un complément de lieu.

Les pronoms relatifs permettent d'ajouter des informations sur le nom qu'ils remplacent.
Ils prennent la valeur d'un adjectif.
La Normandie est une région charmante.
La Normandie est une région qui a du charme.
• Qui est toujours sujet du verbe :
J'aime cette région qui a du caractère.
• Que est toujours COD du verbe :
La région que je préfère est la Normandie.

• Où remplace une expression de lieu ou de temps :
La Normandie est une région où on trouve de belles maisons.
Samedi, c'est le jour où les Parisiens font leurs courses.
• Dont remplace un complément introduit par la préposition *de* :
C'est une région dont on m'a beaucoup parlé.
(parler de)

Mémento : § E4

Grammaire

9 **Complétez les phrases avec le pronom relatif qui convient.**

1 Le film … j'ai regardé à la télévision hier était très mauvais.

2 Les acteurs … j'ai oublié les noms jouaient très mal.

3 C'était l'histoire d'un étudiant … n'avait pas d'argent, … ses parents n'aimaient pas et … a rencontré le grand amour.

4 Alors, il quitte la ville … il est né et va vivre dans un pays … on ne le connaît pas.

5 Pourquoi est-ce que j'ai regardé un film … ne me plaisait pas ?

6 Peut-être parce que je suis un de ces acteurs … on a oubliés.

Les pronoms *en* et *y* remplaçant un complément indirect

10 **Vous avez déjà découvert la règle d'emploi de *en* et *y* dans la partie C d'*Agir-réagir*. Repérez les pronoms *y* et *en* dans les phrases suivantes et formulez la règle.**

1 Les Européens aiment leurs langues. Ils **y** tiennent beaucoup.

2 J'ai appris l'anglais, mais je ne m'**en** sers pas beaucoup.

3 Autour de moi, tout le monde parle français. Je m'**y** habitue bien.

4 Il faut apprendre plusieurs langues : on **en** a besoin pour voyager et pour les affaires.

• En remplace une expression complément d'un verbe suivi de la préposition de.

• Y remplace une expression complément d'un verbe suivi de la préposition à.

⧠ On ne peut pas utiliser les pronoms *en* et *y* pour remplacer un nom désignant une personne. On emploie le pronom tonique précédé de la préposition :

J'ai rencontré <u>mon professeur de français</u> hier.
Je pense souvent à lui et je parle souvent de lui.

Mémento : § E2

---

11 **Dans la fiche G19, complétez la partie 2 sur les pronoms *en* et *y*.**

12 **Répondez aux questions suivantes. Utilisez les pronoms *en* et *y* quand c'est possible.**

Est-ce que tu t'occupes beaucoup de ton jardin ?

▶ *Oui, je m'**en** occupe beaucoup.*
Est-ce que tu t'occupes beaucoup de ton frère ?

▶ *Non, je ne m'occupe pas beaucoup **de lui**.*

1 Tu te sers souvent de la voiture de tes parents ?

2 Est-ce que tu as déjà rêvé de Paris ?

3 Tu te moques de ton ami ?

4 Est-ce que vous avez besoin d'argent ?

5 Est-ce que vous avez besoin de moi cet après-midi ?

6 Tu penses à tes amis américains ?

7 Vous vous êtes habitué à vos voisins ?

8 Vous teniez beaucoup à vos collègues, je crois ?

9 Vous vous moquez de l'argent ?

10 Mais vous tenez à votre appartement de Paris ?

Unité 9

S'EXPRIMER

Vocabulaire

Les loisirs

① **Qu'est-ce que vous faites pendant votre temps libre ?**

1 Est-ce que vous êtes sportif/sportive ? Quels autres sports est-ce que vous connaissez ? Complétez le tableau.

2 Quelle est votre activité culturelle préférée ?

3 Est-ce que vous aimez le jardinage et le bricolage ?

Je joue	Je fais
aux boules	de la natation
au football	de la planche à voile
au volley	de l'escrime
au basket	du kayak
au golf	du ski

Je vais	Je visite	J'aime
au cinéma	des expositions	la littérature
au théâtre	des musées	la musique
au concert	des salons	la peinture et la sculpture

② **Complétez la fiche V9 .**

③ **Préparez puis jouez la scène à trois ou quatres. ....**

Vous passez un week-end chez des amis à Nice.
On peut y pratiquer tous les sports, il y a bien sûr des
cinémas, des théâtres, des salles de concerts,
des expositions... et vos amis veulent refaire les peintures
de leur salle à manger. Quel sera le programme de votre week-end ?
Vous discutez avec vos amis.

▲ Elle jardine.

▲ Ils bricolent.

Les noms de pays

④ **Regardez une carte du monde.**

1 Quels pays est-ce que vous connaissez :
a en Europe ? **b** en Amérique ? **c** en Afrique ? **d** en Asie ? **e** en Océanie ?

2 Classez les noms de ces pays selon leur article.

Féminin singulier	Masculin singulier	Masc. et fém. pluriel	Sans article
la	le	les	—
la France	le Luxembourg	les États-Unis	Israël
l'Italie	le Canada	les Antilles	Andorre
...	...	...	...

⑤ **Lisez les phrases suivantes.**

a La Roumanie. ▶ Bernard va **en** Roumanie, Petru habite **en** Roumanie, John rentre **de** Roumanie.

b Le Canada. ▶ Sabine va **au** Canada, Béatrice habite **au** Canada, Yves rentre **du** Canada.

c Les États-Unis. ▶ Je vais **aux** États-Unis, vous habitez **aux** États-Unis, Pierre rentre **des** États-Unis.

d Israël. ▶ Nous allons **en** Israël, Sarah habite **en** Israël, Paul rentre **d'**Israël.

1 Comment est-ce qu'on indique le lieu où on est, le lieu où on va et le lieu d'où on vient ?

2 Quelle est la différence entre les noms de pays féminins et les noms de pays masculins ?

3 Qu'est-ce qui se passe avec les noms de pays sans article ?

S'EXPRIMER

⑥ **De quels pays viennent ces personnes ?**

▶ *Les Allemands viennent d'Allemagne.*

1 Les Italiens. **2** Les Grecs. **3** Les Américains.
4 Les Japonais. **5** Les Mexicains. **6** Les Polonais.
7 Les Roumains. **8** Les Camerounais.

⑦ **Complétez, dans la fiche V1 , les parties 2 et 3 sur les noms de pays.**

⑧ **Jouez la scène à deux.** ....

À l'aéroport, un(e) voyageur/voyageuse assis(e) à côté de vous regarde son passeport couvert de visas. Vous lui demandez où il/elle a déjà voyagé. Il/Elle vous demande dans quels pays vous aimeriez aller.

Phonétique

La phrase segmentée

① **Écoutez l'enregistrement et observez les courbes intonatives. Repérez bien la question principale et le complément d'information.**

1 Georges, toi qui es français et qui vis à l'étranger, quel est ton avis ? phrase complète

2 ... toi qui es français et qui vis à l'étranger, ... ? complément d'information

3 Georges, ... quel est ton avis ? question principale

② **Écoutez une deuxième fois l'enregistrement et répétez après le signal sonore.**

③ **Écoutez et lisez à voix haute les énoncés suivants en respectant l'intonation.**

1 C'est agréable d'avoir une maison de campagne — oui —, mais c'est aussi du travail.
2 Dis-moi, là-bas, qu'est-ce que c'est ?
3 Mais dis-moi, Pascal, tu fais la peinture tout seul ?
4 Monsieur, s'il vous plaît, est-ce que je pourrais avoir la moitié de ce livarot ?
5 Notre point commun, au Canada en tout cas, c'est l'amour de la langue française.
6 L'anglais, on s'en sert beaucoup — et il faut bien s'y habituer —, mais on préfère parler français.

Les oppositions [fʀ] et [vʀ], [pʀ] et [bʀ], [tʀ] et [dʀ], [kʀ] et [gʀ]

④ **Écoutez et répétez les mots suivants.**

[fʀ] froufrou, France, fraîche, fromage, francophone, froid, elle a froid, elle avait froid

[vʀ] vrai-vrai, livre, Le Havre, découvrir, ouvrir, elle ouvrait, livrer, une livre de beurre

[pʀ] propre, professionnel, elle préfère prévoir, les produits, c'est prévu, c'est le printemps

[bʀ] brou-brou, les nombres, sombre, bricolage, ils étaient nombreux, elle est brune, il est célèbre

[tʀ] très-très, trou, trop, train-train, être, elle travaille, très bien !, notre travail, un autre, étranger

[dʀ] drôle, c'est drôle !, c'est très drôle !, c'est un drame, à droite, votre adresse ?

[kʀ] cri-cri, il crie, la critique, croiser, mets ta cravate, prends des crêpes, la croix, cru, Charles Cros

[gʀ] gros-gros, c'est grand !, c'est agréable, c'est très agréable !, cent grammes de sucre, c'est grave ?

Unité 9

S'EXPRIMER

Production orale

proposer ou suggérer (de faire) quelque chose

- Je vous propose de faire une partie de tennis.
- On pourrait/Vous pourriez faire les courses.
- Est-ce que tu veux m'accompagner… ?
- Vous avez envie de faire une promenade ?
- J'aimerais bien aller au marché. Et vous ?

exprimer son accord, son désaccord

- D'accord./C'est une bonne idée./Volontiers.
- Je ne suis pas d'accord./Je n'en ai pas envie.
- Je n'ai pas le temps./ J'aimerais bien, mais…
- C'est gentil, mais…/Plus tard, peut-être.
- Je suis désolé(e), malheureusement…

① **Jouez la scène à deux.** ....
Vous proposez à votre voisin(e) de visiter une
exposition de peinture. Il/Elle n'en a pas envie
et il/elle refuse. Il/Elle vous propose d'aller
au cinéma.

définir ou donner une précision

- Un francophone, c'est quelqu'un qui parle
  français.
- Le dîner, c'est le repas qu'on prend le soir en
  France et vers midi au Canada.
- C'est une chose qu'on peut acheter dans une
  …/qui est utile pour…/dont on se sert pour…
- C'est un endroit où on gare sa voiture.
- *Jardiner*, c'est quand on s'occupe du jardin/
  quand on travaille dans le jardin.

② **Inventez une définition.** ....
1 Vous avez oublié les mots *marché* et *haie*.
  Quelle définition est-ce que vous proposez
  pour qu'on vous comprenne ?
2 Choisissez un mot et faites-le deviner à votre
  voisin(e).

donner des arguments

- Connaître plusieurs langues, c'est pratique
  quand on voyage.
- Je tiens au plurilinguisme parce que les langues
  sont notre richesse.
- Le français est utile pour travailler au Québec.

③ **Imaginez la situation et jouez la scène
à deux.** ....
Vous êtes dans un jardin public. Des gens
discutent, d'autres jouent aux boules… Vous avez
un jeu d'échecs et vous ne voulez pas rester seul(e).
1 Vous vous adressez à une personne assise sur
  un banc et vous lui proposez de faire une
  partie d'échecs.
2 La personne n'a pas envie de jouer. Elle refuse.
3 Une conversation s'engage. La personne
  propose de marcher/de prendre un café…

④ **Préparez et jouez la scène à deux.** ....
Vous visitez le salon du tourisme. Vous
vous arrêtez à un stand français et vous discutez
avec une hôtesse.
1 Faites la liste des questions que vous voulez
  poser sur la vie en France.
2 L'hôtesse veut savoir pourquoi la France vous
  intéresse et pourquoi vous apprenez
  le français. Formulez ses questions.
3 Notez d'abord deux ou trois arguments pour
  expliquer votre intérêt pour la France et pour
  le français, puis formulez-les.
  ▶ *La France est un pays où…*
     Les Français sont des gens qui/que…
     J'aimerais… Je voudrais…

porter un jugement

- Petru, je le trouve gentil/beau/sportif.
- Je trouve Béatrice très intelligente/aimable.
- (La Normandie) je trouve ça charmant/pluvieux.

S'EXPRIMER

Production écrite

Association Henri-IV
4, rue Giraud-Teulon
78100 Saint-Germain-en-Laye

Saint-Germain, le 14 mai

Chers amis,

Pour notre excursion de l'été, nous sommes toujours allés très loin de Saint-Germain, peut-être trop loin, et nous avons perdu beaucoup de temps en transport.
Cette année, nous vous proposons, pour notre journée du 27 juillet, de rester à Saint-Germain.

▲ Château de Saint-Germain-en-Laye.

Le matin, nous pourrions visiter notre ville que beaucoup ne connaissent pas très bien. Je vous propose de découvrir ensemble les nouveaux salons de la mairie. Nous pourrions demander à un guide de nous donner toutes les explications que nous souhaitons. Les nouvelles rues piétonnes, les anciens quartiers, quelques belles maisons... il y a beaucoup de choses à voir. Nous pourrions prendre l'apéritif à la terrasse d'un des cafés de la place du château. Ensuite, nous déjeunerions au pavillon Henri-IV.
Dans l'après-midi, une promenade sur la Terrasse, avec sa jolie vue sur la Seine et Paris, devrait être agréable à tout le monde. On peut aussi penser à la visite de certaines salles du château qui ont été réaménagées.

Le soir, nous sommes invités à une conférence sur la défense du patrimoine régional.
Nous vous remercions de nous envoyer vos suggestions ou vos souhaits avant la fin du mois de juin pour que nous puissions organiser cette journée et faire toutes les réservations nécessaires.
Bien cordialement.

Le Président   *VF*

① **Votre ville reçoit un groupe de vingt Français. Vous devez leur préparer une journée découverte. Vous leur envoyez une lettre circulaire pour leur proposer un programme.**

1 Lisez la circulaire de l'association Henri-IV. Observez le plan de la lettre.

2 Réfléchissez à deux.

a Qu'est-ce que vous voulez montrer aux Français ? Faites une liste.

b Classez les éléments de votre liste : activités du matin, déjeuner, activités de l'après-midi, dîner, soirée.

3 Écrivez le texte de votre circulaire en une fois, puis relisez-le.

4 Échangez vos textes avec le groupe voisin et commentez-les.

5 Écrivez la version définitive de votre circulaire.

② **Vous décidez d'écrire un petit guide touristique de votre région, pour le groupe de français.**

1 Par groupes de deux, choisissez une curiosité de votre région qui peut intéresser des touristes français : un monument, un parc, un marché, une fête...

2 Relisez les textes du document D d'*Agir-réagir*. Quel texte correspond le mieux à votre choix ?

3 Écrivez un texte de quatre à six lignes.

4 Relisez votre texte.

a Est-ce qu'il est clair pour une personne qui ne connaît pas votre culture ?

b Est-ce qu'on y trouve les aspects les plus importants ? Supprimez les informations inutiles.

5 Réécrivez votre texte, puis faites-le lire aux autres participants.

6 Vous pouvez afficher les textes de votre groupe au mur : vous aurez ainsi un petit guide français de votre région. Vous pouvez aussi choisir quelques photos pour l'illustrer.

Pause-Jeux

❶ Récréation

➡ **Charade.**

- Mon premier est à l'opposé du sud.
- Mon second est l'impératif du verbe *mentir* au singulier.
- Mon dernier se prononce comme trois formes du présent du verbe *dire*.
- Mon tout est une région de l'ouest de la France. Qu'est-ce que c'est ?

❷ Apprendre à apprendre

➡ **La construction des verbes : verbes et prépositions.**

1 Complétez les phrases suivantes. Notez toutes les solutions possibles.

a Vous avez pensé	• à la peinture.
b Il rêve	• aux cartes.
c Il s'est excusé	• d'une bonne salade.
d Il s'intéresse depuis peu	• de son retard.
e Il tient beaucoup	• de nos vacances avec lui.
f J'ai envie	• au cadeau de Marie ?
g Nous avons réfléchi	• d'un voyage en Italie.
h Nous jouons souvent	• au nouveau projet.
i Nous nous souvenons	• à son oncle.
j Tu t'es occupé	• des papiers de la voiture ?

2 Faites la liste des verbes qui se construisent avec la préposition *à* ou avec la préposition *de*.

> Pour chaque verbe, notez les différentes constructions possibles et un exemple.
> – parler à quelqu'un : *Je te parle. Je parle à tous les étudiants.*
> – parler de quelque chose ou de quelqu'un : *Je parle de Charlotte.*
> – parler de quelque chose à quelqu'un : *Je te parle du Canada.*

❸ En toute logique

➡ **Où est-ce qu'ils veulent loger ?**

1 Lisez les annonces suivantes. Décrivez-les à votre voisin(e). Utilisez des pronoms relatifs.

a À vendre Normandie maison de campagne, 4 pièces, cuisine équipée, salon avec cheminée. Jardin de 800 m². Prix raisonnable.

b À vendre appartement parisien (7e arr.), 7 pièces, salle à manger spacieuse et salon de 60 m², caves et parking. Prix : 650 000 €.

c À louer région parisienne (94). Appartement 2 pièces à 10 minutes de la station de métro Saint-Mandé. 600 €/mois charges comprises.

▶ **a** *C'est une maison qui se trouve en Normandie...*

2 Associez une annonce à une des personnes suivantes quand c'est possible. Justifiez vos réponses

- **Sophie :** Je voudrais partir en Normandie pendant une semaine. Je ne veux pas louer un appartement dont le prix serait supérieur à 450 €.
- **David :** Je veux louer un grand appartement à Paris que je pourrais partager avec plusieurs amis. Il faudrait au moins 6 pièces !
- **Pascal :** Je veux acheter un grand appartement à Paris où il y aurait une cuisine équipée et un très grand salon. Peu importe le prix !
- **Cécile :** Je veux louer un appartement, pas trop grand, en dehors de Paris, dont le loyer serait inférieur à 600 € et où il y aurait une station de métro.

❹ Projet

➡ **Vous êtes invité(e) avec d'autres personnes chez des amis.**

1 Constituez des groupes de quatre personnes. Choisissez chacun une identité (réelle ou imaginaire) : langues parlées, pays d'origine, métier...

2 Pendant la soirée, on discute des langues dans le monde d'aujourd'hui. Chacun a sa « petite idée ». Imaginez la conversation et jouez la scène.

▶ — *Les traductions sont utiles mais pas toujours bonnes...*
> — *On ne devrait pas traduire les films...*
> — *Tout le monde devrait apprendre l'esperanto...*
> — *Pour les communications internationales, on pourrait choisir la langue la plus parlée...*
> — *Il ne faut pas qu'il y ait une seule langue internationale parce qu'on finira tous par penser de la même manière...*

❺ Noir sur blanc

➡ **Mettez la ponctuation puis lisez le texte à voix haute.**

Je suis descendue au métro Poissonnière et j'ai remonté la rue La Fayette jusqu'à l'église Saint-Vincent-de-Paul on y accède par des marches une fille bronzait assise sur la pierre elle écrivait une lettre un couple s'embrassait j'étais comme à Rome grimpant l'escalier plein de fleurs vers le soleil à la Trinité-des-Monts ensuite j'ai pris le boulevard Magenta en cherchant le numéro 106 l'hôtel de Suède autrefois le Sphinx Hôtel

D'après Annie Ernaux, *Journal du dehors*, éd. Gallimard.

Comportements

Partir en week-end

Ⓐ

Ⓒ

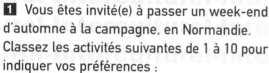

Ⓑ

1 Vous êtes invité(e) à passer un week-end d'automne à la campagne, en Normandie. Classez les activités suivantes de 1 à 10 pour indiquer vos préférences :

a ramasser les pommes dans le jardin ;

b préparer les repas ;

c couper du bois ;

d faire du vélo ;

e faire du feu dans la cheminée ;

f faire une promenade à pied ;

g faire le marché le dimanche matin ;

h jouer aux cartes ;

i lire au coin du feu ;

j aller chercher des produits frais à la ferme.

2 Imaginez que vous invitez des ami(e)s français(es) en week-end dans votre région. Proposez le programme du week-end.

Quelles activités est-ce que vous aimeriez leur faire découvrir ?

Les résidences secondaires

12 % des Français ont une résidence secondaire en plus de leur résidence principale. Dans 80 % des cas, il s'agit d'une maison avec un jardin.

56 % de ces habitations sont situées à la campagne, 32 % au bord de la mer et 16 % à la montagne.

Une maison de campagne permet à beaucoup de citadins de pratiquer une des deux activités de loisirs préférées des Français : le bricolage et le jardinage.

Pour pouvoir profiter de leur résidence secondaire pendant les week-ends, beaucoup de Parisiens ont choisi la Normandie, la vallée de la Loire dans la région d'Orléans ou encore le nord-ouest de la Bourgogne.

Les Français, qui hésitent souvent à prêter leur résidence principale, prêtent plus facilement leur résidence secondaire et aiment y recevoir leurs amis.

3 Comment dit-on *maison de campagne* ou *résidence secondaire* dans votre langue ?

Qui dispose de ce type de maisons ? Quand est-ce qu'on y va ?

Quelles sont les occupations habituelles pendant le week-end ?

Cadres de vie
Perspectives francophones

Ils témoignent.

• Le français : une ouverture sur d'autres cultures

« J'aime bien la culture et l'art de vivre à la française. Je lis beaucoup de livres d'auteurs étrangers comme Hemingway ou Tchékov, mais presque toujours en français. C'est une langue douce et sensuelle, où il n'y a pas de sons aigus. »
Mohamed Amide, Tunisie, 17 ans.

• Il chante en trois langues.

« Je chante en français et c'est normal, parce que lorsqu'on parle chez nous en Algérie, il y a un quart de français, un quart d'arabe et une moitié de berbère. Je suis né en Algérie, je vis en France et la musique est mon identité. Quand je chante, je parle à tout le monde. J'éduque, je dis ce que je sais, en berbère, en arabe, en français. »
Takfarinas, chanteur.

• Pourquoi des frontières ?

« La situation linguistique est compliquée en Belgique : la Flandre est néerlandophone et la Wallonie est francophone. Je vis en Belgique flamande. Le système éducatif n'est pas le même dans les deux communautés, et il est difficile de passer de l'un à l'autre. Pourtant, nous sommes tous des Belges. »
Sophie, Belgique, 18 ans.

Propos rapportés par Sébastien Langevin et Samuel Nja Kwa pour *Le Français dans le monde* n° 306.

1 Mohamed Amide lit en français.
En groupe, faites la liste de toutes les langues que vous avez déjà entendues. Comme Mohamed, associez un adjectif à chacune de ces langues.

2 Takfarinas chante en plusieurs langues.
Et vous, en quelle(s) langue(s) aimeriez-vous chanter ? écrire ? lire ? Pourquoi ?

3 Sophie étudie en Belgique flamande.
Qu'est-ce que vous pensez de sa situation ? Connaissez-vous des situations comparables ?

Le français

Le français est la langue maternelle de près de 115 millions de personnes. De plus, elle est la deuxième langue d'environ 40 millions de personnes qui habitent dans des pays ou le français est langue officielle ou langue d'enseignement.
Le français est une des langues essentielles au niveau des échanges commerciaux et culturels et il est utilisé par plus de 300 millions de personnes dans le monde.
C'est la première langue de travail de l'Union européenne avec une très légère avance sur l'anglais.
C'est, après l'anglais, la deuxième langue de travail des organismes rattachés à l'ONU.

Qui parle français dans votre pays ? Qui l'apprend ? Pourquoi ? Et vous, pourquoi est-ce que vous apprenez le français ?

4 Devinettes. Voici des mots utilisés par des jeunes francophones. Devinez leur sens.
1 Au Burkina Faso, *examiner* signifie :
a faire passer des examens ;
b préparer un examen.
2 Au Québec, *magasiner* signifie :
a tenir un magasin ;
b faire les magasins.
3 En Belgique, *bloquer une discipline* signifie :
a échouer à l'examen de cette discipline ;
b étudier particulièrement cette discipline.

DELF unité A3 – Écrit 1
Analyse du contenu d'un texte

Ces Parisiens qui ont choisi de vivre à une heure de la capitale

Ils habitent Chartres, Rouen ou Amiens : pour mieux profiter de Paris, ils ont décidé de ne plus y dormir. À une station de TGV, ils ont trouvé la nature, des vieilles pierres et de l'espace.

La SNCF fait parfois des miracles : avec le TGV, **elle a mis Paris à la campagne**. Il faut cinquante minutes pour traverser Paris en métro : c'est huit minutes de plus que pour aller à Chartres en train. Avec la multiplication des lignes de TGV, Paris n'a jamais été aussi proche des villes qui bordent l'Île-de-France. Le Mans, Tours, Rouen, Orléans, Chartres ou encore Amiens ne sont plus qu'à une heure de la capitale. Du coup, les provinciaux sont de plus en plus nombreux à venir travailler chaque jour à Paris.

Avantage décisif : l'espace. Un grand deux-pièces à Paris coûte aussi cher qu'un appartement de 100 mètres carrés en plein centre de Rouen ou de Tours. Le rêve de nombreux Parisiens – la maison avec jardin – devient une réalité. Yves et Martine Pèlerin ont fait le calcul : « *Il y a dix ans, quand notre troisième enfant est né, notre appartement à Paris est devenu trop petit. Alors on a décidé de partir.* » Ils ont trouvé leur **« château de la Loire »** : une maison de 200 mètres carrés, avec cinq chambres et un grand jardin, à côté de Tours. De là, Yves va travailler à Paris tous les jours en 42 minutes.

Comme les Pèlerin, beaucoup de Parisiens sont séduits par l'idée d'aller s'installer dans les villes situées au-delà de la grande banlieue, déjà trop urbanisée. Pollution, prix du loyer, circulation automobile, sentiment d'insécurité, c'est pour cela que certains Parisiens s'installent à 100, 150 et même 200 kilomètres, distances qui ne dépassent pas aujourd'hui le temps de transport d'un long trajet en RER.

L'atmosphère des petites villes est chaleureuse, comme à Rouen et à Tours, grâce à la présence de nombreux étudiants. La proximité de la nature et la variété d'activités sportives y sont aussi pour beaucoup. « *Quand je sors de chez moi, je suis à la campagne* », explique Jean-Charles Courset, habitant de Tours et médecin à l'hôpital Saint-Louis à Paris.

Mais vivre entre Paris et la province a un prix : celui du transport. L'abonnement mensuel sur les grandes lignes de la SNCF coûte de 115 à 230 euros. Autre inconvénient de taille : il y a moins de TGV que de métros et les trajets restent quand même très longs. Alors... on sort moins et on voit moins ses amis.

1 Dites si les affirmations suivantes sont vraies ou fausses. Quand elles sont fausses, corrigez-les.
1 Les Parisiens qui sont allés s'installer en province profitent davantage de Paris.
2 Actuellement, pour aller de Chartres à Paris, on met un petit peu plus de temps que pour traverser Paris en métro.
3 Pour le même prix, on est aussi bien logé en province.
4 Quand ils ont eu leur troisième enfant, les Pèlerin ont changé d'appartement à Paris.
5 Les Pèlerin ont acheté un château dans la région de la Loire.
6 Les logements sont encore très chers dans la grande banlieue.
7 Il est agréable de vivre à Tours et à Rouen.
8 Les gens installés en province et qui travaillent à Paris ont des horaires souples.

2 Choisissez les mots qui peuvent remplacer les expressions soulignées.
1 Du coup, les provinciaux sont de plus en plus...
a C'est pourquoi. b Mais. c Alors.
2 C'est pour cela que certains Parisiens s'installent...
a C'est à cause de cela que.
b C'est grâce à cela que.
c C'est malgré cela que.
3 L'atmosphère des petites villes est chaleureuse...
a Le climat. b L'ambiance. c L'accueil.
4 Autre inconvénient de taille...
a Très important. b Moins important.
c Qu'il faut considérer.

3 Expliquez, en 30 mots, les expressions en gras.
1 La SNCF fait parfois des miracles : avec le TGV, **elle a mis Paris à la campagne**.
2 Ils (Les Pèlerin) ont trouvé leur **« château de la Loire »**.

PORTFOLIO

Le **portfolio** est un outil d'évaluation proposé par le Conseil de l'Europe pour promouvoir les langues et les cultures. Il montre, en un coup d'œil, quelles compétences langagières vous avez.

Voici une proposition de portfolio adaptée à la progression de *Forum*. Vous pouvez le reproduire pour le remplir après chaque module et le compléter tout au long de votre apprentissage du français. Vous pouvez le personnaliser, donner des réponses complètes, illustrer d'exemples ou raconter vos expériences d'apprentissage.

1 LES LANGUES ET VOUS

Chaque personne a des connaissances et fait partie d'un réseau de relations personnelles et culturelles qui vont bien au-delà de sa langue maternelle, et cela favorise l'apprentissage des langues. Faites le point sur vos relations avec les langues.

Les langues dans ma vie quotidienne
- Dans ma famille et/ou avec mes amis, nous parlons : ....
- Dans mes relations (travail, études, voisins…) je parle et/ou j'écris et/ou je lis : ....
- Je connais aussi : ....
- Je peux aussi me faire comprendre en : ....
- J'ai aussi des notions en : ....
- ....

Mes connaissances d'autres pays et des gens qui parlent une autre langue
- J'ai de la famille et/ou des amis dans d'autres pays : ....
....
- Je corresponds régulièrement avec des amis : ....
....
- J'ai fait des séjours dans d'autres pays : ....
....
- J'ai visité d'autres pays seul, avec ma famille ou avec des amis : ....
....
- Je lis souvent et/ou j'écoute régulièrement des informations sur l'actualité dans d'autres pays : ....
- ....

Mes connaissances de la culture d'autres pays
- Je connais et je vais voir des films dans d'autres langues : ....
....
- J'écoute des chansons dans d'autres langues : ....
....
- Je lis des œuvres (traduites ou non) dans d'autres langues : ....
....
- Je connais et je mange des plats d'autres pays : ....
....
- Je peux citer dix langues parlées dans le monde : ....
....
- Je peux citer dix personnes célèbres (savants, écrivains, musiciens, peintres…) : ....
- ....

2 VOS COMPÉTENCES LANGAGIÈRES EN FRANÇAIS

Les six rubriques permettent une auto-évaluation des compétences de communication que vous avez acquises à chaque module de *Forum*. Elles sont regroupées en fonction des situations de communication réelles pour que vous évaluiez vos compétences d'interaction et vos connaissances des comportements et du patrimoine français.

Pour chacune des compétences, il est prévu trois niveaux de réponses (**1** = un peu ; **2** = assez bien ; **3** = correctement). Cela permet de voir les objectifs atteints et les progrès à réaliser. Vous pouvez compléter la liste des items avec d'autres compétences et noter sur des fiches des exemples concrets de vos compétences linguistiques.

Quand on parle en français, je comprends :

Module 1

	1	2	3
• les formules de salutation et de présentation	❏	❏	❏
• les questions et les réponses sur l'identité, l'âge, la nationalité, les activités de la vie quotidienne	❏	❏	❏
• les indications de lieu (on situe quelqu'un ou quelque chose, où l'on va, d'où l'on vient)	❏	❏	❏
• les indications de temps (l'heure)	❏	❏	❏
• les indications pour fixer, accepter/refuser un rendez-vous	❏	❏	❏
•	❏	❏	❏

Module 2

• les invitations et les formules de remerciement	❏	❏	❏
• un récit au présent, au passé, au futur	❏	❏	❏
• les descriptions de personne, de lieux	❏	❏	❏
• les relations familiales, personnelles	❏	❏	❏
• les expressions utilisées dans les magasins	❏	❏	❏
•	❏	❏	❏

Module 3

• les indications pour suivre un itinéraire	❏	❏	❏
• les explications et les précisions (par exemple sur un plat cuisiné)	❏	❏	❏
• s'il s'agit d'un ordre, d'une interdiction, d'une suggestion, d'un souhait ou d'un conseil	❏	❏	❏
• si quelqu'un porte des jugements, donne son opinion ou bien s'il donne des arguments	❏	❏	❏
•	❏	❏	❏

Dans une situation de communication, je sais :

Module 1

	1	2	3
• saluer et prendre congé, me présenter et présenter quelqu'un, à qui dire *tu* ou *vous*, faire la bise, donner une poignée de main…	❏	❏	❏
• m'excuser, remercier, dire *je n'ai pas compris* et demander de répéter	❏	❏	❏
• demander/donner des renseignements (en vis-à-vis ou au téléphone), épeler	❏	❏	❏
• aborder quelqu'un, accepter/refuser un rendez-vous	❏	❏	❏
•	❏	❏	❏

Module 2

• inviter quelqu'un, accepter/refuser une invitation	❏	❏	❏
• comment, quand et à qui offrir un cadeau	❏	❏	❏
• présenter ma famille, des amis, des relations	❏	❏	❏
• caractériser et comparer	❏	❏	❏
• décrire un lieu et le situer sur une carte	❏	❏	❏
•	❏	❏	❏

Module 3

• demander/expliquer comment on va quelque part	❏	❏	❏
• réserver une table dans un restaurant, des places pour un spectacle	❏	❏	❏
• exprimer poliment une obligation/un besoin	❏	❏	❏
• participer à une conversation (exprimer des goûts, des arguments, une opinion)	❏	❏	❏
•	❏	❏	❏

Je peux lire à haute voix et je comprends :

Module 1

	1	2	3
• les indications portées sur un document d'identification (carte de visite, fiche d'inscription)	❏	❏	❏
• des informations brèves (horaires, billets, distributeur automatique, fiches d'hôtel…)	❏	❏	❏
• des écrits simples (mél, carte postale, page de catalogue)	❏	❏	❏
• des pictogrammes, des inscriptions et des panneaux (commerciaux et professionnels)	❏	❏	❏
•	❏	❏	❏

Module 2

• un faire-part, un carton d'invitation, une lettre amicale	❏	❏	❏
• des petites annonces	❏	❏	❏
• la présentation d'un film, d'un spectacle	❏	❏	❏
• des informations pratiques (calendrier, bulletin météo, catalogue de mode)	❏	❏	❏
•	❏	❏	❏

Module 3

• le menu d'un restaurant	❏	❏	❏
• les programmes de spectacles, les annonces de spectacles, d'événements sportifs, etc.	❏	❏	❏
• des écrits descriptifs : guide de tourisme, portrait et présentation d'artistes, de savants	❏	❏	❏
• des circulaires simples	❏	❏	❏
•	❏	❏	❏

Je connais la France et je sais :

Module 1

	1	2	3
• citer et situer des villes/régions de France	❏	❏	❏
• établir un itinéraire pour parcourir la France	❏	❏	❏
• reconnaître des réalisations techniques et des œuvres d'art du patrimoine culturel français	❏	❏	❏
• quels sont les horaires de la vie quotidienne en France	❏	❏	❏
•	❏	❏	❏

Module 2

• citer quelques grandes fêtes françaises	❏	❏	❏
• interpréter certains gestes que font les Français	❏	❏	❏
• citer quelques endroits fréquentés par les Français en vacances	❏	❏	❏
• dans quelles situations et à qui je dois donner un pourboire	❏	❏	❏
•	❏	❏	❏

Module 3

• citer quelques plats typiques de la cuisine française	❏	❏	❏
• à quoi s'occupent les Français pendant leurs loisirs	❏	❏	❏
• caractériser les moyens de transport en commun utilisés en France	❏	❏	❏
• donner quelques informations sur l'utilisation de la langue française dans le monde	❏	❏	❏
•	❏	❏	❏

Je peux parler en français pour :

Module 1
	1	2	3
• demander/donner l'identité de quelqu'un	❏	❏	❏
• interroger/donner des explications sur l'emploi du temps de sa journée	❏	❏	❏
• situer dans l'espace et le temps (dire où se trouve quelque chose/quelqu'un, indiquer l'heure…)	❏	❏	❏
• …………………………………………	❏	❏	❏

Module 2
	1	2	3
• dire ce que je fais, j'ai fait, je ferai pendant une « journée ordinaire » ou pendant mes vacances	❏	❏	❏
• demander/donner des précisions, décrire une personne/un endroit	❏	❏	❏
• dans un magasin : demander à voir, acheter, payer quelque chose	❏	❏	❏
• faire un récit au présent, passé et futur	❏	❏	❏
• décrire un appartement ou ma maison	❏	❏	❏
• …………………………………………	❏	❏	❏

Module 3
	1	2	3
• conseiller/déconseiller, exprimer des réserves	❏	❏	❏
• formuler poliment une demande/un ordre	❏	❏	❏
• proposer de faire quelque chose ou de sortir	❏	❏	❏
• exprimer mon accord/mon désaccord, nuancer une opinion	❏	❏	❏
• manifester une obligation	❏	❏	❏
• …………………………………………	❏	❏	❏

Je peux écrire en français pour remplir ou rédiger :

Module 1
	1	2	3
• un questionnaire, une fiche d'inscription	❏	❏	❏
• un texte simple : un mél, une carte postale, un billet, des légendes d'images	❏	❏	❏
• des indications sur une page d'agenda	❏	❏	❏
• le récit de ma vie quotidienne	❏	❏	❏
• …………………………………………	❏	❏	❏

Module 2
	1	2	3
• une lettre pour inviter/accepter/refuser une invitation, pour demander des renseignements	❏	❏	❏
• des petites annonces et prendre des notes	❏	❏	❏
• un récit simple (lettre à un(e) ami(e) pour lui raconter un voyage ou ce que je fais/j'ai fait/ je ferai)	❏	❏	❏
• le portrait physique et moral d'une personne	❏	❏	❏
• …………………………………………	❏	❏	❏

Module 3
	1	2	3
• un texte court (une recette de cuisine, une circulaire…)	❏	❏	❏
• un programme de voyage ou de séjour	❏	❏	❏
• une lettre amicale en donnant des informations pratiques d'itinéraires, d'activités possibles, etc.	❏	❏	❏
• une lettre pour demander/donner des conseils, suggérer	❏	❏	❏
• …………………………………………	❏	❏	❏

LA FRANCOPHONIE

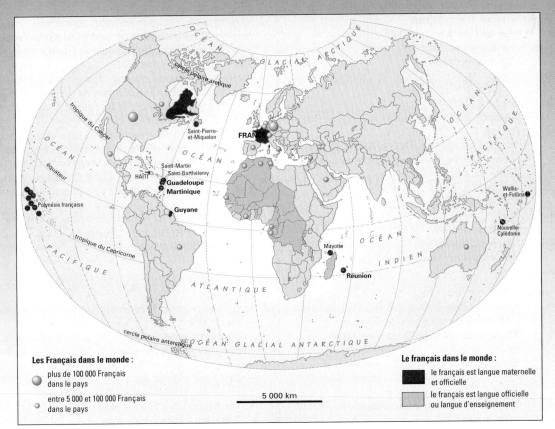

Les Français dans le monde :
- ⬤ plus de 100 000 Français dans le pays
- ◦ entre 5 000 et 100 000 Français dans le pays

5 000 km

Le français dans le monde :
- ■ le français est langue maternelle et officielle
- ▨ le français est langue officielle ou langue d'enseignement

TRANSCRIPTIONS

TRANSCRIPTIONS DES ENREGISTREMENTS

dont le texte ne figure pas dans les unités

Unité 0

Forum p. 11

2 1 Bonjour. Je m'appelle Paul Dubois.
2 Bonjour. Je m'appelle Jeanne Lamotte.
3 Bonjour. Je m'appelle Hélène Comby.
4 Bonjour. Je m'appelle Marc Parillot.

S'exprimer p. 16

5 1. Lyon. 2. Rennes. 3. Nîmes. 4. Orléans. 5. Cognac. 6. Aix-en-Provence. 7. L'Alpe d'Huez. 8. Coëtquidan. 9. Alençon. 10. Sète.

Unité 1

Forum p. 23

6 M. Lafont :	Bonjour, Monique.
Monique :	Bonjour, monsieur Lafont.
M. Lafont :	Leclerc est là ?
Monique :	Monsieur Leclerc ? Non, il est à Milan.
M. Lafont :	À Milan ?
Monique :	Ben oui, pour la collection de printemps.
M. Lafont :	Ah oui, c'est vrai. Et Mme Canale ?
Monique :	Elle aussi, elle est à Milan.

Agir-réagir

C Philippe Bineau, journaliste p. 25

Philippe Bineau :	Bonjour, madame, c'est pour la présentation de la nouvelle collection.
Une hôtesse :	Vous êtes inscrit ?
Philippe Bineau :	Oui, oui, je suis inscrit.
L'hôtesse :	Vous êtes monsieur… ?
Philippe Bineau :	Bineau.
L'hôtesse :	Comment ?
Philippe Bineau :	Bineau. B I N E A U.
L'hôtesse :	Votre prénom, s'il vous plaît ?
Philippe Bineau :	Philippe.
L'hôtesse :	Attendez, je regarde sur la liste. Bineau, Bineau… oui, oui, Philippe Bineau, vous habitez 4, rue de Meaux, à Paris.
Philippe Bineau :	Oui, c'est ça.
L'hôtesse :	Vous êtes journaliste ?
Philippe Bineau :	Oui.
L'hôtesse :	Vous êtes français ?
Philippe Bineau :	Non, je suis suisse.
L'hôtesse :	Vous remplissez la fiche, s'il vous plaît.
Philippe Bineau :	Merci.

D Rendez-vous p. 26

Bernard Lebel :	Bonjour, mademoiselle. Je suis M. Lebel, Bernard Lebel. *(Il montre sa carte de visite.)*
La secrétaire :	*(Elle regarde l'agenda.)* Ah oui… M. Lebel. Bonjour, monsieur.
La secrétaire :	*(Elle passe la tête par la porte de la cabine du stand.)* Monsieur Thomas, M. Lebel est là.
M. Thomas :	Oui, oui… une minute, j'arrive.
La secrétaire :	*(Elle parle à M. Lebel.)* Asseyez-vous… M. Thomas arrive tout de suite.

Point-DELF p. 38

DELF unité A1 – Oral 1

1 Il habite à Paris.
2 Ils appellent Marc.
3 Tu n'as pas l'adresse de Marine ?
4 Je suis belge.
5 Vous montrez les catalogues.
6 Elle s'appelle Martine.
7 Elle s'appelle Danièle.
8 Bonjour, messieurs.

Unité 2

Forum p. 41

7 Le TGV pour Lille part de la voie 4, je répète, le TGV de 8 h 02 pour Lille part de la voie 4.
Voie 7, les voyageurs pour Londres en voiture, s'il vous plaît, voie 7, attention au départ.
Le train de 9 h 16 à destination de Lille, Calais, Londres part de la voie 2, Lille, Calais, Londres, départ voie 2.
Voie 11, les voyageurs pour Douai, Valencienne, Lille, en voiture, s'il vous plaît, voie 11, attention au départ.

Point-DELF p. 56

DELF unité A1 – Oral 1

1 Votre attention, s'il vous plaît : Mme Cohen est attendue au point information près de la voie 8.
2 Attention, voie 13, départ immédiat pour le train Eurostar, numéro 102, à destination de Londres. Je répète : attention, voie 13, départ immédiat pour le train Eurostar, numéro 102, à destination de Londres.
3 Mesdames, messieurs, bonjour. Vous êtes à bord du TGV 432 à destination de Bruxelles. Ce train est direct jusqu'à Lille. Un service de restauration est à votre disposition voiture 14. La SNCF vous souhaite un agréable voyage.
4 Le TGV 8045 en provenance de Marseille va entrer en gare, voie 8. Attention à l'arrivée du train voie 8, s'il vous plaît.
5 Votre attention, s'il vous plaît : les voyageurs à destination de Rome sont priés de se présenter au guichet 15. Avis aux voyageurs à destination de Rome : veuillez vous présenter au guichet 15, s'il vous plaît.
6 Le train Puerta del sol qui vient de Madrid a un retard de 30 minutes. Je répète, le train Puerta del sol qui vient de Madrid a un retard de 30 minutes.

Unité 3

Forum p. 59

7 – Bonjour, madame. Excusez-moi. Vous avez bien la chambre 52 ?
– Euh… Oui.
– C'est pour le petit déjeuner, je n'ai pas vos boissons. Qu'est-ce que vous prenez : du café ? du thé ? du chocolat ?
– Euh…
– Est-ce que vous voulez un jus de fruits ? un jus d'orange ? un jus de pamplemousse ? De l'eau minérale ?
– Un thé au citron, s'il vous plaît.
– Très bien. J'arrive tout de suite.

Agir-réagir
A À la réception de l'hôtel p. 60

M. Weiss : Bonsoir, madame. Je voudrais être réveillé à 7 heures, demain matin, s'il vous plaît.

L'employée : C'est automatique, monsieur. Vous composez l'heure au téléphone. Vous avez une notice dans votre chambre.

M. Weiss : Bien. Le petit déjeuner est à quelle heure ?

L'employée : De 7 heures à 9 heures.

M. Weiss : Merci bien. Bonsoir, madame.

L'employée : Bonne nuit, monsieur.

Point-DELF p. 74
DELF unité A1 – Oral 1

1 Bonjour, Marie. C'est Éric. Je t'appelle pour aller au cinéma dimanche à 5 heures. Cette nuit, je suis au journal. Appelle-moi demain soir. Merci et à bientôt.

2 Bonjour, mademoiselle. Ici l'agence Eurotours. Votre billet pour Genève est prêt. Vous passez à l'agence vendredi matin, comme d'habitude ? Merci.

3 Marie, c'est maman. On déjeune ensemble samedi ? Si c'est d'accord, rendez-vous samedi, à midi et demi, au restaurant Madagascar. Appelle-moi. Je t'embrasse.

4 Bonjour, mademoiselle. Je suis la secrétaire de M. Jabert. Je vous téléphone de sa part. Il n'est pas libre demain, jeudi 16, mais il est d'accord pour un nouveau rendez-vous le lundi 20 à 10 heures du matin.

Unité 4
Forum p. 79

7 Bonjour, Benoît. On est vendredi 10, n'oublie pas mon anniversaire ! Est-ce que tu vas au pot de départ de Mme Vermeil ? C'est dans la salle du Conseil, à 17 heures. J'ai une idée : on se retrouve au buffet vers 18 heures, et après on va ensemble chez moi ? Ma copine Tina prépare tout pour ma petite fête ! Bonne journée. Bisous.

Agir-réagir
A Entrez vite ! p. 80

Aujourd'hui, c'est le 16 octobre. Charlotte a vingt-cinq ans. Elle fête son anniversaire chez elle.

Charlotte : Bonsoir, Carole. Bonsoir, Guillaume. Ça va ?

Carole : Bonsoir, Charlotte. On est en retard, hein ? Excuse-nous, mais on a eu la visite du grand patron et on a fini à 7 heures et demie.

Charlotte : Oui, je sais. J'ai téléphoné au bureau. Et j'ai eu ta secrétaire. Allez, entrez vite. Je prends vos manteaux !

Carole : Qu'est-ce qu'il fait bon ici !

Guillaume : Tiens, Charlotte, c'est pour toi.

Charlotte : Oh merci ! C'est vraiment gentil.

D C'est où, les Carroz ? p. 82
Pendant la soirée…

Guillaume : Tu as aussi invité Arnaud ?

Éric : Bien sûr, j'ai invité Arnaud mais il ne peut pas venir. Cette année, il prend ses vacances à la Toussaint.

Guillaume : On va être combien ?

Éric : Oh ! une dizaine : mon frère, ma sœur et son copain, vous deux : toi et Carole, ta cousine, Charlotte et deux copines, Marie et moi.

Guillaume : Et c'est où, les Carroz ? dans les Alpes du Sud ?

Éric : Non, c'est dans les Alpes du Nord. Attends, j'ai une carte dans mon agenda. Regarde, c'est là, près de Morzine, juste au sud du lac Léman, pas loin de la frontière suisse.

Guillaume : Je ne trouve pas.

Éric : Mais si. Regarde, au nord de Sallanches, sur la droite, enfin à l'est de l'autoroute, entre Cluses et Flaine.

Guillaume : Ah, oui. C'est là. Tu peux loger dix personnes au chalet ?

Éric : Oui, sans problème. C'est un grand chalet. Il y a quatre chambres. Quelqu'un peut dormir sur le canapé du bureau, et deux personnes peuvent coucher dans le salon. Et il y a deux salles de bains, alors…

Guillaume : Et pour les repas ?

Éric : Le congélateur est toujours plein, le frigo aussi. Et on a un micro-ondes.

Guillaume : Et quand est-ce qu'on peut aller au chalet ?

Éric : Quand on veut, à partir du 20 décembre. Mes parents ne vont pas au ski cette année.

Point-Delf p. 94
Delf unité A1 – Oral 1

Mme Duval : Bonjour, monsieur. Je viens pour des cours de conduite.

L'employé : Ah, très bien. Vous avez déjà conduit ?

Mme Duval : Non, jamais.

L'employé : Alors… Nous avons des cours de 8 heures à 20 heures tous les jours, du lundi au vendredi.

Mme Duval : Je préfère le matin.

L'employé : À quelle heure, à 10 heures ?

Mme Duval : Ah non ! À 10 heures je fais mes courses ; après, je fais le ménage, je prépare le repas et, à midi, mon petit-fils arrive de l'école.

L'employé : Alors… à 9 heures ?

Mme Duval : Oui… à 9 heures… à 9 heures… Écoutez… Je ne sais pas… je… je vais voir.

Unité 5
Forum p. 97
Dialogue 2
Phrase manquante :
Moi, vous savez… un fauteuil et mon journal, ça me suffit.

7 Julie : Je voudrais offrir une semaine de vacances à mon frère, pour son anniversaire.

L'employé : Vous avez pensé à quelque chose de précis ?

Julie : Non… Il a 28 ans, c'est un gars sympa, toujours souriant. Il aime la vie en groupe. C'est un grand sportif : il fait du ski, de la voile. Et il adore l'imprévu.

L'employé : Est-ce qu'il a aussi le goût de l'aventure ?

Julie : Oui, c'est sûr.

L'employé : Alors, je crois que j'ai quelque chose pour lui. Un séjour de sept jours au Canada dans un groupe de six personnes : traîneau, escalade, kayak… et, bien sûr, on dort sous la tente…

Unité 6
Forum p. 115

6 – Madame, s'il vous plaît, qu'est-ce que vous avez comme service à thé ?

– Nous avons ces trois modèles. Ce service en grès avec cette belle théière et ces deux modèles en porcelaine de Chine.

– Les deux services en porcelaine sont très beaux.

– Lequel est-ce que vous préférez ?

– Je ne sais pas. Les deux me plaisent beaucoup. Je vais réfléchir.

Agir-réagir
E La grande préoccupation des Français p. 119

5 Les automobilistes vont être contents : il ne neige plus. À midi, les températures allaient de 2° au-dessous de zéro en montagne à 7° au-dessus de zéro dans les vallées. Le ciel restera couvert dans l'après-midi et dans la soirée. Demain, le vent chassera les derniers nuages et apportera un temps froid et sec dans la vallée du Rhône. Il n'y aura pas de neige ni de verglas sur les axes routiers jusqu'aux stations de sports d'hiver en altitude. Le temps du week-end restera froid mais ensoleillé ; c'est un temps idéal pour les skieurs.

Unité 7
Forum p. 135

6 LE JEUNE HOMME : Bonjour, madame. Excusez-moi. Laetitia Chaix habite à quel étage ?
LA DAME : Au troisième, à…
LE JEUNE HOMME : Merci bien.
LA DAME : Eh bien, il est vraiment très pressé ce monsieur !
LE JEUNE HOMME : Premier, deuxième, troisième. Voilà ! Voyons, est-ce que c'est à gauche ou à droite, à droite ou à gauche ?… Pourquoi est-ce que les gens n'ont pas leur nom sur la porte ? Bon, je sonne à droite, on verra bien.
UNE VOIX : C'est pour quoi ?
LE JEUNE HOMME : Euh… Je crois que c'est une erreur. Excusez-moi.

Agir-réagir
C Ton bureau est où ? p. 137

GEORGES : Allô ? Je voudrais parler à M. Legrand, Robert Legrand, s'il vous plaît.
ROBERT : C'est moi.
GEORGES : Salut, Robert. Tu me reconnais ?
ROBERT : Georges ! C'est une surprise ! Où es-tu ? Tu ne téléphones pas du Canada quand même ?
GEORGES : Non. Je suis à Paris, avec Aude et Cédric. Dis, on peut peut-être se voir ?
ROBERT : Vous êtes là pour combien de temps ?
GEORGES : Une semaine. Nous habitons à Saint-Germain-en-Laye.
ROBERT : Chez ton copain Pascal ?
GEORGES : C'est ça.
ROBERT : On peut déjeuner ensemble un jour à midi. Tu passes me prendre au bureau. Il y a beaucoup de petits restaurants sympas dans le quartier.
GEORGES : D'accord. Et quand ?
ROBERT : Attends. Mardi midi, ça va ? Passe vers midi et demi.
GEORGES : Très bien. Ton bureau est où ?
ROBERT : Dans le XIVe arrondissement, 45 rue Didot, dans le bâtiment au fond de la cour. Je suis au premier étage, mais c'est indiqué.
GEORGES : 45, rue Didot, dans la cour… On peut y aller en métro ?
ROBERT : Bien sûr. C'est la direction Châtillon-Montrouge. Tu descends à la station Pernety. C'est la deuxième après Montparnasse. Là, tu prends la rue Pernety jusqu'à la rue Didot. Dans la rue Didot, tu tournes à droite. Le 45 est juste à l'angle de la rue Didot et de la rue Olivier-Noyer.
GEORGES : De toute façon, je vais bien trouver. Alors, à mardi, Robert.
ROBERT : À mardi, et bon séjour à Paris !

Unité 8
Forum p. 153

1 – « Chez l'ami Philippe », bonjour.
– Bonjour, monsieur. Je voudrais réserver une table pour ce soir s'il vous plaît.
– Pour ce soir, oui. Pour combien de personnes ?
– Nous serons six.

– Et pour quelle heure ?
– Vers 8 heures et demie.
– Une table de six pour 8 heures et demie. À quel nom ?
– Vincent, comme le prénom.
– Très bien, madame. Je vous garde la table jusqu'à 9 heures moins le quart. Bonne journée.
– Merci. À ce soir.

Point-DELF p. 168
DELF unité A1 – Oral 1
Surveillez-vous l'équilibre alimentaire de vos enfants ?
Monique
« Avant, les enfants mangeaient des choses plus naturelles que maintenant. Mon petit-fils, lui, il mange normalement. On lui apprend à aimer les légumes verts, les fruits, le poisson… et à ne pas grignoter devant la télé. Si, quand il est bébé, on dit à l'enfant tout ce qu'il doit ou ne doit pas manger, il ne sera jamais trop gros. »
Christine
« À ma fille, je lui fais manger de tout : des légumes frais, de la viande, du poisson. Elle aime bien tout, sauf la salade… ça, elle déteste ça ! Elle me réclame des bonbons, bien sûr, mais je ne lui en donne que deux ou trois par jour. Si je l'écoutais, elle en mangerait toute la journée. »
Agnès
« Mon fils, c'est la génération Coca-hamburger-frites. Les haricots verts, il n'aime pas ça ! Il arrive à manger équilibré, mais avec du mal. Si on lui donne un steak avec des légumes verts, ou même du poulet, il va rester à table deux heures. Et quand il a fini de manger, il réclame des bonbons ! Il fait ça seulement chez nous. Chez ses grands-parents, il mange équilibré et il finit toujours son assiette ! »

Unité 9
Forum p. 171

5 L'ANIMATEUR : Voici la dernière question de notre jeu. Nadine, vous êtes prête ? Vous me donnez la bonne réponse et vous gagnez un week-end pour deux personnes dans un hôtel quatre étoiles dans une des plus belles régions de France. Avec qui est-ce que vous aimeriez passer ce week-end, Nadine ?
NADINE : Avec mon mari, tout simplement.
L'ANIMATEUR : Pour un week-end en amoureux, voici ma question. Quelle est la capitale de la Basse-Normandie ?
NADINE : Caen !
L'ANIMATEUR : Vous êtes sûre, Nadine ?
NADINE : Absolument !
L'ANIMATEUR : Eh bien, oui ! Caen est bien la capitale de la Basse-Normandie et vous gagnez un week-end à Deauville, vous descendez au Normandy, le plus grand hôtel de Deauville. Vous partez de Paris vendredi soir par le train…
NADINE : Je ne vais pas prendre le train, je vais pouvoir y aller à pied. J'habite à Blonville, c'est juste à côté, mais je veux bien passer deux jours à l'hôtel. Ça me reposera !
L'ANIMATEUR : Et vous pourrez aussi aller au casino, dîner dans un grand restaurant…

MÉMENTO GRAMMATICAL

A La phrase	**E Les pronoms**
B Le nom et le groupe nominal	**F Les verbes**
C L'adjectif qualificatif	**G La conjugaison**
D Les déterminants	**H Tableaux de conjugaison**

A La phrase

A 1 L'ordre des mots

Le plus souvent la phrase suit le schéma suivant :

1 Sujet	2 Verbe (+ complément direct et/ou indirect)	3 Complément (de temps, de lieu, de manière, etc.)
Les passagers	*montrent leurs billets à l'employé*	*avant de monter dans l'avion.*
Les petits enfants	*jouent*	*dans la cour.*

L'ordre des mots peut varier quand la phrase est **déclarative**, **interrogative**, **exclamative** ou **impérative**.
Le complément de temps, de lieu, de manière a une place variable dans la phrase :
Cet été, il fera très chaud. Il fera très chaud **cet été**.

A 2 La phrase déclarative

Elle est utilisée pour donner une information, une opinion, pour constater, pour promettre, pour faire un récit, etc.
À l'oral, l'intonation monte puis descend :

Mon professeur de français passe ses vacances en Bretagne.   *Pour demain, la météo annonce du beau temps.*

A 3 La phrase négative ◆ U1

Elle permet de **nier** un fait, de **refuser** quelque chose ou de **s'opposer** à une opinion.
On emploie :
- **non** quand on répond à une question totale (voir § A4a) : – *Tu viens ? – Non. (J'ai du travail).*
- **ne... pas** quand la négation porte sur l'ensemble de la phrase :
  *Arnaud **ne** peut **pas** arriver à l'heure. Il **n'**est **pas** encore arrivé.*
- **ne... plus, ne... jamais, ne... personne, ne... rien** quand la négation s'applique :
  – seulement à partir d'un moment donné : *Il **n'**y a **plus** d'essence. Il **ne** fume **plus**.*
  – au temps : *Le matin, il **n'**arrive **jamais** à l'heure.*
  – à une personne : *Il **n'**y a **personne**. Il **n'**en a parlé à **personne**.*
  – à une chose, un événement, une idée : *Moi, je **n'**ai **rien** vu. Ça **n'**explique **rien**. Il **n'**y a **rien** à manger.*
- **ni... ni...** quand la négation porte sur plusieurs points : – *Tu veux du café ou du thé ? – **Ni** l'un **ni** l'autre. Merci.*
  *Je ne connais **ni** Paul **ni** Jacques.*

La place de *pas, plus, jamais* varie selon que le verbe est :
– à un temps simple : **ne** (+ pronom complément) + verbe + **pas/plus/jamais** :
  *Je ne suis **pas** d'accord. Je ne la connais **pas**.*
– à un temps composé : **ne** (+ pronom complément) + auxiliaire + **pas/plus/jamais** + participe passé :
  *Il n'a **pas** été d'accord. Je ne l'ai **pas** vu.* MAIS : *Il n'a vu personne.*
– à l'infinitif : **ne pas/plus/jamais** (+ pronom complément) + verbe :
  *Ne **pas** déranger. Il prend du café pour ne **pas** dormir au bureau.*

cent quatre-vingt-treize

| Remarques
• Devant une voyelle, **ne** devient **n'**.
• Dans la langue orale, **ne** n'est souvent pas prononcé : *Je suis pas d'accord. J'ai rien compris.*
• **Ne... que** n'exprime pas une négation mais une restriction :
  *Il **ne** lit **que** des romans policiers. (= Il ne lit pas d'autres livres.)*

A 4 La phrase interrogative ◆ U2, U4

Elle sert à poser des questions. Elle peut être **totale** ou **partielle**.

a L'interrogation totale s'emploie quand la question porte sur l'ensemble de la phrase.

La réponse se fait par *oui* (par *si*, quand la question est négative) ou par *non*.

L'ordre des mots et l'intonation peuvent changer selon la construction de la phrase :

• **Construction sans mot interrogatif :** on emploie une **phrase déclarative** et l'intonation monte.

– *Tu viens au cinéma ?*   – *Tu ne viens pas au cinéma ?*
– *Oui (je viens)/Non (je ne viens pas).*   – *Si (je viens)/Non (je ne viens pas).*

• **Construction *Est-ce que* + phrase déclarative :** l'intonation peut monter ou descendre.

Est-ce que *tu viens avec nous ?*   ***Est-ce que*** *tu viens avec nous ?*

• **Construction avec inversion du sujet :** l'intonation peut monter ou descendre.

 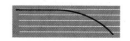

Voulez-vous *du chocolat ?*   ***Avez-vous*** *choisi ?*

b L'interrogation partielle demande un complément d'information.

La réponse porte sur un des éléments de la phrase représenté par un mot interrogatif :

• **Quel, quelle, quels, quelles ?** (placés devant un nom) (voir § D4) :
  *Il est **quelle** heure ?*   ***Quelle** heure est-il ?*   *Vous parlez de **quel** livre ?*   *De **quel** livre est-ce que vous parlez ?*

• **Qui, qui est-ce qui, qui est-ce que ?** (pour interroger sur une personne) :
  – sujet :   ***Qui** vient ce soir ?*   ***Qui est-ce qui** vient ce soir ?*
  – complément :   *Tu as vu **qui** ?*   ***Qui est-ce que** tu as vu ?*
                      *Tu parles de **qui** ?*   *De **qui est-ce que** tu parles ?*

• **Qu'est-ce qui, qu'est-ce que ? que ? quoi ?** (pour interroger sur une chose, un événement, etc.) :
  – sujet :   ***Qu'est-ce qui** fait ce bruit ?*   ***Qu'est-ce qui** s'est passé ?*
  – complément :   *Tu fais **quoi** ?*   ***Qu'est-ce que** tu fais ?*
                      *Tu parles de **quoi** ?*   *De **quoi est-ce que** tu parles ?*

• **Où, quand, comment, pourquoi ?** (pour interroger sur le lieu, le temps, la manière, la cause) :
  *Tu vas **où** ?*   *Tu pars **quand** ?*   *Tu y vas **comment** ?*   *Tu ris **pourquoi** ?*
  ***Où est-ce que** tu vas ?*   ***Quand est-ce que** tu pars ?*   ***Comment est-ce que** tu y vas ?*   ***Pourquoi est-ce que** tu ris ?*
  À l'oral, le sommet de la courbe intonative correspond généralement au mot interrogatif.

• **Lequel, laquelle, lesquels, lesquelles ?** (pour interroger sur un choix) ◆ U6
  J'ai deux photos.   *Tu veux **laquelle** ?*   ***Laquelle** est-ce que tu veux ?*

A 5 La phrase impérative ◆ U7

Le verbe est en général à l'impératif. Elle exprime :
• un ordre : *Viens ici !*
• une interdiction : *N'ouvre pas la porte.*
• un conseil : *Emportez un manteau. Rassurez-vous, tout va bien.*
• un souhait : *Allons au cinéma. Excusez-moi. Venez nous voir bientôt.*

À l'oral, l'intonation descend à la fin de la phrase :

Sortez d'ici !

N'oublie pas d'acheter du lait !

A 6 **La phrase exclamative**

Elle exprime un sentiment vif d'admiration, d'horreur, de colère, de regret, de surprise, etc.

On peut employer :

- une phrase déclarative ou impérative avec une intonation expressive : *Il a gagné ! C'est horrible ! Amusez-vous !*
- une phrase qui commence par **comme**, **que**, **qu'est-ce que**, **quel** :
  Comme *c'est beau !* ***Que*** *c'était drôle !* ***Qu'est-ce que*** *c'était drôle !* ***Quel*** *dommage !* ***Quelle*** *belle histoire !*
- un seul mot ou une expression : *Formidable ! Ah ! Bonne année ! Absolument ! Oui ! Toute une année !*

À l'oral, on accentue le mot ou le groupe de mots mis en valeur.

A 7 **La ponctuation**

À l'oral, l'intonation indique les limites de la phrase et la séparation des groupes de mots.

À l'écrit, la ponctuation joue le même rôle :

- le point **(.)** indique la fin d'une phrase déclarative ou d'une phrase impérative ;
- le point d'interrogation **(?)** se place à la fin d'une expression interrogative (un mot, une locution ou une phrase) ;
- le point d'exclamation **(!)** se place à la fin d'une expression qui a une forte charge affective (ordre, satisfaction, etc.) ;
- la virgule **(,)** indique une courte pause (entre éléments d'une énumération, par exemple) ;
- le point virgule **(;)** marque une pause plus longue que la virgule, il se place entre deux phrases qui expriment deux aspects d'une même idée ;
- les deux points **(:)** se placent devant une énumération ou une explication ;
- les points de suspension **(…)** indiquent que la phrase n'est pas finie (énumération incomplète, par exemple).

B Le nom et le groupe nominal

Le groupe nominal comprend : **le nom, l'adjectif qualificatif, les déterminants (l'article, l'adjectif possessif, l'adjectif démonstratif, l'adjectif interrogatif, l'adjectif exclamatif et les quantifiants).**

Il peut être remplacé par un **pronom** : *L'ami de ma sœur a une moto.* ➜ *Il a une moto.*

B 1 **Le nom** ◆ U2

Le nom indique l'identité (noms propres) ou désigne des personnes, des animaux, des événements, des choses ou des idées (noms communs).

- **Le nom propre** s'écrit avec une majuscule et s'accompagne ou non d'un article :
  Paris, Rome, La Havane, Le Havre, la Seine, le Nil, l'Afrique, les États-Unis, Israël, le Maroc, Pierre, Paul…
- **Le nom commun** s'écrit avec une minuscule et peut toujours être accompagné d'un déterminant :
  le train, ma voiture, une femme, un professeur…

B 2 **Le genre du nom : masculin ou féminin** ◆ U1, U2

Tous les noms sont du genre **masculin** ou **féminin**. Il n'y a pas de neutre.

- Tous les **noms de choses** ont un genre fixe, arbitraire : *un lit, le soleil, un vélo ; une table, la lune, une bicyclette.*
- Le genre des **noms de personnes et d'animaux** correspond presque toujours au sexe.
  Trois cas sont à considérer :
- Le mot est différent : *un homme, une femme ; un fils, une fille…*
- Le nom finit par **-e**. Seul l'article indique le genre : *un artiste, une artiste ; le responsable, la responsable.*
- La terminaison change. En général, **féminin = masculin + -e**
  Un ami ➜ *une amie* (la prononciation ne change pas).
  Un Espagnol ➜ *une Espagnole* (la prononciation ne change pas).
  Un Allemand ➜ *une Allemande* (au féminin, on prononce la consonne finale).

cent quatre-vingt-quinze

❑ **Cas particuliers**

Masculin		Féminin		
-er	[e]	**-ère**	[ɛʀ]	*le boulanger, la boulangère*
-eur	[œʀ]	**-euse**	[øz]	*un travailleur, une travailleuse*
-teur	[tœʀ]	**-trice/-teuse**	[tʀis]/[tøz]	*le directeur, la directrice*
				un chanteur, une chanteuse
-in/-ien	[ɛ̃]/[jɛ̃]	**-ine/-ienne**	[in]/[jɛn]	*mon cousin, ma cousine*
				un Italien, une Italienne
-on	[ɔ̃]	**-onne**	[ɔn]	*le lion, la lionne*

De nombreux mots (noms et adjectifs) qui ont le masculin terminé par **-eu, -eux, -oux, -ou, -aux** ont un féminin particulier :

(un) vieux ➜ *(une) vieille ; (un) roux* ➜ *(une) rousse ; (un) fou* ➜ *(une) folle…*

- La terminaison du nom peut aider à trouver son genre.

Masculin	Féminin
-c, -l, -f, -s : *un sac, le personnel, un œuf, le bus*	**-ion/-tion :** *une réunion, la direction*
-ement : *le commencement*	**-ité :** *la réalité*
-oir : *un rasoir*	**-logie :** *la biologie*
-eau : *un bateau*	**-erie :** *la boulangerie*
-al : *un cheval*	**-elle :** *la demoiselle*
-et : *un briquet*	**-ette :** *la baguette*
-isme : *le socialisme*	**-esse :** *la vitesse*

B 3 Le nombre : singulier ou pluriel

a Les noms comptables (qui désignent des êtres ou des choses que l'on peut compter) ◆ U2

Ils peuvent être au **singulier** ou au **pluriel** :

un train, deux trains, des trains.

- **À l'écrit**, en général : **pluriel = singulier + -s** :

une maison ➜ *des maisons.*

❑ **Cas particuliers**

Singulier	Pluriel	
-s, -x, -z	**-s, -x, -z**	*un bus, des bus ; le prix, les prix ; le nez, les nez*
-al	**-aux**	*un journal, des journaux*
-eau	**-eaux**	*un bateau, des bateaux*
-ail	**-aux**	*ce travail, ces travaux*
-eu	**-eux**	*un jeu, des jeux*

Quelques noms sont différents au singulier et au pluriel :

un œil ➜ *des yeux ; monsieur* ➜ *messieurs ; madame* ➜ *mesdames…*

- **À l'oral**, en général, la prononciation ne change pas. C'est le déterminant qui indique le nombre :

mon cahier[mɔ̃kaje], *mes cahiers* [mekaje].

Si le nom commence par une voyelle, la liaison [z] est aussi une marque du pluriel :

leur enfant [lœʀɑ̃fɑ̃], *leurs enfants* [lœʀzɑ̃fɑ̃].

b Les noms non-comptables (noms de matière et noms abstraits) ◆ U3

Ils s'emploient presque toujours au **singulier**.

Leur sens change s'ils sont employés comme des mots comptables :

Vous prendrez du café (= la boisson). ➜ *J'ai bu trois cafés aujourd'hui* (= trois tasses de café).

J'ai de la chance ! ➜ *Tu as une chance sur deux d'y arriver* (= une possibilité).

C L'adjectif qualificatif

L'adjectif qualificatif sert à décrire ou à caractériser le **nom** et le **pronom** :
*Une **grande** maison. Un costume **bleu**. Un directeur **commercial**. Pierre est **gentil**. Aline est **française**.*

C 1 La place de l'adjectif qualificatif ◆ U2

• L'adjectif se place en général **après le nom** : *une fleur **blanche** ; un film **comique**.*
• Quelques adjectifs très courants et courts se placent **avant le nom** :
*un **grand** appartement, de **jolies** fleurs, mon **petit** chien, un **mauvais** temps, un **nouveau** record, un **beau** jardin.*
• L'adjectif qualificatif peut se placer **après certains verbes** :
*Le film était **intéressant**. J'ai trouvé ce film **intéressant**. Je l'ai trouvé **intéressant**.*

C 2 Le genre et le nombre de l'adjectif qualificatif ◆ U2

L'adjectif qualificatif s'accorde en **genre** et en **nombre** avec le nom ou le pronom auquel il se rapporte. Il obéit aux mêmes règles de formation du féminin et du pluriel que le nom (voir § B2 et B3).

> **Remarques**
> • Devant un nom masculin commençant par une voyelle ou un *h* muet, quelques adjectifs changent de forme :
> nouveau ➜ nouvel : *le nouvel an* ; vieux ➜ vieil : *un vieil homme* ; beau ➜ bel : *un bel été*
> • Quelques adjectifs très courants ont un féminin irrégulier : *frais* ➜ *fraîche*, *faux* ➜ *fausse*, etc. (voir § B2).
> • L'adjectif peut changer de sens selon qu'il est après ou avant le verbe :
> *Mon **cher** ami* (que j'aime bien) ; *un livre **cher*** (qui coûte beaucoup).
> *Ma **pauvre** fille* (on a pitié d'elle) ; *une famille **pauvre*** (sans argent).

C 3 Le comparatif et le superlatif de l'adjectif qualificatif ◆ U6

• Pour comparer deux éléments, on utilise le **comparatif** :
*Pierre est **aussi** grand **que** Paul* (ils ont la même taille).
*Pierre est **plus** grand **que** toi.*
*Tu es **moins** grand **que** Pierre.*
• Pour indiquer **le plus haut degré** (positif ou négatif), on utilise le **superlatif** :
*Aline est **la plus** gentille **de** mes élèves.*
*Ce livre est **le moins** intéressant **de** tous les livres que j'ai lus.*

> **Remarque**
> Le comparatif et le superlatif de **bon** est **meilleur** :
> *Ton gâteau est **meilleur** que le mien. C'est le **meilleur** des gâteaux.*

D Les déterminants

• Le nom est normalement précédé d'un déterminant (voir § B1) :
– un article : ***Le** chien est **un** animal. **Du** thé, s'il vous plaît.*
– un adjectif démonstratif : *Vous avez vu **ce** film ?*
– un adjectif possessif : *C'est **mon** sac. Il achète **son** journal.*
– un adjectif interrogatif ou exclamatif : *Pour Lyon, c'est sur **quelle** voie ? **Quel** plaisir !*
– un quantifiant : ***Trois** étudiants. J'ai acheté **quelques** livres.*
Les déterminants se placent toujours avant le nom. Entre le déterminant et le nom il peut seulement y avoir un adjectif qualificatif précédé ou non d'un quantifiant : *une très grande ville, les trois premiers candidats, la plus belle avenue du monde.*
• Les déterminants s'accordent toujours avec le nom.
• **À l'oral**, il n'y a jamais de pause entre le déterminant et le mot qui le suit. Si ce mot commence par une voyelle ou par un *h* muet, la liaison se fait toujours : *les enfants* [z], *un ancien ami* [n].

D 1 Les articles ◆ U1 à U3

	Singulier		Pluriel
	masculin	féminin	masculin-féminin
Articles définis	le	la	les
Articles contractés (*à/de* + art. défini)	au du	à la de la	aux des
Articles indéfinis	un	une	des
Articles partitifs	du	de la	des

> **Remarques**
> * Devant une voyelle ou un *h* muet :
>
>   le, la   ➜   l'   *L'aéroport. C'est l'heure.*
>
>   du/de la   ➜   de l'   *Il sort de l'hôtel. Il vient de l'école.*
>
>   au/à la   ➜   à l'   *Il est à l'heure. Il va à l'hôtel. Il est à l'école.*
> * À la forme négative, on emploie **de** à la place de l'article indéfini ou de l'article partitif :
>   *Il a une sœur.* ➜ *Il n'a pas de sœur. Il a de la chance.* ➜ *Il n'a pas de chance.*
> * Après une expression de quantité, on emploie en général **de**, et l'article est effacé :
>   *Il a des amis* ➜ *il a beaucoup d'amis ; il a acheté des tomates* ➜ *il a acheté un kilo de tomates.*

a L'article défini et l'article défini contracté s'emploient :
* devant un nom déterminé qui désigne une personne ou une chose qu'on connaît bien ou dont on vient de parler :
  *J'aime **la** cuisine française. J'ai vu **le** film dont tu m'as parlé. Au début **du** film, **la** scène de **la** piscine était formidable !*
* devant des noms qui désignent une partie du corps :
  *J'ai mal à **la** tête. Il m'a pris par **le** bras. Fermez **les** yeux.*
* devant certains noms propres géographiques :
  ***La** Seine. Le président **des** États-Unis. Je viens **du** Brésil. Agadir est **au** Maroc.*
* au pluriel devant des noms de famille pour désigner la famille entière :
  *On dîne chez **les** Durand ce soir. Le fils **des** Leclerc s'est marié.*

b L'article indéfini s'emploie :
* quand le nom désigne une personne, une chose, une idée, un événement non précisés :
  ***Un** homme a téléphoné. Il a **des** amis en Suède.*
* devant un nom de classe ou de catégorie :
  *Le chien est **un** animal domestique.*

c L'article partitif s'emploie devant les noms non-comptables (voir § B3b) :
*Vous prendrez **du** thé ou **du** café ?*
*Les enfants prennent **des** céréales au petit déjeuner.*
*Tu as vraiment eu **de la** chance !*

d L'absence d'article
Il n'y a pas d'article :
* à la forme négative après **pas de, plus de** :
  J'ai des amis. ➜ *Je n'ai pas d'amis.*
* après une expression de quantité comme **beaucoup de, un peu de, un kilo de, une bouteille de** :
  J'ai des amis. ➜ *J'ai beaucoup d'amis. J'ai du travail.* ➜ *J'ai un peu de travail.*
* devant un nom de profession, de fonction, après des verbes comme *être, devenir, rester…* :
  Pierre est médecin. Le fils de Paul Claudel était consul à Barcelone.
  Mais on met l'article si le nom est précisé : *Pierre est **le** médecin de Jacques.*
* dans des expressions comme **avoir faim, faire peur, avoir envie de, avoir besoin de** :
* après **à, de, en, par** dans des constructions comme : *une table en bois, une tasse à café, trois fois par jour, un paquet de café…*
* Entre **à** ou **de** et un nom de pays féminin :
  Je suis en France. Je viens d'Algérie.

D 2 L'adjectif démonstratif ◆ U6

Singulier		Pluriel
masculin	féminin	masculin-féminin
ce	cette	ces

> **Remarques**
> • Devant une voyelle ou un *h* muet, **ce** devient **cet** : ***cet*** *homme,* ***cet*** *artiste.*
> • L'adjectif démonstratif s'emploie pour désigner une chose ou une personne que l'on montre (souvent avec un geste ou une mimique) ou quelque chose que l'on vient de mentionner :
> ***Cette*** *robe te va très bien. Je ne suis pas de* ***cet*** *avis.*

D 3 L'adjectif possessif ◆ U3

La forme de l'adjectif possessif varie selon la personne du possesseur et le genre et le nombre du nom qu'il détermine.

		Singulier		Pluriel
		masculin	féminin	masculin-féminin
Un seul possesseur	**1re personne** (je)	mon	ma	mes
	2e personne (tu)	ton	ta	tes
	3e personne (il, elle)	son	sa	ses
Plusieurs possesseurs	**1re personne** (nous)	notre		nos
	2e personne (vous)	votre		vos
	3e personne (ils, elles)	leur		leurs

> **Remarque**
> Devant un mot féminin qui commence par une voyelle ou un *h* muet, **ma, ta, sa** deviennent **mon, ton, son** :
> ***son*** *amie,* ***ton*** *ancienne amie,* ***mon*** *ancienne compagne.*

L'adjectif possessif exprime **l'appartenance** ou un **lien fort** entre deux noms (ou entre un nom et un pronom personnel).
Il peut exprimer une **action habituelle** quand il est employé entre le verbe qui indique l'action et le nom complément :
   C'est le père de Jacques, c'est ***son*** *père. Ils sont partis avec* ***leur*** *chien. Cédric* prend ***sa*** *douche. J'*achète ***mon*** *journal.*

D 4 L'adjectif interrogatif *quel* ◆ U2

Singulier		Pluriel	
masculin	féminin	masculin	féminin
quel	quelle	quels	quelles

À l'oral, toutes les formes de l'adjectif interrogatif se prononcent [kɛl].

L'adjectif interrogatif s'emploie pour demander une précision ou une explication sur le nom qu'il détermine :
   Vous viendrez ***quel*** *jour ? Vous avez réservé pour* ***quelles*** *dates ?* ***Quelle*** *heure est-il ?*

D 5 Les numéraux et les quantifiants

a Les nombres cardinaux ◆ U1, U2

• **Les nombres : un (une), deux, trois… vingt et un (vingt et une), cent**, etc. se placent avant le nom
  (ou l'adjectif) : *J'ai vu* ***trois*** *(bons) films cette semaine.*
• Ils peuvent être précédés d'un déterminant : *Les* ***trois*** *films que j'ai vus étaient bons.*
• Placés après le nom, ils indiquent un numéro : *La porte* ***huit***.
• Ils sont, en général, invariables.

> ❏ **Cas particuliers**
>   – **un** et les nombres qui finissent par **un (21, 31…)** ont un féminin en **une** :
>   *un couteau/****une*** *fourchette ; trente et un étudiants/trente et* ***une*** *étudiantes.*
>   – Lorsque **vingt** et **cent** sont multipliés par un nombre exact ils prennent un **s** :
>   *Vingt jours/quatre-vingt****s*** *jours ; cent dix euros/six cent****s*** *euros.*
>   – Les nombres composés s'écrivent avec un trait d'union (-) quand les éléments sont inférieurs à 100, sauf **21, 31, 41…** :
>   *dix-sept ; quatre-vingt-douze* MAIS *vingt et un ; trente et un, trois cent un…*

b Les nombres ordinaux ◆ U7

Premier (première), deuxième/second (seconde), troisième, vingtième... indiquent le rang, l'ordre. Ils se placent presque toujours entre le déterminant et le nom (ou l'adjectif) :

*C'est la **troisième** (petite) rue à droite. Le **vingtième** siècle. Le **premier** mai.*

• On forme l'adjectif numéral ordinal avec le suffixe **-ième** :

deux → deuxième ; trois → troisième ; quatre → quatrième ; vingt → vingtième... MAIS *un → premier.*

• Ils s'accordent en genre et en nombre avec le nom auquel ils se rapportent.

c Les quantifiants ◆ U8

• **Quelques, plusieurs, tou(te)s** s'emploient devant des noms comptables au pluriel :

*On passe **quelques** jours à Paris. J'ai **plusieurs** choses à te dire. On ira **tous** les jours au cinéma. Éric a invité **tous** ses amis au chalet.*

• **Tout(e) le/la** et les articles partitifs **du, de la, des** s'emploient devant des noms **non-comptables** :

*Elle rit **tout le** temps. Elle a **de la** chance. On a joué **toute la** journée.*

• **Beaucoup de, peu de, un kilo de, un sac de...** s'emploient devant des noms comptables au pluriel ou des noms non-comptables : ***peu de** bonbons, **peu d'**argent, **beaucoup de** fruits, **beaucoup de** beurre.*

• **Un (petit) peu de** s'emploie avec des noms non-comptables : ***un peu de** lait.*

E Les pronoms

Le pronom remplace un nom ou un groupe nominal :

*<u>Pierre</u> est venu. → **Il** est venu.*

*<u>Ma petite sœur qui a dix-huit ans</u> est arrivée hier. → **Elle** est arrivée hier.*

*J'ai lu <u>ce très bon livre</u>. Prends-**le**.*

Il prend le genre et le nombre du nom.

E 1 Le pronom personnel ◆ U1, U4 à U6

a Les pronoms de la 1re et de la 2e personne

Ils représentent des personnes.

		Tonique	Sujet	Réfléchi/complément d'objet
Singulier	1re pers.	moi	je (j')	me (m')
	2e pers.	toi	tu	te (t')
Pluriel	1re pers.	nous	nous	nous
	2e pers.	vous	vous	vous

• Les pronoms toniques **moi** et **toi** ne se placent jamais directement avant le verbe et ils peuvent s'employer seuls. Ils s'emploient :

– seuls, dans une réponse : *– Qui a parlé ? – **Moi**.*

– pour insister ou interpeller : ***Moi,** je vais au cinéma et **toi,** qu'est-ce que tu fais ?*

– après **que** dans la comparaison : *Jacques est plus grand que **toi**.*

– après **c'est** : *C'est **toi** qui parles trop !*

– après l'impératif : *Regardez-**moi** !*

– après une préposition : *Je rentre chez **moi**. Ce livre est à **toi**.*

• Les pronoms **je** et **tu** sont toujours **sujets**. Ils ne peuvent être séparés du verbe ou de l'auxiliaire que par d'autres pronoms ou par la négation **ne** : *Je viens. J'ai vu. Je le vois. Tu l'as vu. Tu ne viens pas.*

• Les pronoms **me** et **te** se placent toujours devant le verbe ou l'auxiliaire. Ils s'emploient comme **compléments** et ne peuvent être séparés du verbe que par un autre pronom :

*Pierre **te** regarde (complément d'objet direct : regarder quelqu'un).*

*Pierre **me** parle (complément d'objet indirect : parler à quelqu'un).*

*C'est mon livre, je **te** le donne.*

Ils s'emploient dans la **conjugaison pronominale** : *Je **me** suis arrêté(e).*

- Les pronoms **nous** et **vous** gardent la même forme dans tous les emplois suivants : pronom tonique, sujet, réfléchi ou objet.

  Vous peut représenter une seule personne (*vous* de politesse). Le verbe est à la 2e personne du pluriel mais l'adjectif ou le participe est au singulier : *Merci madame, **vous** êtes très gentille.*

b Les pronoms de la 3e personne

Ils remplacent des noms qui désignent des personnes, des choses, des événements, des idées…

	Tonique	Sujet	Réfléchi	Complément d'objet	
				direct	indirect
Masculin	lui	il*	se	le*** (l')	lui
Féminin	elle	elle	se	la (l')	lui
		on**	se (s')	_	_
Masculin	eux	ils	se	les	leur
Féminin	elles	elles	se	les	leur

* **Il** s'emploie aussi : – dans les constructions impersonnelles : *s'**il** vous plaît ; **il** faut que ; **il** y a…*
               – pour parler du temps qu'il fait : *il neige ; il pleut ; il fait froid, il fait chaud…*

** **On :** – désigne **une personne indéterminée** ou qu'on ne connaît pas : *On (= quelqu'un) a téléphoné pour toi.*
        En France, on (= tout le monde) parle français.
        – s'emploie souvent à la place de **nous** : *Hier, **on** est allés au cinéma et **on** était très contents.*
        (Le verbe est à la 3e personne du singulier, mais l'adjectif ou le participe s'accorde avec les personnes représentées.)

*** **Le (l')** peut représenter un nom, un adjectif ou une phrase :
        – *Tu aimes mon chapeau ? – Oui, je **l'**aime bien.*
        – *Tu es contente ? – Oui, je **le** suis !*
        – *Les Leclerc sont en vacances. – Je **le** sais déjà. C'est Luc qui me **l'**a dit.*

- Les **pronoms toniques** s'emploient comme les pronoms **moi** et **toi** sauf à l'impératif :

  ***Lui**, il va au cinéma et **elle**, elle va au théâtre.*

  *Jacques est plus grand qu'**eux**.*

  *Aline et Marie partent. Elles rentrent chez **elles**.*

  À l'impératif, on emploie les formes **compléments** :
  - **après** le verbe à la forme affirmative : *Regarde-**le** !* (COD). *Téléphone-**lui** !* (COI)
  - **avant** le verbe à la forme négative : *Ne **le** regarde pas !* (COD) *Ne **lui** parle pas !* (COI)

- Les **pronoms sujets** s'emploient comme les pronoms **je** et **tu**.

  ***Il** est arrivé hier.*

- Les **pronoms COD le, la, l', les** et **COI lui, leur** dépendent de la construction du verbe transitif ou intransitif (voir § F1) :

Tu lis <u>un livre</u>.	➜ *Tu **le** lis.*
Tu manges <u>une pomme</u>.	➜ *Tu **la** manges.*
Il regarde <u>les gens</u>.	➜ *Il **les** regarde.*
Tu parles <u>à Jacques/à Aline</u>.	➜ *Tu **lui** parles.*
Tu parles <u>à Jacques et à Aline</u>.	➜ *Tu **leur** parles.*

E 2 Les pronoms *en* et *y* ◆ U7, U8

D'une manière générale, **en** remplace un nom précédé de la préposition **de** ou de l'article partitif **du, de la, des** et **y** remplace un nom précédé de la préposition **à**.

- **Y** et **en** se placent toujours immédiatement avant le verbe :
  - *Tu es content <u>**de ta** voiture</u> ?* ➜ *– Non, je n'**en** suis pas content.*
  - *Je tiens beaucoup <u>**à ce** livre</u> ?* ➜ *– J'**y** tiens beaucoup.*
  - *Tu sais jouer <u>**aux** cartes</u> ?* ➜ *– Bien sûr que je sais **y** jouer !*

deux cent un

- **En** s'emploie également à la place d'un nom précédé d'une expression de quantité :
  Il a beaucoup *d'amis* ? ➔ – Il **en** a beaucoup.
  – Il te faut combien *de tickets* ? ➔ – Il m'**en** faut deux.

- **En** et **y** peuvent remplacer une expression de lieu.
  En : le lieu d'où l'on vient.
  Y : le lieu où l'on va, où l'on est.
  *Tu es allé <u>à la poste</u> ? – Oui, j'**y** suis allé. J'**en** viens, j'**en** sors juste !*
  *Pierre connaît bien <u>Paris</u>, il **y** habite depuis trois ans.*

E 3 Les pronoms démonstratifs ◆ U6

a Les pronoms masculins ou féminins
Ils reprennent un nom déjà cité avec lequel ils s'accordent en genre et en nombre.

		Singulier	**Pluriel**
Masculin	**simple**	celui	ceux
	composé	celui-ci celui-là	ceux-ci ceux-là
Féminin	**simple**	celle	celles
	composé	celle-ci celle-là	celles-ci celles-là

- Les **formes simples** ne s'emploient jamais seules. Elles sont toujours suivies de la préposition **de** ou d'un pronom relatif :
  *On prend <u>quelle rue</u> ? **Celle de** gauche ou **celle de** droite ? **Celle qui** va à la poste ou **celle qui** va à la mairie ?*
- Les **formes composées** s'emploient seules : **-ci** désigne plutôt ce qui est proche (dans l'espace ou le temps) et **-là** ce qui est plus loin. En langue courante, on emploie le plus souvent **-là** :
  – *<u>Quel livre</u> veux-tu ? **Celui-ci** ou **celui-là** ? – **Celui-là**.*

b Les pronoms *ce, ceci, cela* ou *ça*
- **Ce (c')** s'emploie :
  – avec le verbe **être** : *Merci, **c'**est gentil. Qui est-**ce** ? **C'**est Pierre. **Ce** sont mes amis.*
  – avec un **pronom relatif** : *Prends **ce que** tu veux, prends **ce qui** te plaît.*

- **Cela (ça** en langue courante) s'emploie :
  – avec un autre verbe que le verbe **être** : ***Cela** m'intéresse, **ça** me plaît.*
  – pour reprendre un mot ou une phrase : – *Tu aimes <u>le chocolat</u> ? – Oui, j'aime **ça**.*
    – *On m'a dit <u>que...</u> – Qui t'a dit **ça** ?*
  – pour désigner une chose qu'on montre : *Regarde **ça** ! Donne-moi **ça**.*
  – dans de nombreuses expressions : *Comment **ça** va ? C'est **ça**. **Ça** y est !*

E 4 Les pronoms relatifs ◆ U9

Ils servent à relier deux propositions dans une phrase. Ils introduisent une proposition relative. La proposition relative précise un nom, de la même façon qu'un adjectif.

Qui	sujet	*J'ai vu <u>un film</u> **qui** m'a beaucoup plu.* *Quel bon gâteau ! C'est <u>toi</u> **qui** l'as fait ?*
Que, qu'	complément direct	*J'ai lu <u>le livre</u> **que** tu m'as prêté.* *Alain montre à <u>la fille</u> **qu'**il a rencontrée hier.*
Dont	complément avec **de**	*C'est <u>un film</u> **dont** tout le monde parle (parler **de**).* *Montre-moi <u>le dessin</u> **dont** tu es le plus fier (être fier **de**).*
Où	complément de lieu ou de temps	*C'est <u>un marché</u> **où** on trouve de tout.* *Il est parti <u>le jour</u> **où** vous êtes arrivés.*

deux cent deux

202

F Les verbes

F 1 Les principales constructions verbales

a Les verbes *être, devenir, rester, avoir l'air, paraître...*
Ils sont suivis d'un adjectif ou d'un nom qui caractérise le sujet et qui s'accorde en genre et en nombre avec le sujet.
> *Le ciel **est** bleu. Je **suis** musicien. Je **deviens** vieux. Marie **est** mon amie. Mes parents **sont** contents.*

b Les verbes transitifs ◆ U5
Ils peuvent avoir un complément d'objet direct (COD) : *manger, regarder, faire quelque chose.*
Il n'y a pas de préposition entre le verbe et le complément :
> *Je **mange** une pomme.   Nous **regardons** la télé.   Elle **aime** le ski.*

c Les verbes intransitifs (sans COD)
Ils ne peuvent pas avoir de complément d'objet direct.
> *La pluie tombe. Les oiseaux volent dans le ciel. Pierre part demain. Il dort dans sa chambre.*

d Les verbes pronominaux ◆ U3
Ils se conjuguent avec un pronom réfléchi de la même personne que le sujet.
> ***L'oiseau s'**envole.   **Je me** promène.*
Aux temps composés, ils sont toujours conjugués avec **être** :
> *Aline **s'est endormie**.*
Certains verbes n'existent qu'à la forme pronominale : *s'envoler, s'enfuir, se taire, s'en aller...*
Presque tous les verbes transitifs peuvent s'employer à la forme pronominale :
> *Le matin, elle **se réveille** à 7 heures, et elle réveille son fils à 7 heures et demie.*

e Les verbes impersonnels
Ils ne s'emploient qu'avec le pronom **il** : ***Il faut** partir.*
Les verbes qui décrivent le temps sont impersonnels : *il pleut, il grêle, il fait beau...*

f Les verbes qui se construisent avec une préposition ◆ U6
- Certains verbes peuvent avoir un complément d'objet indirect (COI). Il y a la préposition **à** entre le verbe et le complément.
> *Téléphoner **à** quelqu'un, parler **à** quelqu'un.*
> ➜ *Paul a téléphoné **à** la secrétaire. Ils parlent **au** directeur.*
- Certains verbes sont suivis de constructions figées.
> *Tenir **à**, s'occuper **de**, commencer **par**.*
> ➜ *Je tiens **à** la vie. Il s'occupe **de** moi. Je commence **par** un verre d'eau.*
> Il faut les noter dans ses fiches et les apprendre par cœur.

F 2 Les formes du verbe
La forme du verbe varie selon le **mode**, le **temps**, la **personne** et le **nombre**. L'ensemble de ces formes s'appelle la **conjugaison** (voir § G et H).

F 3 Les modes et les temps

a L'indicatif ◆ U1 à U6
C'est le mode de la réalité. Il présente l'action comme réelle.
- **Le présent** exprime :
  - une action en train de se faire : *Pierre **lit** son journal.*
  - une habitude actuelle : *Tous les soirs, on **regarde** la télévision.*
  - une vérité générale : *La terre **tourne** autour du soleil.*
  - un futur avec un indicateur de temps : *On **part** dimanche prochain.*
  - un passé avec un indicateur de temps : *Il **habite** à Paris depuis deux ans. En 1990, il **s'installe** à Paris.*
  - une hypothèse après **si** : *Si tu **es** content, alors je **suis** content aussi.*

- **L'imparfait** est un temps du passé. Il exprime les circonstances, le cadre du récit. Il exprime aussi l'habitude.
  *Pierre **lisait** son journal. Il **habitait** à Paris depuis deux ans. Quand il **était** content, alors je l'**étais** aussi. Pour les anciens, c'**était** le soleil qui **tournait** autour de la terre. Tous les soirs, on **regardait** la télévision.*

  Par rapport au présent, on utilise l'imparfait pour parler de circonstances, d'états du passé dont on ne précise ni le début ni la fin : *Excuse-moi, j'**étais** au téléphone.*

- **Le passé composé** indique qu'un événement a eu lieu, qu'une action a été faite à un moment donné du passé et qu'elle est terminée.
  *– Qu'est-ce que vous **avez fait** hier ? – On **est allés** au cinéma et puis on **a bu** un café.*
  *– Tu **as pensé** à envoyer ta lettre ? – Oui, je l'**ai portée** à la poste ce matin.*

- **Imparfait ou passé composé ?**

Imparfait	Passé composé
*Il **faisait** beau…*	*et tout à coup un orage **a éclaté…***
(circonstances)	(événement soudain)
*Autrefois, j'**allais** souvent au cinéma.*	*Cet été, j'y **suis allé** deux fois.*
(habitude)	(événement daté et précisé)

- **Le futur simple** situe une action ou un état dans l'avenir.
  *Demain, je **prendrai** la voiture. La semaine prochaine, il **fera** beau.*
  Il peut s'employer à la place de l'impératif pour donner un ordre, une consigne :
  Traduisez ce texte et n'utilisez pas de dictionnaire ➜ *Vous **traduirez** ce texte et vous n'**utiliserez** pas de dictionnaire.*

- **Le futur proche** se forme avec le présent du verbe **aller** et l'infinitif du verbe :
  *Ce soir, **je vais prendre** la voiture. **Il va faire** beau cet après-midi.*

b Le conditionnel ◆ U8

C'est le mode de l'éventualité. On l'emploie pour :
– faire des suggestions : *Tu **devrais** partir en vacances.*
– présenter un fait comme possible mais pas sûr : *Il y a eu un accident, il y **aurait** trois blessés.*
– formuler une demande ou un ordre de façon polie : *Tu **pourrais** me passer le pain, s'il te plaît ?*
                                                                            *Je **voudrais** vous voir lundi matin.*

c Le subjonctif ◆ U9

Il s'emploie après les déclencheurs **il faut que** et **pour que** :
– après **il faut que**, il exprime **l'obligation** : *Il faut que tu **viennes**. Ah bon ? Tu veux que je **vienne** ?*
– après **pour que**, il exprime le **but** : *Il a fait tout ça pour que tu **sois** heureux.*

d L'impératif ◆ U7

C'est le mode de la phrase impérative (voir § A5), le mode de l'ordre ou de l'interdiction (à la forme négative).

> **Remarques**
> - Ce mode n'a que trois personnes : 2e personne du singulier, 1re et 2e personnes du pluriel. Il s'emploie sans pronom sujet.
> - On met un trait d'union entre le verbe et le pronom placé après : *Regarde-le. Lève-toi.*
> - À la 2e personne du singulier des verbes en **-er**, on ajoute un **s** devant les pronoms **en** et **y**, et on fait la liaison à l'oral : *Va chercher le pain* ➜ *Vas-y ! Goûte ces fruits* ➜ *Goûtes-en.* [z]

e L'infinitif

C'est la forme qu'on trouve dans le dictionnaire. Il s'emploie :
- comme sujet : ***Marcher** (= la marche), (c')est bon pour la santé.*
- à la place de l'impératif dans des recettes, des consignes, des modes d'emploi :
  ***Prendre** 100 grammes de beurre… Ne pas **se pencher** à l'extérieur des fenêtres.*
- après des verbes comme **aimer, vouloir, pouvoir, devoir, savoir…** :
  *J'aime **jouer** aux cartes. Il doit **partir**. Aline sait **parler** français.*
- après des verbes de mouvement comme **aller, partir, venir** : *Je vais/je pars/je viens **chercher** ton frère.*
- après certaines constructions : **commencer à, finir de, être content de, avoir l'habitude de** :
  *Tu commences à bien **parler**. J'ai fini de **travailler**. Je suis content de te **voir**. Il a l'habitude de **conduire**.*

f Le participe passé ◆ U4, U5

Il s'emploie :

* comme un **adjectif qualificatif** :
  *Une femme bien **habillée**, 50 francs service **compris**.*
* pour former **les temps composés** avec l'auxiliaire **avoir** ou **être** :
  *J'ai **couru**, je suis **venu**.*

> ### ▌ Remarques
> * Le partice passé conjugué avec **être** s'accorde en genre et en nombre avec le sujet du verbe :
>   *Éric est part**i** aux Carroz.*
>   *Charlotte est all**ée** le rejoindre. Ils sont rentr**és** ensemble.*
> * Le participe conjugué avec **avoir** s'accorde avec le COD quand il est placé avant le verbe. Sinon, il reste invariable :
>   *Éric et Charlotte ont ski**é** avec leurs amis.*
>   *Il <u>les</u> ont invit**és** à déjeuner.*

G La conjugaison

G 1 Les verbes réguliers en -er ◆ U1, U3, U5

Infinitif : **-er**. Participe passé : **-é**.
chanter, chanté.

❏ Cas particuliers

* Les verbes en -**cer** : **c → ç** devant **a** et **o**.
  *J'avance, nous avan**ç**ons, j'avan**ç**ais.*
* Les verbes en -**ger** : **g → ge** devant **a** et **o**.
  *Je mange, nous mang**e**ons, je mang**e**ais.*
* Les verbes en -**yer** : **y → i** devant **e**.
  -oyer : *Se noyer : il se no**i**e.*
  -uyer : *S'ennuyer : il s'ennu**i**e.*
* Les verbes en -**e...er** (**-ever, -eter, -eler**) : **e → è** quand la terminaison est muette.
  *Se lever : il se l**è**ve, nous nous levons.*
  *Acheter : il ach**è**te, nous achetons* MAIS *jeter → jette.*
  *Geler : il g**è**le, nous gelons* MAIS *appeler → appelle.*
* Les verbes en -**é...er** (**-éter, -érer**) : **é → è** quand la terminaison est muette.
  *Compléter : il compl**è**te, nous complétons.*
  *Espérer : il esp**è**re, nous espérons.*

G 2 Les verbes réguliers en -ir, -issons ◆ U3

Infinitif : **-ir**. Participe passé **-i**.
Finir, fini.

G 3 Les verbes irréguliers

en -**er** : *aller, envoyer*
  -**ir** : *partir, venir, ouvrir, courir, cueillir*
  -**oir** : *voir, savoir, vouloir, pouvoir, devoir*
  -**re** : *mettre, dire, vivre, prendre, etc.*

Les verbes **avoir** et **être** sont utilisés comme auxiliaires pour former les temps composés.

G 4 **Les terminaisons** ◆ U5 à U9

			INDICATIF			CONDITIONNEL	SUBJONCTIF	IMPÉRATIF
		présent*		imparfait	futur	présent	présent	présent
Singulier	**1ʳᵉ pers.**	-e	-s	-ais	-rai	-rais	-e	
	2ᵉ pers.	-es	-s	-ais	-ras	-rais	-es	
	3ᵉ pers.	-e	-t/-d	-ait	-ra	-rait	-e	-e/-s
Pluriel	**1ʳᵉ pers.**	-ons		-ions	-rons	-rions	-ions	-ons
	2ᵉ pers.	-ez		-iez	-rez	-riez	-iez	-ez
	3ᵉ pers.	-ent		-aient	-ront	-raient	-ent	

* Les verbes **pouvoir, vouloir, valoir** ont leur présent en **x, x, t** au singulier.

Pour la plupart des verbes, il suffit de connaître les formes suivantes pour retrouver toutes les autres :

• la 1ʳᵉ personne du singulier du présent   ➜   le singulier du présent et de l'impératif
• la 1ʳᵉ personne du singulier du passé composé   ➜   tout le passé composé
• les 1ʳᵉ et 3ᵉ personnes du pluriel du présent   ➜   tout le futur simple et tout le conditionnel
• la 1ʳᵉ personne du singulier du futur simple   ➜   tout le subjonctif
• la 1ʳᵉ personne du singulier du subjonctif   ➜   le pluriel du présent et de l'impératif et tout l'imparfait

Exemple : **Finir**, verbe régulier en **-ir, -issons**
➜ finir, je finis, nous finissons, ils finissent, j'ai fini, je finirai, que je finisse.

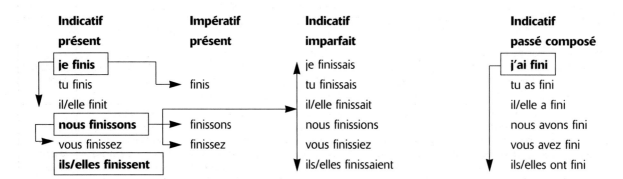

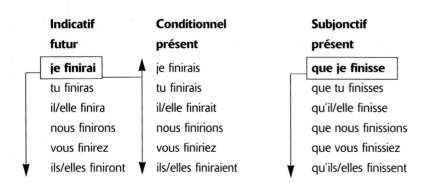

H Tableaux de conjugaison

INFINITIF	INDICATIF				CONDITIONNEL	SUBJONCTIF	IMPÉRATIF
	présent	passé composé	imparfait	futur	présent	présent	présent
avoir	j'ai tu as il/elle a nous avons vous avez ils/elles ont	j'ai eu tu as eu il/elle a eu nous avons eu vous avez eu ils/elles ont eu	j'avais tu avais il/elle avait nous avions vous aviez ils/elles avaient	j'aurai tu auras il/elle aura nous aurons vous aurez ils/elles auront	j'aurais tu aurais il/elle aurait nous aurions vous auriez ils/elles auraient	que j'aie que tu aies qu'il/elle ait que nous ayons que vous ayez qu'ils/elles aient	aie ayons ayez
être	je suis tu es il/elle est nous sommes vous êtes ils/elles sont	j'ai été tu as été il/elle a été nous avons été vous avez été ils/elles ont été	j'étais tu étais il/elle était nous étions vous étiez ils/elles étaient	je serai tu seras il/elle sera nous serons vous serez ils/elles seront	je serais tu serais il/elle serait nous serions vous seriez ils/elles seraient	que je sois que tu sois qu'il/elle soit que nous soyons que vous soyez qu'ils/elles soient	sois soyons soyez
aimer	j'aime tu aimes il/elle aime nous aimons vous aimez ils/elles aiment	j'ai aimé tu as aimé il/elle a aimé nous avons aimé vous avez aimé ils/elles ont aimé	j'aimais tu aimais il/elle aimait nous aimions vous aimiez ils/elles aimaient	j'aimerai tu aimeras il/elle aimera nous aimerons vous aimerez ils/elles aimeront	j'aimerais tu aimerais il/elle aimerait nous aimerions vous aimeriez ils/elles aimeraient	que j'aime que tu aimes qu'il/elle aime que nous aimions que vous aimiez qu'ils/elles aiment	aime aimons aimez
finir	je finis tu finis il/elle finit nous finissons vous finissez ils/elles finissent	j'ai fini tu as fini il/elle a fini nous avons fini vous avez fini ils/elles ont fini	je finissais tu finissais il/elle finissait nous finissions vous finissiez ils/elles finissaient	je finirai tu finiras il/elle finira nous finirons vous finirez ils/elles finiront	je finirais tu finirais il/elle finirait nous finirions vous finiriez ils/elles finiraient	que je finisse que tu finisses qu'il/elle finisse que nous finissions que vous finissiez qu'ils/elles finissent	finis finissons finissez
aller	je vais tu vas il/elle va nous allons vous allez ils/elles vont	je suis allé(e) tu es allé(e) il/elle est allé(e) nous sommes allé(e)s vous êtes allé(e)s ils/elles sont allé(e)s	j'allais tu allais il/elle allait nous allions vous alliez ils/elles allaient	j'irai tu iras il/elle ira nous irons vous irez ils/elles iront	j'irais tu irais il/elle irait nous irions vous iriez ils/elles iraient	que j'aille que tu ailles qu'il/elle aille que nous allions que vous alliez qu'ils/elles aillent	va allons allez
faire	je fais tu fais il/elle fait nous faisons [fə] vous faites ils/elles font	j'ai fait tu as fait il/elle a fait nous avons fait vous avez fait ils/elles ont fait	je faisais [fə] tu faisais il/elle faisait nous faisions vous faisiez ils/elles faisaient	je ferai tu feras il/elle fera nous ferons vous ferez ils/elles feront	je ferais tu ferais il/elle ferait nous ferions vous feriez ils/elles feraient	que je fasse que tu fasses qu'il/elle fasse que nous fassions que vous fassiez qu'ils/elles fassent	fais faisons [fə] faites
venir **revenir** **devenir**	je viens tu viens il/elle vient nous venons vous venez ils/elles viennent	je suis venu(e) tu es venu(e) il/elle est venu(e) nous sommes venu(e)s vous êtes venu(e)s ils/elles sont venu(e)s	je venais tu venais il/elle venait nous venions vous veniez ils/elles venaient	je viendrai tu viendras il/elle viendra nous viendrons vous viendrez ils/elles viendront	je viendrais tu viendrais il/elle viendrait nous viendrions vous viendriez ils/elles viendraient	que je vienne que tu viennes qu'il/elle vienne que nous venions que vous veniez qu'ils/elles viennent	viens venons venez
partir **sortir**	je pars tu pars il/elle part nous partons vous partez ils/elles partent	je suis parti(e) tu es parti(e) il/elle est parti(e) nous sommes parti(e)s vous êtes parti(e)s ils/elles sont parti(e)s	je partais tu partais il/elle partait nous partions vous partiez ils/elles partaient	je partirai tu partiras il/elle partira nous partirons vous partirez ils/elles partiront	je partirais tu partirais il/elle partirait nous partirions vous partiriez ils/elles partiraient	que je parte que tu partes qu'il/elle parte que nous partions que vous partiez qu'ils/elles partent	pars partons partez
mettre **promettre**	je mets tu mets il/elle met nous mettons vous mettez ils/elles mettent	j'ai mis tu as mis il/elle a mis nous avons mis vous avez mis ils/elles ont mis	je mettais tu mettais il/elle mettait nous mettions vous mettiez ils/elles mettaient	je mettrai tu mettras il/elle mettra nous mettrons vous mettrez ils/elles mettront	je mettrais tu mettrais il/elle mettrait nous mettrions vous mettriez ils/elles mettraient	que je mette que tu mettes qu'il/elle mette que nous mettions que vous mettiez qu'ils/elles mettent	mets mettons mettez
prendre **apprendre** **comprendre**	je prends tu prends il/elle prend nous prenons vous prenez ils/elles prennent	j'ai pris tu as pris il/elle a pris nous avons pris vous avez pris ils/elles ont pris	je prenais tu prenais il/elle prenait nous prenions vous preniez ils/elles prenaient	je prendrai tu prendras il/elle prendra nous prendrons vous prendrez ils/elles prendront	je prendrais tu prendrais il/elle prendrait nous prendrions vous prendriez ils/elles prendraient	que je prenne que tu prennes qu'il/elle prenne que nous prenions que vous preniez qu'ils/elles prennent	prends prenons prenez

INFINITIF	INDICATIF				CONDITIONNEL	SUBJONCTIF	IMPÉRATIF
	présent	passé composé	imparfait	futur	présent	présent	présent

H 3 VERBES TRÈS IRRÉGULIERS

savoir	je sais tu sais il/elle sait nous savons vous savez ils/elles savent	j'ai su tu as su il/elle a su nous avons su vous avez su ils/elles ont su	je savais tu savais il/elle savait nous savions vous saviez ils/elles savaient	je saurai tu sauras il/elle saura nous saurons vous saurez ils/elles sauront	je saurais tu saurais il/elle saurait nous saurions vous sauriez ils/elles sauraient	que je sache que tu saches qu'il/elle sache que nous sachions que vous sachiez qu'ils/elles sachent	sache sachons sachez
vouloir	je veux tu veux il/elle veut nous voulons vous voulez ils/elles veulent	j'ai voulu tu as voulu il/elle a voulu nous avons voulu vous avez voulu ils/elles ont voulu	je voulais tu voulais il/elle voulait nous voulions vous vouliez ils/elles voulaient	je voudrai tu voudras il/elle voudra nous voudrons vous voudrez ils/elles voudront	je voudrais tu voudrais il/elle voudrait nous voudrions vous voudriez ils/elles voudraient	que je veuille que tu veuilles qu'il/elle veuille que nous voulions que vous vouliez qu'ils/elles veuillent	veux/ veuille voulons voulez/ veuillez
pouvoir	je peux tu peux il/elle peut nous pouvons vous pouvez ils/elles peuvent	j'ai pu tu as pu il/elle a pu nous avons pu vous avez pu ils/elles ont pu	je pouvais tu pouvais il/elle pouvait nous pouvions vous pouviez ils/elles pouvaient	je pourrai tu pourras il/elle pourra nous pourrons vous pourrez ils/elles pourront	je pourrais tu pourrais il/elle pourrait nous pourrions vous pourriez ils/elles pourraient	que je puisse que tu puisses qu'il/elle puisse que nous puissions que vous puissiez qu'ils/elles puissent	*Pas d'impératif*

H 4 VERBES IRRÉGULIERS ET EXCEPTIONS

À partir des formes suivantes, il est possible de retrouver toute la conjugaison des verbes.

Infinitif	Indicatif présent	passé composé	futur	Subjonctif présent
Apercevoir	j'aperçois, nous apercevons, ils aperçoivent	j'ai aperçu	j'apercevrai	que j'aperçoive
Apprendre	j'apprends, nous apprenons, ils apprennent	j'ai appris	j'apprendrai	que j'apprenne
S'asseoir	je m'assieds, nous nous asseyons, ils s'asseyent	je me suis assis(e)	je m'assiérai	que je m'asseye
Attendre	j'attends, nous attendons, ils attendent	j'ai attendu	j'attendrai	que j'attende
Boire	je bois, nous buvons, ils boivent	j'ai bu	je boirai	que je boive
Comprendre	je comprends, nous comprenons, ils comprennent	j'ai compris	je comprendrai	que je comprenne
Connaître	je connais, il connaît, nous connaissons, ils connaissent	j'ai connu	je connaîtrai	que je connaisse
Conclure	je conclus, nous concluons, ils concluent	j'ai conclu	je conclurai	que je conclue
Conduire	je conduis, nous conduisons, ils conduisent	j'ai conduit	je conduirai	que je conduise
Construire	je construis, nous construisons, ils construisent	j'ai construit	je construirai	que je construise
Convenir	je conviens, nous convenons, ils conviennent	j'ai convenu	je conviendrai	que je convienne
Couvrir	je couvre, nous couvrons, ils couvrent	j'ai couvert	je couvrirai	que je couvre
Croire	je crois, nous croyons, ils croient	j'ai cru	je croirai	que je croie
Découvrir	je découvre, nous découvrons, ils découvrent	j'ai découvert	je découvrirai	que je découvre
Devoir	je dois, nous devons, ils doivent	j'ai dû	je devrai	que je doive
Dire	je dis, nous disons, vous dites, ils disent	j'ai dit	je dirai	que je dise
Dormir	je dors, nous dormons, ils dorment	j'ai dormi	je dormirai	que je dorme
Écrire	j'écris, nous écrivons, ils écrivent	j'ai écrit	j'écrirai	que j'écrive
Entendre	j'entends, nous entendons, ils entendent	j'ai entendu	j'entendrai	que j'entende
Falloir	il faut	il a fallu	il faudra	qu'il faille
Inscrire	j'inscris, nous inscrivons, ils inscrivent	j'ai inscrit	j'inscrirai	que j'inscrive
Interdire	j'interdis, nous interdisons, ils interdisent	j'ai interdit	j'interdirai	que j'interdise
Introduire	j'introduis, nous introduisons, ils introduisent	j'ai introduit	j'introduirai	que j'introduise
Lire	je lis, nous lisons, ils lisent	j'ai lu	je lirai	que je lise
Obtenir	j'obtiens, nous obtenons, ils obtiennent	j'ai obtenu	j'obtiendrai	que j'obtienne
Offrir	j'offre, nous offrons, ils offrent	j'ai offert	j'offrirai	que j'offre
Ouvrir	j'ouvre, nous ouvrons, ils ouvrent	j'ai ouvert	j'ouvrirai	que j'ouvre
Perdre	je perds, nous perdons, ils perdent	j'ai perdu	je perdrai	que je perde
Permettre	je permets, nous permettons, ils permettent	j'ai permis	je permettrai	que je permette
Plaire	je plais, il plaît, nous plaisons, ils plaisent	j'ai plu	je plairai	que je plaise
Pleuvoir	il pleut	il a plu	il pleuvra	qu'il pleuve
Prévoir	je prévois, nous prévoyons, ils prévoient	j'ai prévu	je prévoirai	que je prévoie
Recevoir	je reçois, nous recevons, ils reçoivent	j'ai reçu	je recevrai	que je reçoive
Rendre	je rends, nous rendons, ils rendent	j'ai rendu	je rendrai	que je rende
Répondre	je réponds, nous répondons, ils répondent	j'ai répondu	je répondrai	que je réponde
Servir	je sers, nous servons, ils servent	j'ai servi	je servirai	que je serve
Sortir	je sors, nous sortons, ils sortent	je suis sorti(e)	je sortirai	que je sorte
Suivre	je suis, nous suivons, ils suivent	j'ai suivi	je suivrai	que je suive
Tenir	je tiens, nous tenons, ils tiennent	j'ai tenu	je tiendrai	que je tienne
Traduire	je traduis, nous traduisons, ils traduisent	j'ai traduit	je traduirai	que je traduise
Vendre	je vends, nous vendons, ils vendent	j'ai vendu	je vendrai	que je vende
Voir	je vois, nous voyons, ils voient	j'ai vu	je verrai	que je voie

deux cent huit

208

LA FRANCE ADMINISTRATIVE

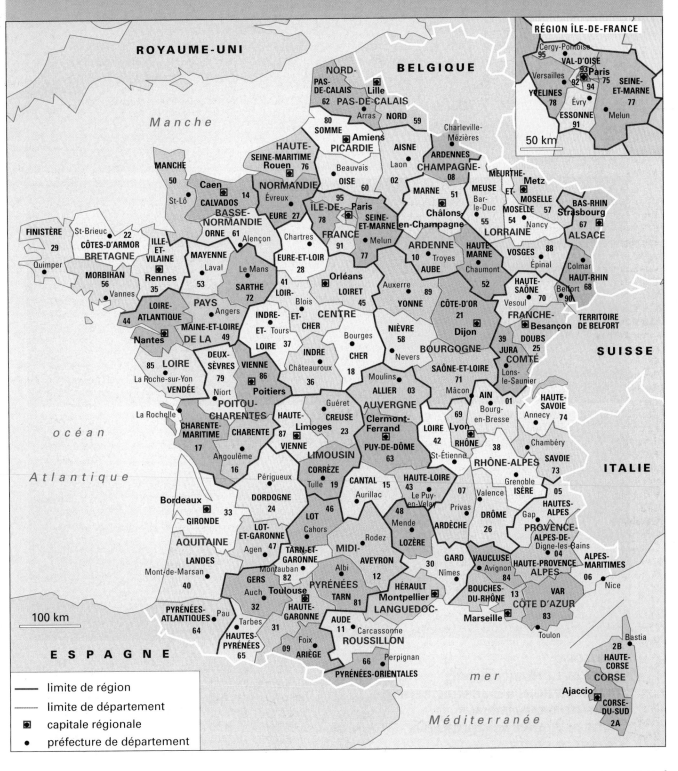

RÉGION ÎLE-DE-FRANCE

Cergy-Pontoise 95
VAL-D'OISE
Versailles 93 Paris 75 SEINE-
92 94 ET-MARNE
YVELINES 78 Évry 77
ESSONNE Melun
50 km 91

ROYAUME-UNI

BELGIQUE

Manche

NORD-
PAS-
DE-CALAIS Lille
62 PAS-DE-CALAIS
80 Arras NORD 59
SOMME Amiens Charleville-
MANCHE HAUTE- PICARDIE Mézières
SEINE-MARITIME Laon AISNE ARDENNES
50 Rouen 76 Beauvais 02 08 CHAMPAGNE MEURTHE- Metz
Caen OISE 60 ARDENNE MARNE 51 MEUSE ET- MOSELLE BAS-RHIN
St-Lô CALVADOS 14 Évreux ÎLE-DE- 95 Paris Châlons- Bar- MOSELLE 57 Strasbourg
BASSE- EURE 27 FRANCE SEINE- en-Champagne le-Duc 55 Nancy 67
NORMANDIE ORNE 61 Chartres 78 ET-MARNE 55 LORRAINE ALSACE
FINISTÈRE St-Brieuc 22 Alençon 91 Melun ARDENNE Troyes HAUTE- VOSGES 88
29 CÔTES-D'ARMOR ILLE- MAYENNE EURE-ET-LOIR Orléans 10 AUBE MARNE Épinal Colmar
Quimper BRETAGNE ET- 28 LOIRET Auxerre Chaumont 52 HAUTE- HAUT-RHIN
VILAINE Laval Le Mans 41 45 89 CÔTE-D'OR SAÔNE Belfort 68
MORBIHAN Rennes 53 SARTHE LOIR- Blois YONNE 21 70 Vesoul 90
56 35 72 ET- CENTRE NIÈVRE Dijon FRANCHE- TERRITOIRE
Vannes PAYS INDRE- CHER 58 BOURGOGNE 39 DOUBS 25 DE BELFORT
LOIRE- Angers ET- Tours Bourges Nevers SAÔNE-ET-LOIRE JURA COMTÉ Besançon
ATLANTIQUE MAINE-ET-LOIRE LOIRE 37 INDRE CHER 71 Lons- SUISSE
44 DE LA 49 DEUX- VIENNE 18 Moulins Mâcon le-Saunier
Nantes LOIRE SÈVRES 86 Châteauroux ALLIER 03 AIN HAUTE-
85 79 Poitiers 36 AUVERGNE Bourg- 01 SAVOIE
La Roche-sur-Yon Niort Guéret CREUSE Clermont- en-Bresse Annecy 74
VENDÉE POITOU- HAUTE- 23 Ferrand LOIRE Lyon
La Rochelle CHARENTES CHARENTE- Limoges PUY-DE-DÔME 42 RHÔNE Chambéry
CHARENTE-MARITIME 87 63 St-Étienne 38 SAVOIE
17 VIENNE LIMOUSIN RHÔNE-ALPES 73 ITALIE
océan Angoulême CORRÈZE Grenoble
16 Tulle 19 CANTAL HAUTE-LOIRE ISÈRE 05
Atlantique Périgueux Aurillac 15 43 07 Valence HAUTES-
Bordeaux DORDOGNE Le Puy- Privas ALPES
24 LOT 46 en-Velay DRÔME Gap
GIRONDE Cahors 48 Mende ARDÈCHE 26 PROVENCE-
33 LOT- LOZÈRE Digne-les-Bains ALPES-DE-
AQUITAINE ET-GARONNE TARN-ET- Rodez GARD VAUCLUSE HAUTE-PROVENCE 04 ALPES-
Agen 47 GARONNE MIDI- AVEYRON 30 Avignon 84 ALPES MARITIMES
LANDES Montauban 82 12 HÉRAULT BOUCHES- 06 Nice
Mont-de-Marsan GERS Albi Montpellier DU-RHÔNE 13 VAR
40 Auch Toulouse PYRÉNÉES TARN 81 LANGUEDOC- CÔTE D'AZUR 83
PYRÉNÉES- 32 HAUTE- AUDE ROUSSILLON Marseille Toulon
ATLANTIQUES Pau GARONNE 11 Carcassonne
64 Tarbes 31 Foix Bastia
HAUTES- 09 Perpignan 2B
ESPAGNE PYRÉNÉES ARIÈGE ROUSSILLON 66 HAUTE-
65 PYRÉNÉES-ORIENTALES mer CORSE
CORSE
Ajaccio
Méditerranée CORSE-
DU-SUD
2A

— limite de région
---- limite de département
◙ capitale régionale
• préfecture de département

TABLE DES MATIÈRES

TABLEAU DES CONTENUS
CARTE DE FRANCE GÉOGRAPHIQUE

Achevé d'imprimer par Rotolito
Dépôt légal 2319 - 06/2000 - collection - 50 édition 04
15.5085.4